Knowledge House & Walnut Tree Publishing

Knowledge House & Walnut Tree Publishing

我們的中國

我們的中國

周行天下

李零

問於父老（梁鑒 攝）

自序

中國地理書，《禹貢》是第一經典。

《禹貢》以大禹治水為母題，只講山水澤地和以山水澤地界畫的九州，不講政區，但此書卻是漢魏以來所有地理書的源泉。漢魏以來的地理書，不但講山水澤地，如《山經》、《水經》、《水經注》，要祖述《禹貢》；就連講政區沿革，如以《漢書・地理志》為代表的各種郡國志，也要祖述《禹貢》。秦漢以來的郡縣都是套在九州（或十二、十三州）的框架下講。

《禹貢》講禹跡，禹跡是大禹治水，隨山濬川，一個腳印一個腳印走出來的。這個故事很有象徵意義。

我認為，研究地理，走路很重要。不僅對研究山水澤地重要，就是講政區沿革，也一樣重要。走路不光看山水，看風景，更重要是看人類活動的痕跡。中國山水，人文背景很深，研究地理，離不開考古。

考古是在地上地下做工作。考古和地理都是讀地書。

古代沒有現代化的交通工具：飛機、火車、輪船。旅行，除了雙腳，只有舟車，太不容易。你不理解這一點，你就不能理解古人出遠門是什麼心情，你就讀不懂古詩，沒法明白生離和死別怎麼差不多，親人為你送行，為什麼依依難捨，長亭更短亭，一程又一程。

古代行者有好幾種，一種是軍人，一種是商人，一種是尋仙訪藥的方士，一種是宦遊天下的學者，一種是巡狩封禪、到處視察工作的帝王。士農工商，只有工蹲在城裡，農待在鄉下，不怎麼挪窩。

我這本集子只談三大旅行家，第一是孔子，第二是秦始皇，第三是漢武帝。孔子是宦遊的代表，秦皇漢武是巡狩的代表。

孔子生於魯，魯是周公的封地。孔子一生都在做夢，夢想恢復西周大一統。這個夢叫周公之夢。中國的解夢書都是打著他的旗號。

周公之夢是第一個中國夢。為了推銷這個夢，孔子周遊列國，到過很多國家。《莊子・天運》借老聃之口，說他遍幹七十二君，口乾舌燥，一無所獲。其實，所謂遍幹諸侯，只是到過的國家比較多，比別人多而已，哪有七十二君？

讀《史記》，書中有個〈十二諸侯年表〉。說是十二諸侯，其實除了周，一共是十三個國家。這十三個國家是《左傳》中最活躍的國家，即孔子時代最主要的國家。西周封建，以洛陽為中心，在殷商故地設五大佔領區，齊、魯、晉、衛、燕。這五個國家最重要。其次是洛陽以東的五個小國：曹、鄭、宋、陳、蔡。其次是秦、楚，一個在洛陽以西，一個在洛陽以南。吳國，相傳是吳太伯之後，本來很重要，《史記》三十世家，它是第一家，但表中列在最後。

春秋晚期，晉、楚最強，孔子最想去，但去晉被子路攔阻，去楚遭葉公拒絕，他只到過楚國的邊境。燕在齊北，吳在魯南，他沒去。孔子到過幾個國家呢？除了他所在的魯，我們可以算一下。早先，他去過周、齊。晚年，他去過衛、曹、宋、鄭、陳、蔡、楚。上述十三國，加上周，一共十四國，他去了十個。十個國家，這在當時已經不得了。但他老人家終其一生，足跡從未出於山東、河南二省。

讀《論語》，太史公的讀法是當傳記讀，我最欣賞。二〇〇七年，我分兩次，一次山東，一次河南，追隨孔子的足跡，到過孔子去過的所有地方。

我讀《論語》，是讀大地上的《論語》。孔子旅行的出發點是曲阜，曲阜有什麼古蹟，有幅地圖很重要，我對《魯國之圖碑》上的地名一一做了考證，收穫很大。

周公之夢，孔子沒做成。晚年的他，灰心喪氣很失落。他說，他連話都不想說了，晚上做夢，連周公也夢不見了。然而，他萬萬想不到的是，再造中國，自有人在，這就是秦始皇和漢武帝。

秦始皇的大一統是中國的第二次大一統。漢武帝踵其事，進一步完善了這個大一統。

秦皇漢武得天下，來之不易。他們整天操心受累跑大圈，全是為了看住守住這個得來不易的大一統。

秦皇漢武的巡狩封禪固然是模仿大禹治水，但他們關注的事可不光是水澇災害、貢賦輸納。他們還沿長城、黃河、長江，一路祭祀山川，一路尋仙訪藥，一路視察軍國大事。

秦皇漢武靠郡縣治天下，各種郡國志類的地理書因此而興，越來越多，終於成為中國史書的一大類。《隋書．經籍志》始立地理類，就是以此類為主。現在的歷史地理學，政區沿革是大宗。但有趣的是，《隋志》地理類的第一部卻是《山海經》。《山海經》是尋仙訪藥的導遊書，本草、博物、志怪，全都擱一塊兒，跟所有地理書都不一樣。《漢書．藝文志》把它列入〈數術略〉的形法類，本來是當看風水的書。

《山海經》講山水，照例會講沉埋玉璧、奉祭酒食，其祠如何。《禹貢》也有「旅」這個術語。旅就是祭祀山川。這種活動，《史記．封禪書》、《漢書．郊祀志》言之最詳。二書也講敬祀鬼神，但與《山海經》有根本不同，它更關心的不是鬼神，而是鬼神管著的地。中國古代的封禪郊祀是以天地山川為核心。山也好，水也好，它代表的是中國這片藍天下的土地，反映的是中國的天下觀。它記載的祠畤往往見於《漢書·地理志》。研究《漢書·地理志》，這兩篇東西是重要參考。

秦漢帝國的天下，東土和西土，分界線在崤函之地，即河南靈寶。崤函以西的祠畤是以甘泉宮、后土祠和雍五畤為中心，崤函以東是以八主祠為中心。

這些祠畤，從秦代到西漢結束，數量高達七百多所，很多已不得其詳。為此，我曾帶田天在渭水流域做調查，並指導王睿做論文，調查八主祠，發掘八主祠。我很希望她們能把這個工作做下去，有更多的人把這個工作做下去。我把我早先讀《史記·封禪書》和《漢書·郊祀志》的札記收進此集，那只是個探路的作品。這次做了一點兒補充。

二〇〇二年，我和唐曉峰還特意考察過后土祠，寫過一篇調查報告，也算一個樣品吧。

這些研究都是圍繞兩次大一統。

二〇一四年十一月七日寫於北京藍旗營寓所

目錄

Contents

Contents

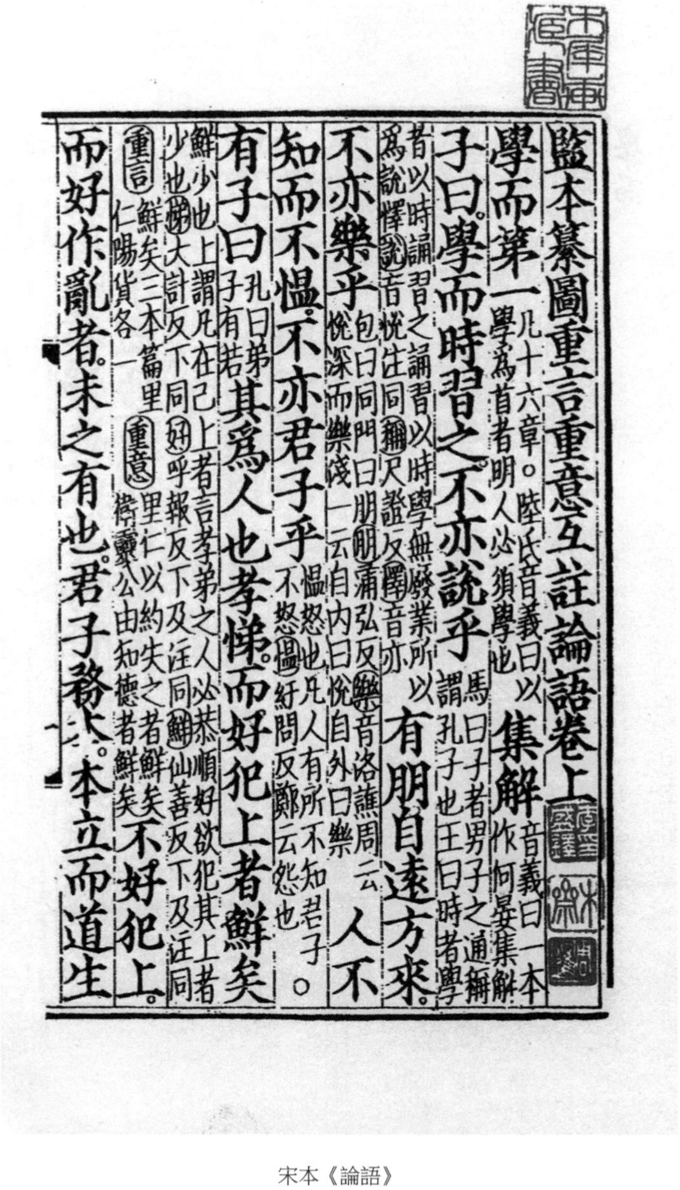

監本纂圖重言重意互註論語卷上

學而第一 凡十六章。陸氏音義曰以學爲首者明人必須學也 集解 音義曰一本作何晏集解

子曰。學而時習之。不亦說乎 馬曰子者男子之通稱謂孔子也王曰時者學者以時誦習之誦習以時學無廢業所以爲說懌〔說〕音悅注同〔稱〕尺證反〔懌〕音亦 有朋自遠方來。

不亦樂乎 包曰同門曰朋〔朋〕蒲弘反〔樂〕音洛譙周云悅深而樂淺一云自內曰悅自外曰樂 人不

知而不慍。不亦君子乎 慍怒也凡人有所不知君子不怒〔慍〕紆問反鄭云怨也 。

有子曰 孔曰弟子有若 其爲人也孝悌。而好犯上者鮮矣 鮮少也上謂凡在己上者言孝弟之人必恭順好欲犯其上者少也〔弟〕大計反下同〔好〕呼報反下及注同〔鮮〕仙善反下及注同 〔重言〕鮮矣三本篇里仁陽貨各一 〔重意〕里仁以約失之者鮮矣衛靈公由知德者鮮矣 不好犯上。

而好作亂者。未之有也。君子務本。本立而道生

宋本《論語》

大地上的《論語》——電視紀錄片腳本

說明

六七月份，天很熱。傳統文化更熱。

很多人打電話，鈴聲不斷。

鳳凰衛視：世紀大講堂、鏘鏘三人行、文化大觀園、一虎一夕談，我都謝絕了。

還有一回，央視什麼人，打來電話，說他們組了個班子，領導高度重視，已經進駐某某大樓，誠聘文史界的專家，也包括我。我說，你怎麼知道我，他說是孔慶東推薦。我說，我不善言辭，講話沒興趣，如果可以，我倒有個建議，就是不妨上孔子走過的地方，一個地點一個地點，挨盤兒轉一圈兒，我願意跟著跑。後來沒下文。

再後來，山東電視臺找來了。一起來的，還有中華書局的幾位。我的老朋友，曲阜長大的李肇祥，多年不見，也在座。他們家，「文革」那陣兒受迫害，被趕到孔林住，當年，譚厚蘭帶人挖孔子墓，他就在場，曲阜怎麼批孔，他最清楚。

有人說，我是山西老西兒，不懂山東聖人。現在怎麼樣，孔子家的老鄉來了，人家根本不這麼看，叫我如何不感動。

飯桌上，聽對方介紹，意思，我聽明白了。今年孔誕，在山東曲阜，臺裡策劃，推出個節目，叫《新杏壇》，如果同意，他們請我上頭一講，後面還有好幾位。孔子說，「匿怨而友其人，左丘明恥之，丘亦恥之」。我說，跟罵我者同臺演出，我不樂意。他們說，不不，不是同臺演出，節目是分開錄，我說不行。

說實話，我對媒體採訪已經煩透了。以前，《中華讀書報》打電話，我說，我不想談這些，我想清靜。他們就把這樣的話也登出來：李教授說，他要清靜。

這次，跟山東人見面，我說，我不想跟任何人湊熱鬧。說著說著，就轉到上面的那個建議上來了。其實，只是隨便一說。

我沒想到，他們欣然同意。我很感謝他們的理解和支持。

事情就這麼簡單。我是這樣走上孔子路的。

其實，這只是一次普通的訪古，不是朝聖。

文物古蹟，別時容易見時難，我希望用我的眼，用山東電視臺的眼，記錄我們看到的東西，給研究孔子留點資料。

上路前，我先做了一點案頭工作。看地圖，一個縣一個縣地查，《中國文物地圖集》，山東分冊沒出，看他們的《文物志》；河南分冊有，我把河南分冊查一遍。還有《水經注》等地理書，以及有關的考古簡報，攢了一肚子的問題。

曲阜是重點。我帶了宋俞舜凱《魯國之圖碑》的摹本。

孔子一輩子，從未出過今山東、河南二省，明確記載的國家，不超過十個。

六月二十八日至七月十日，我們在山東境內，到過山東淄博市的臨淄齊故城，以及天齊淵、河崖頭五號墓和孔子聞韶處，臨朐縣的沂山和東鎮廟，莒縣的莒縣博物館和莒故城，費縣的費邑故城，平邑縣的龜蒙頂、顓臾古城、南武城和曾子墓，泗水縣泉林鎮的卞邑故城、子路巷、泉林和卞橋，曲阜市的魯故城、三孔、顏廟、陋巷、周公廟、舞雩臺、碑刻博物館，還有附近的少昊陵和尼山一帶，嘉祥縣的武梁祠，濟寧市的濟寧市博物館，汶上縣的中都故址、蚩尤塚和所謂「九公墓」，寧陽縣東莊鄉的成邑故城，新泰縣的梁父山，泰安市的泰山。

七月二十一至三十日，我們在河南境內，到過河南新鄭市的鄭韓故城、鄭伯墓地，洛陽市的王城遺址和成周城遺址、孔子問禮處、周公廟、天子六駕、三山王陵，葉縣的葉縣故城、葉公墓、劉秀廟，淮陽縣的太昊陵、陳楚故城和絃歌臺，上蔡縣的上蔡故城、蔡叔度墓，商丘縣的燧皇陵、閼伯臺、宋故城遺址、明歸德府城和文雅臺，蘭考縣的儀封人請見孔子處，濮陽市的戚城遺址和子路墳，濮陽縣的帝丘城遺址，內黃縣的二帝陵，浚縣的子貢墓，長垣縣的蒲城舊治。

此行，凡歷二十四個縣市，行程六千公里。

為了拍電視，我給山東電視臺寫了個本子。他們拍了個片子，走走停停，總是要我講點什麼。我說，我只希望拍古蹟，不喜歡出現在鏡頭裡。

後來，這個片子沒有播出，我覺得挺好，因為我的目的已經達到了。

〔字幕〕

這是一件說來偶然卻也並非巧合的事情。

公元前八〇〇至公元前二〇〇年，特別是公元前五〇〇年前後，在幾個世界上最古老的文明國度中，幾乎不約而同，突然出現了一批偉大的賢哲：中國的孔、墨、老、莊，印度的釋迦牟尼，波斯的瑣羅亞斯德，猶太的以賽亞，希臘的巴門尼德、赫拉克里特和柏拉圖……

在隨後的兩千幾百年裡，人類的精神一直追隨著他們……

第一集 序幕：周公之夢

〔題辭〕

昔殷紂亂天下，脯鬼侯以饗諸侯。是以周公相武王以伐紂。武王崩，成王幼弱，周公踐天子之位，以治天下。六年，朝諸侯于明堂，制禮作樂，頒度量，而天下大服。七年，致政于成王。成王以周公為有勳勞于天下，是以封周公于曲阜，地方七百里，革車千乘，命魯公世世祀周公以天子之禮樂。（《禮記．明堂位》）

〔畫面〕

1. 孔子像（用通行的《孔子行教像》），下注：孔子（前五五一至前四七九年）。
2. 《論語》（定州八角廊漢簡本《論語》，《文物》一九八一年第八期，一—一〇頁；宋元版《論語》；現代出版的《論語》；《論語》的外文譯本）。

〔解說〕

我們要講的是一個真實的故事。故事的主人公是大家熟知的孔子，更尊敬的說法，是「孔夫子」。西方傳教士創造的Confucius，就是「孔夫子」的音譯。

他是一位古代經典的傳授者，也是一位社會現實的批評家。他和他的學生聚在一起，經常品評人物，縱論天下。他們的對話集，就是著名的《論語》。
百家爭鳴是發源於他，
雖然，他是諸子百家的攻擊對象。
文官考試是發源於他，
雖然，他自己的仕途並不順利。

〔畫面〕

月光如水，樹影婆娑。

〔解說〕

孔子，當世不得志，死後多殊榮。儘管人們賦予了他太多的頭銜，將他神聖化，但他首先是人，和我們一樣，有著喜怒哀樂的人。夜深人靜，他也會做夢，像我們一樣。

〔畫面〕

1. 周公像。
2. 敦煌遺書中的《周公解夢》。

〔解說〕

孔子有個夢，貫穿他的一生。他常常夢見一個叫周公旦的人。

孔子有名，他的夢也有名。後世的占夢書，常常要托周公的名。

〔畫面〕

1. 黃土高原。

2. 陝西岐山縣的北部，鳳凰山，西周早期的王陵就分佈在它的五爪梁上。

〔解說〕

大國都是從小國崛起。

周公的周，原來只是一個小地方。

公元前十一世紀，有個部落從今陝西西部崛起，在黃土高原的一隅。古人稱為周原，現在也叫周原。

這個小國的首領叫西伯昌。據說，他是以孝、讓立國。孝是尊老、敬老、養老，讓是忍讓、謙讓、退讓。他以這樣的美德為號召，平息了虞、芮兩國的領土之爭，因而贏得了西土各國的擁戴，成為商王統治下的一方霸主，當時叫西方伯，後來叫周文王。

〔畫面〕

上博楚簡《容成氏》，上面的文字是：

……于是乎九邦叛之，豐、鎬、舟、⿱石邑、于、鹿、耆、崇、密須氏。文王聞之，曰：「雖君無道，臣敢勿事乎？雖父無道，子敢勿事乎？孰天子而可反？」受聞之，乃出文王于夏台之下而問焉，曰：「九邦者其可來乎？」文王曰：「可。」文王于是乎素端褰裳以行九邦，七邦來服，豐、鎬不服。文王乃起師以向豐、鎬，三鼓而進之，三鼓而退之，曰：「吾所知多盡，一人為無道，百姓其何罪？」豐、鎬之民聞之，乃登文王。

〔解說〕

這是發生在商代末年的故事。當時的商王叫紂，歷史上有惡名，幾千年來，一直是暴君的代名詞。

史書說，西伯昌在西方的勢力越來越大，崇侯虎向紂王告狀，說西伯昌積德行善，諸侯順之，將不利於紂王。所以，紂王把西伯昌抓起來，關在羑（音yǒu）里（今河南湯陰）的一所監獄裡。西伯昌的手下用美女、文馬和各種珍奇寶物賄賂商王。商王說，啊，這麼多好東西，光是一件，就足以讓我把他放出來了。他不但把西伯昌放出來，還賜之弓矢斧鉞，授以征伐的權力。然後，西伯昌伐犬戎，伐密須，伐耆，伐邘，伐崇，建都於豐。七年後，他死了。他的兒子繼承他的遺志，終於推翻商朝。這就是所謂「武王革命」。

最近，上海博物館發表的館藏楚簡透露出新的線索。原來，當西伯昌深陷牢獄之災，而計無所出時，是一場叛亂救了他。這場叛亂，發生在今陝西中部和北部，山西南部和河南西部，參加者有九個國家，豐、鎬、舟、𨚕、于、鹿、耆、崇、密須。紂王發愁，不知如何是好，西伯昌說，只要把我放出來，我可以平定這場叛亂。於是商王把他放出來，派他平定叛亂。

西伯昌出獄，如魚得水。他是打著平叛的旗號，乘機擴大自己的地盤，不但奪取了整個關中地區，還佔領了晉南豫西的夏朝故地，形成對商王朝的合圍之勢。孔子叫「三分天下有其二」（《論語·泰伯》）。

西伯昌死後，他的兒子周武王，繼續東進，誓師孟津，決戰牧野，一舉推翻商朝。這件事是託福於西伯昌，受惠於他的懷柔政策。從此，周從一個蕞爾小國發展為泱泱大國，成為上古三代王朝中國力最強盛，文化最發達，疆域最遼闊的國家。西伯昌和他的兒子不一樣，不是以武，而是以文，享有盛名。他們把西伯昌稱為周文王。

孔子對這兩位先王的功業極盡讚美，稱之為「文武之道」。「文」是軟道理，「武」是硬道理。他更喜歡軟道理，即文王的文，自以為天降大任，自己的職責就是守護這種文。

〔畫面〕

1. 鳳凰山下的周公廟，其中有個對聯，是講周公之夢。
2. 遺址出土的西周卜甲（大龜背甲）。
3. 遺址出土的西周卜甲（帶「周公」銘文）。
4. 西周銅器中的「周公東征」：禽簋、塱鼎（拓本和釋文）。
5. 洛陽的周公廟，洛陽「周公廟」的《周公解夢碑》。
6. 曲阜的周公廟，宋真宗大中祥符二年（一〇〇九年）的《文憲王廟碑》。

〔解說〕

周公旦是周文王的兒子，周武王的兄弟，他和自己的父兄一起打天下，是周初的十大功臣之一。

周武王死後，他的兒子周成王即位。當時，天下未定，成王還是小孩，周公旦不顧流言蜚語，忍辱負重，一度攝政，七年後，還政成王，成為後世賢臣的榜樣。他是中國歷史上最有名的顧命大臣。

周公旦住在洛陽，負責鎮守東方和平定東方的叛亂。他把自己的長子伯禽封為魯侯，即魯國的第一代國君，而把自己的次子君陳留在身邊。從此，伯禽的後代世世為魯侯，君陳的後代世世為周公。

周原有周公廟，洛陽有周公廟，曲阜也有周公廟。

歷代的周公，都是魯國的遠親。

周公旦是魯國的始祖，孔子最佩服的政治家。他封伯禽於魯，是魯國歷史的開端。當時的命辭，早已失傳，但有一段話，還保存在《論語》中：

周公謂魯公曰：「君子不施（弛）其親，不使大臣怨乎不以。故舊無大故，則不棄也。無求備于一人。」（《論語．微子》）

孔子是個歷史學家。

古人的歷史觀往往都是循環論。在他們看來，每個朝代，都有自己的盛世和衰世，就像每年的「寒來暑往，秋收冬藏」（《千字文》）。夏天，我們常常忘記冬天的寒冷，誤以為嚴寒就是涼爽。冬天，我們又常常忘記夏天的炎熱，誤以為酷熱就是溫暖。

孔子是個帶有理想色彩的復古主義者，但又非常現實。他讚美唐、虞，讚美三代，卻並不打算回到遙遠的古代。他要復的古，是離他最近的西周盛世，就像冬天懷念夏天，只是剛剛過去的那個季節。他的復古是有限復古。

孔子說，「周監于二代，郁郁乎文哉！吾從周」（《論語．八佾》）。從周的辦法，就是從魯做起，以魯所保留的周禮作起點，以退為進，一步步向周公的時代邁進。

他在漫漫長夜中苦苦追尋，只是這個夢。

第二集　智者樂水，仁者樂山

〔題辭〕

孔子曰：「知（智）者樂水，仁者樂山；知（智）者動，仁者靜；知（智）者樂，仁者壽。」（《論語．雍也》）

孟子曰：「孔子登東山而小魯，登太山而小天下，故觀于海者難為水，遊于聖人之門者難為言。」（《孟子．盡心上》）

（一）打開地圖

〔畫面〕

1. 春秋全圖（標出齊、魯、莒；秦、晉；周、宋、衛、陳、蔡、曹、鄭；楚、吳、越；燕國和鮮虞）。

2. 齊魯全圖（標出齊、魯、莒、邾、滕、薛、郳）。
3. 齊魯大地（空中俯瞰，地貌）。
4. 地圖上的八主祠（祭祀遺址，標在齊魯全圖上）。
5. 八主祠的鏡頭，海市蜃樓。

〔字幕〕（加在〔畫面〕5下）

東五祠：成山日主祠（在今山東榮成市東北成山頭）、芝罘陽主祠（在今山東煙台市北芝罘島上）、萊山月主祠（在今山東龍口市東南）、三山陰主祠（在今山東萊州市北）、琅琊四時主祠（在今山東膠南市西南）。

西三祠：臨淄天主祠（在今山東淄博市臨淄古城南的天齊淵）、梁父地主祠（在今山東新泰市西北）、東平兵主祠（在今山東汶上縣西南）。

〔解說〕

孔子生活在東周時代，當時的天下，小國林立，東方有齊、魯、莒，西方有秦、晉，中原腹地有周、宋、衛、陳、蔡、曹、鄭，南方有楚、吳、越，北方有燕國和鮮虞。

今天的山東半島，是古代天下的東方。這一地區，是商朝的大後方，星羅棋佈，密佈著許多東夷古國。它是個古國博物館。

周人征服東夷，在這片土地上封建了齊、魯二國。魯國依山，齊國傍海，泰山以北橫著一道齊長城，起平陰，終琅琊，把魯國和齊國分開。土著莒國是夾處於齊、魯之間。

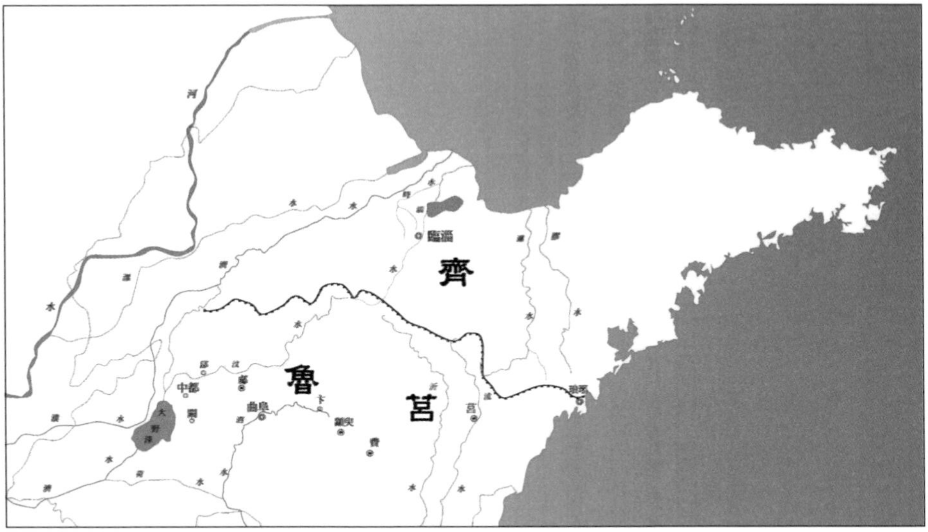

齊、魯、莒

魯國的近鄰，北面是齊國，東面是莒國，南面是邾、滕、薛、郳等小國，西面是曹、衛和宋。

秦始皇和漢武帝，巡行海上，從浙江紹興到遼寧綏中。山東半島，給他們留下了深刻印象。

他們的領土，自西向東，無遠弗屆，卻止步於這海闊天空。「日月之行，若出其中；星漢燦爛，若出其裡」（曹操〈步出夏門行〉）。前面是什麼呢？他們充滿了好奇。

東方著名的八主祠就是分佈於此。

八主祠是由西三祠和東五祠組成。西三祠，代表天地人三才，分佈在內陸。東五祠代表陰陽、日月和四時，面朝大海。

這是一片充滿神奇的土地。

它是古代方仙道的故鄉，也是古代聖賢雲集的地方。鄒魯多縉紳之士，儒生是魯地的一大特產。齊國有稷下學宮，也是天下的學術中心。

這就是孔子生活的土地。

（二）登東山而小魯

〔畫面〕

1. 蒙山：龜蒙頂，頂點碑，《孔子登東山小魯碑》（新刻），登頂石階旁的石刻（明崇禎九年刻）。

2. 嶧山：《嶧山碑》（在孟廟），登東山小魯處。

〔解說〕

孔子愛山。魯地多山，著名高山有泰山、徂徠山、魯山、沂山、蒙山和嶗山。最高峰，海拔都在一千公尺以上。魯國就是以山東中南部的高山丘陵為依託。

孔子生於魯，泰山在其北，蒙山在其東。

孟子說，「孔子登東山而小魯，登太山而小天下」（《孟子．盡心上》），登上東山、泰山這樣的高峰，才能縮地而觀之，看見魯國之大，天下之大。

孔子說的「東山」，到底在哪裡？一向有兩種說法，一種是蒙山，一種是嶧山。嶧山不太高，海拔只有五百四十五公尺，但山形奇特，巨石磊磊，也是有名的山，秦始皇登臨此山，曾留下著名的嶧山刻石。

孟子是鄒人。鄒是古代的邾，秦漢改稱鄒。很多人都以為，孟子說的「東山」肯定是他老家的這座名山，沒跑。

這兩座山，後世都有「孔子登東山而小魯處」，可以充分滿足後人的想像。但嶧山在魯國之南，是邾國依託的小山，並不在魯國之東；真正在魯國之東的名山，其實是蒙山。

蒙山的主峰是龜蒙頂，在平邑縣的東北，海拔一千一百五十公尺，是山東境內僅次於泰山的第二高峰。山上的風景，非常美麗。

（三）登泰山而小天下

〔畫面〕

1. 泰山：岱廟，孔子登臨處，玉皇頂、日觀峰、月觀峰。
2. 沂山：東鎮廟，玉皇頂和玉皇閣。
3. 《泰山刻石》。
4. 蒿里山，蒿里山出土的唐玄宗禪地玉冊和宋真宗禪地玉冊。
5. 泰安東更道和泰安東更道出土的六件銅缶和一件鐵盤。
6. 孔子登臨處，明《登高必自》碑。

〔解說〕

孟子說，孔子「登太山而小天下」，「太山」即「泰山」，本義是大山，很多名山，古代都叫大山或太山，如華山也叫華太山，霍山也叫霍太山。

山東的泰山有兩座，一座是五嶽之首，即所謂東嶽。另一座是東泰山，隋唐以來，改名沂山。

泰山，其最高峰，玉皇頂，海拔一千五百二十四公尺，是山東最高的山。

沂山是五鎮之首，即所謂東鎮。其最高峰，海拔一千零三十二公尺，也是有名的山。

北京的天壇、地壇、先農壇，都供奉著它們的牌位。

泰山是古代最著名的山。

古代帝王，封禪泰山，前後有六次。封是在高山之上，封土為壇，祭天；禪是在小山之下，除地為場，祭地。封，只在泰山之上；禪，地點很多。如泰安市的蒿里山、社首山、介丘山、亭亭山，新泰市的梁父山、云云山，萊蕪市的肅然山。

齊魯，好講陰陽五行。泰山，坐北朝南，山上祭天，山下祭地，左邊是日觀峰，右邊是月觀峰，就像北京的六壇，天壇在南，地壇在北，日壇在東，月壇在西，也是體現這種安排。

登高可以望遠。

泰山上，有四望天下的各種景點，如瞻魯臺、周觀峰、秦觀峰、越觀峰等等。

古人說，「會當凌絕頂，一覽眾山小」（杜甫〈望岳〉）。只有站在這樣的制高點，才能盡收天下於眼底。

泰山頂上有著名的《泰山刻石》。秦始皇統一天下，李斯為了宣傳他的偉業豐功，為他刻了六塊大石頭，四件都在山東。這些珍貴文物，經歷代椎拓，只剩殘石，現在藏於岱廟之中。

一七四七年，清乾隆十二年，泰山日觀峰出土過宋真宗祭天的兩匣玉冊（下落不明）。

一九三一年，泰安市蒿里山出土過唐玄宗禪地玉冊和宋真宗禪地玉冊（現藏臺北故宮博物院）。

一九五四年，泰安市東更道出土過六件銅缶和一件鐵盤（銅缶有銘文，作「右冶尹」和「楚高」，現藏山東省博物館）。

這些都是古代祭祀泰山的遺物。

一般認為，孔子登臨的泰山就是泰安市的泰山。

孔子登臨處在泰山腳下。《禮記・中庸》說，「登高必自卑」。

（四）智者樂水

〔畫面〕

1. 汶水、泗水、洙水、沂水。
2. 尼山孔廟的觀川亭，山下的沂河和尼山水庫。
3. 卞邑故城。
4. 卞橋。
5. 卞橋鎮。
6. 泗水泉林。

〔解說〕

孔子接觸最多的河是四條河：汶水、泗水、洙水、沂水。

他周遊列國，去過衛國。衛國挨著黃河，是著名的黃泛區。古人說，他臨河而歎，沒有過黃河（《史記・孔子世家》）。過了黃河，就是晉國的地盤。

孔子樂水，喜歡在水上釣魚。

他有一句名言，「子在川上曰：『逝者如斯夫，不舍晝夜！』」（《論語・子罕》）這是感歎

泗水卞橋：子路故鄉卞邑的橋

卞橋欄板上的雕刻：卞莊刺虎圖

人生苦短，時光流逝，像河水一樣。他還有一句話，是「釣而不綱」（《論語．述而》），即只用漁竿釣魚，不用大網撈魚。

這兩句話，都是很普通的話。

他老人家從未說明，他是在哪條河邊發感慨，哪條水上釣魚玩，放心，自有好事者替他安排。尼山孔廟和泗水泉林都有「孔子觀川處」。「孔子釣魚處」，也是到處都有。

這當然是後人的附會。

泗水泉林，水特別好。

陪同我們參觀的是泗水宣傳部部長韓繼遷先生。

卞橋也特別美。

這座橋，一邊是金大定年間的石刻，一邊是明嘉靖年間的石刻。欄板上的圖畫，皆有題記，其中一幅是《卞莊刺虎圖》。卞莊子是卞邑出名的勇士。

那裡有個卞橋鎮，鎮上還保留著卞邑故城的城牆。

這裡有子路巷，傳說是子路的故鄉。

陪同我們參觀的是王衍佑老師。王老師今年七十四歲，現在退休，參加編縣誌。他說，他有個哥哥，在加爾各答和河內當公使級參贊。

卞邑是卞莊子和子路的老家，那裡是出勇士的地方。子路之勇，常人不能及。

（五）浮海居夷

〔畫面〕

1. 成山頭。
2. 芝罘島。

〔解說〕

山東的海域，是在齊國境內和莒國境內，魯國沒有海。

孔子到過海上嗎？這是很多人都想知道的一件事。

孔子晚年很失望，他賭氣說，「道不行，乘桴浮于海。從我者，其由與（歟）？」要說航海，誰會跟我走，只有子路吧？子路聽說，甭提多高興。因為老師很少誇他。然而，老師接著說，「由也好勇過我，無所取材」（《論語・公冶長》），你倒比我膽大，可造船的材料還不知在哪兒呢。

還有一次，孔子說，他想搬到九夷之地住。九夷是江淮一帶少數民族居住的地方。有人對他說，那樣的地方也太簡陋了吧，怎麼能住？他說，「君子居之，何陋之有？」（《論語・子罕》）

這只是發發牢騷而已。

他並沒航過海，也沒真去九夷。如果去，也恐怕是去琅琊，從山東膠南，乘船去江浙一帶。

今連雲港孔望山，據說是孔子望海的地方，山上還有所謂孔子問郯子的問官臺，這些都是後人附會。

《莊子．天運》說，孔子自稱，他拜見過七十二個國君，這是莊周寓言的誇大。其實，除去魯，孔子只到過周、齊、衛、曹、宋、鄭、陳、蔡和楚國的邊境，充其量，也就是九個國家。最西，他到過周都洛陽；最北，他到過齊都臨淄；最南，他到過陳都淮陽、蔡國的故地和楚國邊境的葉縣。

這些國家，除齊、楚是東方大國，大部份都是小國。他沒去過秦、晉、燕、吳、越，也沒到過楚國的腹地。

他這一輩子，到處奔波，卻從未出過今山東、河南二省。他的旅行範圍，沒法和秦皇漢武相比。

他是平民，只能自費旅行。

（六）可信的不可愛，可愛的不可信

〔畫面〕

1. 出發。
2. 旅途。
3. 問路。
4. 跋涉。

本片是一部人文地理考察性質的紀錄片。在本片中，我們將帶領大家，遊覽孔子曾經居住和可能到訪的地方，以時為經，以地為緯，沿著他的足跡，重新體會孔子，重新領悟《論語》。

我們長驅萬里，輾轉於二十多個縣市，在現代城市的水泥榛莽中，在野草叢生的荒郊野外，到處尋找孔子當年活動的遺跡。

我們究竟還能看到什麼？出發之前，難以想像。

然而，我們來了，我們看到了。

想到的都看到了，沒有想到的也看到了。

希望大家能分享我們的快樂。

我們的發現，可以分為四類，一是孔子到訪的山川河流，最古老；二是他到訪的古城舊邑和有關出土物，也是孔子時代的遺物；三是後人創造的古墓和祠廟，年代比較晚，多半是宋元以來，特別是明清時期的東西；四是仍然活動在這些地點的父老鄉親，他們的生活，他們對古代的記憶、傳說和想像……

中國的古蹟分兩種，一種是古代原有，歲月滄桑，殘存於地面，或出土於地下，荒煙衰草，斷壁殘垣，並不好看。然而，它們是真古蹟。還有一種，則是後人登臨懷古，發思古之幽情，為寄託感情，為滿足想像，人為造出來的東西，不管怎麼雕樑畫棟、金碧輝煌，也畢竟是人為製造，孔子見不著，也想不到。

王國維說，「可信者不可愛，可愛者不可信」（〈三十自序二〉，收入《王國維遺書》，上海：上海古籍書店，一九八三年，第五冊，《靜庵文集續編》，二一頁正—二二頁背）。

你要分辨兩者的不同。

人為製造的古蹟也是古蹟。「凡弊者新之，狹者廣之，下者高之，舊所無者創之」（開元七年《孔夫子廟碑》）。這種紀念性或憑弔性的古蹟，雖不同於前者，年代也相對晚一些，但來源仍然可能比較早，同樣屬於文物保護的範圍。更何況，它背後的想像，本身也是個連續的傳統。

由於近現代的破壞，特別是「大躍進」和「文革」的破壞，很多古蹟都不復存在。近年來，配合旅遊開發，各地又重修和興建了許多嶄新的古蹟，新則新矣，往往豪華而醜陋。

這次拍攝，沿途所見，孔子到過的古城，想不到，大部份還在，但很多遺址，都岌岌可危。古建往往是推倒重來，讓人不勝唏噓。而更可扼腕歎息的是，我們的這些創造，也將作為我們這個時代的古蹟，被我們的後人登臨憑弔。

古物，凡是可以被人利用，下場一律很慘。

在沒有文化的愚夫愚婦看來，古物被保存保護在博物館裡，供人觀賞，那有什麼用。他們根本不知道，歷史價值，思想價值，也是一種價值，而且是更高的價值。

文史哲，都是以無用為用。

比如石刻，如果不是作為文物，只是作為石頭，它有什麼用？不是被人修橋鋪路，就是被人墊房砌牆，再不然，就是拿去燒石灰。古城是土牆，用途比較小，搬不走，賣不掉，兩三千年過去，還在，實在是命大造化大。但即使土牆，也有一點用，人民群眾的力量是無窮的，他們挖山不止，挖土不止，土城上面植樹種莊稼，土城旁邊，非法蓋房子，幾乎到處如此。它們的保護，存在很多問題。也許哪天就見不到了。

別時容易見時難。

古為今用，對古物是毀滅性打擊。它對我們的啟發，還不只是文物。

現在，野外的石刻，隨時都有被盜的危險。出於無奈，它們大多都已搬離原址，收藏於縣市的文物部門。將來，很難知道是哪裡的東西。

比如我們考察的蚩尤塚，塚前立著塊蚩尤碑，就在我們到達之前不太久，今年四月二十七日，已經失竊，至今沒有破案；我們在蒙山腳下拍攝《重修顓臾王廟碑》，臨走，還囑託蒙山的管理部門，一定要把這塊殘碑收起來。但我們前腳剛走，東西就丟了。

令人痛心呀！

第三集　父母之邦

〔題辭〕

柳下惠為士師，三黜。人曰：「子未可以去乎？」曰：「直道而事人，焉往而不三黜？枉道而事人，何必去父母之邦？」（《論語．微子》）

孔子之去齊，接淅而行。去魯，曰：「遲遲吾行也，去父母國之道也。」（《孟子．萬章下》）

（一）少昊之虛

〔畫面〕

1. 曲阜市地圖。
2. 《魯國之圖碑》上的景靈宮。
3. 壽丘牌坊。
4. 宣和大碑。
5. 景靈宮遺址（廢墟）。
6. 少昊陵前院。
7. 少昊陵後院：前面的石壇。
8. 少昊陵後院：後面的土丘。
9. 登丘四望，看少昊之虛。

〔解說〕

孔子是宋國貴族孔父嘉的後代。孔父嘉是宋國的大司馬。宋國是他的「祖國」，即西周以來，他的祖先世代居住的國家。

周滅商，封商朝的後代於宋。宋國的貴族是前朝遺老。他們的特點是守舊、古板、死心眼。比如宋人熱衷占卜，特別執著。宋襄公，自稱「亡國之餘」，「不鼓不成列」（《左傳》僖公二十二年），死守古代軍法，不肯趁楚師半渡，沒有擺好陣勢，發動攻擊，兵敗身死，被天下笑。

景靈宮遺址

孔父嘉被殺，孔子這一支是避亂而移居魯國，傳到他這一代，大約是第四代。他爸爸是新移民，媽媽是魯國人。魯國是他的「父母之邦」。

魯國，是周公東征，佔領商奄故地，在東方建立的殖民國家。周公封長子伯禽於此，建立魯國。

古人說，魯是建於「少昊之虛」（《左傳》定公四年），即今曲阜市一帶。

曲阜市是中國著名的旅遊城市，它是以孔子故里而著稱。

曲阜這個名稱，見於《禮記．明堂位》，很早就有。它是以一道隆起的土崗而得名。這道土崗在哪裡？古書說法不一，有人說在城中，有人說在城東，其實，更可信的說法，它是位於魯城的北面，從今少昊陵一帶，一直延伸到魯城西北角外，然後向南拐，貼著西牆的外側。

曲阜市的前身是兩周時期的魯故城。魯城改名曲阜是隋開皇十六年（五九六年）。北宋大中祥符五年（一〇一二年），曲阜縣一度改稱仙源縣，移治景靈宮，即現在的壽丘和少昊陵。金代又改回來，仍叫曲阜縣。魯城或曲阜，分開講，是兩個地方，魯城在西，曲阜在東，合起來，都叫魯城，都叫曲阜。

宋真宗是個熱衷復古的皇帝，他對魯城的發祥地情有獨鍾，所以把縣城搬到壽丘和少昊陵，給它起了個神秘的名字。

北宋的仙源縣，縣衙在曲阜魯故城東北的景靈宮，即今舊縣村附近。「舊縣」就是仙源縣。它是魯國的發祥地。

宋代的仙源縣是什麼樣？有一幅石刻古地圖，為我們提供了寶貴線索。這幅古地圖，就是宋紹興二十四年（一一五四年）俞舜凱的《魯國之圖碑》（曹婉如等編《中國古代地圖集（戰國—元）》，北京：文物出版社，一九九〇年，圖版四九—五一）。俞舜凱是南宋人，但地圖反映的是北宋的仙源縣。它對理解孔子故鄉的古蹟，幫助非常大。在下面的敘述中，我們將隨時提到它。

這幅地圖上的景靈宮，是建於宋真宗大中祥符五年（一〇一二年）。從畫面上，我們還能看出，這是一組規模宏大的建築，原來的面積比當時的孔廟和周公廟都大。

對比宋代的地圖，我們可以看一下現在的壽丘和少昊陵。它們的前身是景靈宮。

宋代的景靈宮，其實有很多宮殿。地圖只能表現其大概。它分前後兩部份。前院，南面開兩門，東西各有一門。三組建築，第一組標「縣衙」、「縣學」；第二組標「景靈宮」，第三組標「太極觀」。後面的院子，標「壽丘」。

現在的壽丘和少昊陵，寬度減少，但長度還擺在那裡。從南往北走，有很長一段路。

我們看到的，首先是壽丘坊。

壽丘坊的北面是一個院子，院內有荷花池，兩旁巍然屹立，是宣和大碑。

宣和大碑，是宋徽宗所立。大碑原有四通，還沒來得及刻字，金兵就來了。我們從日偽時期的老照片看，這些大碑都是躺在地上，碎成很多塊。現在立在荷花池旁的大碑，是其中的兩通，東

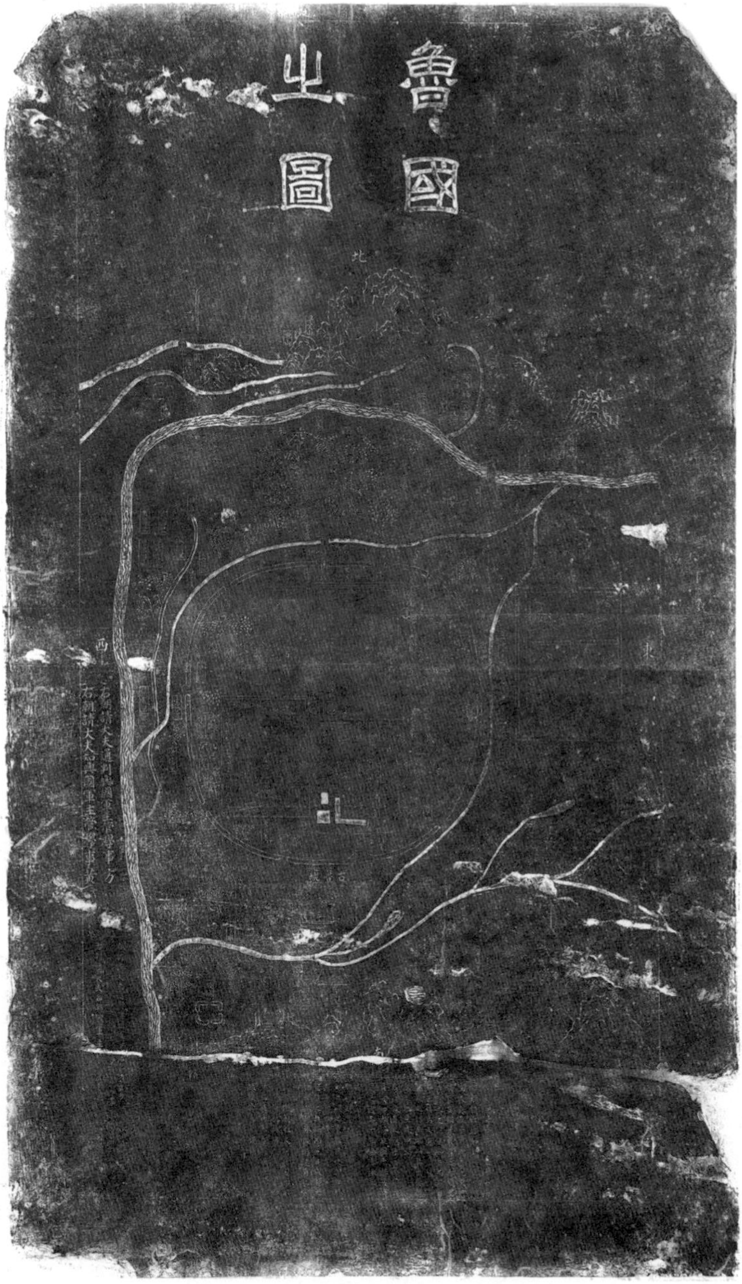

《魯國之圖碑》

《宣和慶壽大碑》

邊一通無字，西邊一通有兩個大字：「慶壽」，字是元至元四年（一二六七年）燕山老人補刻，橫著寫，從右往左讀。它們是一九九一和一九九二年，經過修補，才立起來的。其他兩通，打碎的殘碑，還在院子的後面。

這兩通大碑，抬頭仰望，非常高，通高十六・九五公尺，寬三・七五公尺，厚一・一四公尺，光是贔屭（音bì xì），即馱碑的大龜，就比人還高，高達二・二二公尺。宋代把這麼大的碑拉到此處，再立起來，真不知要耗費多少人力，俗稱「萬人愁」。它比河北正定的五代大碑還高，堪稱天下第一碑。正定的五代大碑，是打碎後埋在地下，出土後加以拼綴，估計原高十四至十五公尺，寬三・六公尺，厚〇・八八公尺（郭玲娣、樊瑞平〈正定出土五代巨型石龜碑座及殘碑〉，《文物》二〇〇三年第八期，六七—七六頁），比起這兩通大碑，還是小了點。

然後，出此院，往北走，是一條長路，兩邊，古柏參天。約一百二十公尺，有一堆石塊，石塊很大，俗稱「八卦石」。這就是景靈宮遺址暴露在地面的部份，北邊有保護標誌。項春生告訴我說，有文獻記載，景靈宮中原有黃帝夫人像，毀於火。

然後，再往前走，約八十公尺，是清代的少昊陵。

現在的少昊陵是乾隆三年（一七三八年）修建。宋代叫壽丘，丘字犯孔子諱，金元改稱壽陵，清代又改稱少昊陵。

我們看到的少昊陵，分前後兩部份：前院是享殿，殿宇前，有明清碑刻；後院，前有石壇，狀如金字塔，俗稱「萬石山」，是用一塊一塊石板貼起來的。壇頂有個小亭，亭裡有個石像，據說是少昊像。《魯國之圖碑》，景靈宮的後面是「壽丘」，它的前面有三座殿，後面是這個壇。元楊奐《東遊記》提到這個壇，說「前有白石像，為火爆裂」，就是上面提到的石像。這個石

河北正定出土的五代大碑（碑額）

河北正定出土的五代大碑（龜趺）

少昊陵：嬴姓祖庭

像，「文革」時期，頭部被砸毀。但日偽時期的老照片，上面還有這個像，楊奐說，壇有石欄，「窮工極巧，殆神工所刻也」，現在已看不到。

繞過「小金字塔」，後面是個小丘，狀如墳丘。登丘遠望，可見院外是一片高地，有鐵路從後牆外穿過。院內的小丘是連著外面的高地，其實是這片高地的一部份。《魯國之圖碑》只畫前面的壇，後面看不見。院牆以北，標注「窮桑」。

這裡的少昊陵，既名壽丘，又叫少昊陵，是何緣故？大家會問：它們究竟是一回事，還是兩回事？如果是一回事，為什麼有兩個名？如果是兩回事，它的哪一部份是壽丘，哪一部份是少昊陵？

查閱古書，答案並不複雜。

中國古代傳說，既說黃帝生壽丘，壽丘在魯城東門之北，又說黃帝和少昊都是在窮桑登帝位，都曲阜，甚至說窮桑就是曲阜（《史記・周本紀》正義引《帝王世紀》和或說）。這個後院，既稱壽丘，又稱少昊陵，原因在這裡。

看來，壽丘、窮桑、曲阜，都是少昊之虛的不同說法。

少昊之虛是曲阜魯城的象徵。

中國的古城，往往有這類古蹟。我們在其他古城，也經常碰到這類古蹟。它們都是以傳說人物，作為古城的符號。

（二）尼山、顏母山和防山

〔畫面〕

1. 曲阜市地圖。
2. 《魯國之圖碑》上的尼山、宣聖廟、毓聖侯祠。
3. 魯源村，《古昌平鄉碑》，劉氏家祠。
4. 尼山五老峰。
5. 夫子洞。
6. 尼山孔廟，廟中的批孔標語。
7. 毓聖侯祠。
8. 孔子觀川處。
9. 顏母山。
10. 顏母祠。

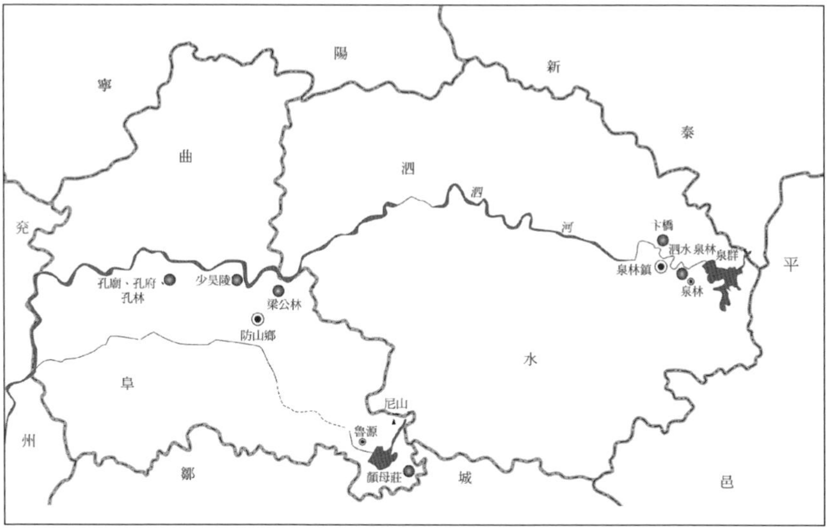

曲阜

11. 扳倒井。
12. 顏林（顏子墓）。
13. 防山。
14. 梁公林（齊國公墓）。

〔解說〕

出曲阜魯故城，向東南走，是孔子的出生地和他父母的葬地。

陪同前往的是曲阜市文物局的項春生副局長。

孔子的爸爸叫叔梁（音hé），是陬（音zōu）邑宰或陬邑大夫，即魯國派駐陬邑的長官；媽媽，叫顏徵在。

司馬遷說，孔子的出生地是魯國昌平鄉的陬邑，即漢代昌平鄉下面的一個小地方（《史記·孔子世家》）。昌平鄉是以昌平山而得名。

今曲阜市東南角的魯源村，據說，就是孔子的故鄉。

我們一進村，就看到了康有為題字的《古昌平鄉碑》，樹在十字路口。項副局長說，這不是原碑。現在，文物在野外，必丟無疑，他把它藏了起來。

一九一二年，辛亥革命後的第二年，康有為和陳煥經成立孔教會，要把儒教立為國教。他們打的是中國旗號，學的是西方傳統，模仿歐洲大一統，宗教大一統。這是受西方侵略的強烈刺激。他們看到，西人除船堅砲利，還有精神武器。

國粹只是表面文章。

此碑是一九二四年立，碑文用孔誕紀年。康氏跟耶誕抬槓，上款作「孔子生二千四百七十五年」，下款作「甲子九月康有為敬書」。甲子是西曆的一九二四年。

當時的中國，水深火熱。康氏以為，只有孔教，才能救中國，當然要到這裡朝拜。

魯源村，村南是昌平山。這裡是孔子的老家，但村中的居民，沒有一個姓孔，多數都姓劉。村裡的老房子，已經折得差不多。村南有個老房子，是劉氏的家祠。看來，姓孔的居民早就離開了這個窮苦的鄉村，去向是曲阜城。

然後，我們去看尼山五老峰。

尼山，在魯源村的東南，原名尼丘山，孔子取名孔丘，字仲尼，就是根據這座山。後人去掉丘字，是避孔子的名諱。

尼山有五峰，也叫五老峰。狹義的尼丘，專指中峰。

司馬遷說，孔子生下來，和別人不一樣，他的腦瓜，形狀比較怪，四邊高，中間低（《史記·孔子世家》），和尼丘一個樣。但令人不解的是，人的腦瓜怎麼會長成這個樣。過去，有一張照片，從空中拍的，此山的中間真的是凹下去一塊。出於好奇，我們很想看看上面是什麼樣，可惜從山下看不見。

夫子洞在山下，尼山孔廟在山腰，是這裡的兩個景點。

夫子洞，也叫坤靈洞，是個非常小的洞，人只能俯身而入。洞內原有石床、石枕和孔子石像，洞口立著《尼山孔子像記碑》，刻於元至元三十一年（一二九四年）。「文革」期間，洞被搗毀，現在是用石板搭建。石像無存，碑移尼山書院。傳說孔子就出生在這個洞裡。

另外，古書還有一種說法，孔子是生於女陵山的空竇（《水經注》卷二五、《史記・孔子世家》正義）。

女陵山在什麼地方？它是尼山的別名，還是另一座山？古書沒有說。《魯國之圖碑》上有「女陵山」，位置在尼山西南，旁邊是「白陵山」、「孟子墓」、「孟子廟」和「四基山」，看來已入今鄒城市的北境。空竇，即孔竇，漢《建寧元年史晨碑》提到「孔瀆、顏母井」，「孔瀆」就是孔竇。這是另一個夫子洞。

尼山孔廟，規模比較小，但年代比較早，據元後至元五年（一三三九年）的《尼山書院碑》記載，此廟始建於後周顯德中（九五四年）。《魯國之圖碑》作「宣聖廟」。「宣聖廟」是唐朝的叫法。

這個廟中，還有「文革」批孔的標語，歷歷在目。

尼山孔廟的西跨院有毓聖侯祠，《魯國之圖碑》作「毓聖侯廟」。所謂毓聖侯，是尼山的山神，孔子出名，山也封侯。

孔廟東南角有孔子觀川亭。登亭眺望，可見沂河南注，匯成尼山水庫（也叫聖水湖）。

然後，我們驅車前往顏母莊，路上拍攝顏母山和尼山水庫。

顏母莊，是個集市，非常熱鬧。這個村，據說是孔子媽媽家，也就是孔子他姥姥家。但這裡的

尼山夫子洞：相傳孔子出生處

尼山孔廟

居民，也沒有姓顏的。

穿過顏母莊，一條大路，通往山頭村。路上可見顏母山的背面。山上有採石場，已被勒令停工。

顏母祠，在山頭村的一塊高地上，大門緊鎖，不得其門而入，有村民說，沒關係，東牆有洞。在他的帶領下，我們從這個洞進入。

院子很小，亂草叢生，地上躺著一通明代的殘碑，即弘治六年（一四九三年）的所謂《顏母祠碑》，碑首在屋裡，靠牆放著。

碑是六十一代衍聖公孔弘泰等立，原文作「有周故孔夫子外祖顏府君祠」，它紀念的不是孔子的媽媽，也不是孔子的姥姥，而是孔子的姥爺。

顏母莊有扳倒井，在顏母祠西。這口井，「文革」遭破壞，現在重修，水勢已大不如前。

最後，我們來到孔子父母的葬地梁公林。

梁公林，在曲阜東，泗水南，防山北。梁公是孔子的爸爸叔梁紇，《魯國之圖碑》作「齊國公墓」。「齊國公」是宋代的叫法，元代封啟聖王。

這裡有兩座墓，一座是孔子父母的合葬墓，墓碑是金明昌五年（一一九四年）立，作「聖考齊國公墓」，叫法和《魯國之圖碑》一樣，墓前有元代的翁仲；一座是孔子哥哥的墓，墓碑是明永樂年間立，作「聖兄伯尼墓」，孟子的哥哥叫孟皮。孟是庶長，不能稱伯。孟皮稱伯尼，完全是杜撰，不但沒有根據，也不合古代的慣例。

顏府君祠：孔子外祖父的祠

梁公林：孔子父叔梁纥墓

（三）曲阜魯故城

〔畫面〕

1. 曲阜市地圖。
2. 曲阜魯故城遺址遺跡分佈圖（山東省文物考古研究所等《曲阜魯國故城》，濟南：齊魯書社，一九八二年）。
3. 《魯國之圖碑》上的魯故城。
4. 魯城周圍的河流：泗水、洙水、小沂河、大沂河。
5. 曲阜魯城的城牆、城門和道路。
6. 周公廟。
7. 魯靈光殿遺址。
8. 石刻博物館中的漢代石刻，有些石刻還保留了「文革」批孔的口號。
9. 明曲阜城：闕里、孔廟、孔子故宅門、孔府、陋巷、顏廟。
10. 孔林。
11. 舞雩臺。

〔解說〕

曲阜這個名稱，是以一道隆起的土崗而得名，剛才已經說過。它從今少昊陵一帶，一直延伸到魯城東北角外。

魯城東北角外，酈道元也叫曲阜。他說，曲阜上有「大庭氏之庫」和「季氏宅」。季氏宅內有「武子臺」（《水經注》卷二五）。

季武子臺是季武子宅內的臺觀。《魯國之圖碑》把「季武子臺」標在魯城東北角外，洙水、慶源河分叉的夾角內。此臺居中，左邊是「上春里」、「少昊里」、「洙南里」，右邊是「大庭鄉」。

大庭是神農，《魯國之圖碑》，城內與「齊門里」比鄰，有個「神農里」，或與「大庭鄉」有關。

「少昊里」則和少昊所居的「窮桑」有關。它說明，這一帶是壽丘曲阜向西延伸的部份。兩個地方是同一個地理單元。

《魯國之圖碑》，魯城西牆外，有一條南北向的土崗，也標「曲阜」。

曲阜市的前身是兩周時期的魯故城。這個古城，一直沿用到西漢中期。《魯國之圖碑》是畫仙源縣，但還是在城圈下面標注「古魯城」。

我們可以看一下曲阜魯故城的遺址、遺跡分佈圖。在這幅圖上，西周魯故城，東西長、南北窄，四角橢圓，呈長方形，規模最大；漢代魯故城，向西南收縮，略小；明代曲阜城，向西南再收縮，最小。這個小城，完全是以孔廟、孔府為範圍，其實是個孔氏城。三個古城好像套裝的盒子，打開一個，還有一個。《魯國之圖碑》，畫法不太準確，它把魯城畫成了圓的。

曲阜的大盒子，是西周時期的魯故城。此城由四水環繞。曾子說，孔子教於「洙泗之間」（《禮記・檀弓上》）。「洙泗之間」是魯城的代名詞。洙水和泗水是兩條河。《論語・先進》講四子侍坐，提到「浴乎沂，風乎舞雩」，曾點洗澡的「沂」，也是兩條，現在叫大沂河和小沂河。《水經注》卷二五講魯城水系，酈道元說，泗水源於卞，現在的泗水縣；沂水源於魯城東南，尼丘山西北；洙水是泗水在魯城東北分出的一支。

魯城四水，洙水在南，泗水在北，沒問題。小沂河在北，大沂河在南，也沒問題。問題是，它的護城河，水從哪裡來。

魯城的護城河，北面和西面，比較清楚，它是以洙水為護城河。但東面和南面，不知是什麼河。魯城東面的護城河，南半截還有河道，北半截只剩乾涸的城壕；南面的護城河，只有西半截，即明城南牆的一段還在，東半截也斷流。過去多以為，洙水是發源於魯城東北角的五泉，現在看來，並不正確。

洙水和泗水，二者是什麼關係，古人有兩種說法：一種是洙在北，泗在南；一種是泗在北，洙在南（《水經注》卷二五）。這是為什麼？

對解開這個矛盾，《魯國之圖碑》也提供了重要線索。在這幅地圖上，魯城的護城河是從泗水分出的兩個支流。偏北的一條，順北牆和西牆，在魯城西側注入「泗水」，這是「洙水」。洙水在五泉分叉是對的，但不是在五泉發源。偏南的一條，順東牆和南牆，在魯城西南，注入「泗水」，這是「慶源河」。「慶源河」是泗水的支流，也可視為泗水。「洙泗之間」是這兩個支流之間。只有這樣理解，古人說的「闕里背洙面泗」（《水經注》卷二五引《從征記》）才講得通。沂水，圖中有四條支流，最西的兩條，一條未標水名，一條是「沙河」，源頭在上游，圖中看不到；往東走，才標「沂河」，源頭在尼山、防山一帶；再往東走，是「雩水」。「雩水」是從「逵泉」發源。它是以舞雩臺而得名，但圖中未標舞雩臺，只有「舞雩里」和「雩壇里」。「逵泉」的西邊

西周魯城東牆

也有「泉臺里」，都是相關的地名。南邊的四條河，雩水是現在的小沂河，沂水是現在的大沂河。《論語》說的「沂」，酈道元說的「沂水」，就是指這兩條河。

在《魯國之圖碑》上，魯城的護城河有三座橋，洙水上一座，是通「孔林」；慶源河上兩座，一座通「大庭鄉」，一座通「始明門」。

魯故城，城內多半是被晚期的東西覆蓋，但西周的城牆還在。「文革」結束後，一九七七年三月至一九七八年十月，山東省的考古工作者對曲阜魯故城進行過全面勘查。據鑽探實測，東牆長二千五百三十一公尺，南牆長三千兩百五十公尺，西牆長兩千四百三十公尺，北牆長三千五百六十公尺，總長一萬一千七百七十一公尺。城牆的東南部保存最好，牆高十公尺，基寬五十公尺。牆下立有保護標誌和石刻的平面圖。

這座古城，分佈著魯侯的宮廟臺觀、貴族的府邸、平民的住宅、手工作坊和市場，還有當地土著和周移民的墓葬。其佈局到底是什麼樣，要靠考古發掘去揭露。我們只能從現存遺跡，琢磨一下它的大致格局。

首先，它有十二座城門，過去探出十一座，缺南東門，項副局長說，經發掘，已經補全，確實是十二個。

附注：

這十二座城門的名字，《魯國之圖碑》上都有（用字幕表現）：

東三門：東北始明門、正東建春門、東南鹿門。

南三門：東南章門、正南稷門、西南雩門。

西三門：西南歸德門、正西史門、西北麥門。

北三門：西北龍門、正北圭門、東北齊門。

圖上，城門附近，或有以城門命名的里名，如「齊門」內有「齊門里」，「始明門」外有「始明里」，「建春門」外有「建春里」，「歸德門」外有「歸德里」。

這些城門，見於古書，有一些不同說法。如稷門也叫高門（《水經注·泗水》），《魯國之圖碑》在「稷門」內標注「高門里」；史門也叫吏門（《公羊傳》閔公二年），史吏相通；魯城北門，也叫爭門或淨門（《公羊傳》閔公二年、《說文·水部》）。

另外，魯城還有郭門或外門，如萊門（《左傳》哀公六年和八年），《魯國之圖碑》在「始明門」外標注「萊門」，杜預說是「魯郭門也」；石門（《論語·憲問》），鄭玄說是「魯城外門」；子駒門（《左傳》文公十一年），賈逵、杜預說是「魯郭門」。

其次，《考工記》的王城，是九經九緯，它也有五條橫街，五條縱街。

這些街道，多不可考。

我們只知道，魯城有一條叫「五父之衢」的街道。據說，孔子的母親死後，他想把父母合葬，卻不知父親葬在何處。他把母親的棺材停在五父之衢，向路人打聽。最後，問過「陬曼父之母」，才知道自己的爸爸是葬在防（《禮記・檀弓上》）。古人說，五父之衢是「魯縣東南道名」（《左傳》襄公十一年杜預注）或「曲阜縣東南二里魯城內」（《史記・孔子世家》正義引《括地志》）。但《魯國之圖碑》有「五父里」，卻是標在魯城的東北角。

魯城似可分為六區，北三區，南三區。

在《魯國之圖碑》上，北三區，是以「文憲王廟」即周公廟居中，東為「勝果寺」，西為「白鶴觀」。「勝果寺」東是「臧武子井」、「神農里」、「齊門里」和「顏林」。「白鶴觀」西是「褒聖里」、「孔聖村」、「莊公臺」和「昭公臺」。南三區，是以魯靈光殿遺址的南部和古泮池居中，西為「文憲王廟」即孔廟，東為「義門東氏宅」和「開元里」。

「白鶴觀」，今已不存。

「臧武子井」，舊有元至正年間（一三四一至一三六八年）的《臧武子故臺碑》，現藏孔廟中。

魯城內有很多夯土臺基，它們到底是什麼建築的遺存，古書有不少說法，學者有很多猜測。魯城最重要的夯土臺基，要屬酈道元所說「臧武子井」西面的「周公臺」，即今周公廟和周公廟以北的夯土臺基，地勢最高。

周公廟，就是《論語》兩次提到的「太廟」。現在的周公廟，是清代的周公廟，規模比較小，位置偏南。廟中有宋大中祥符二年（一〇〇九年）的《文憲王廟碑》。「文憲王廟」是宋代的叫

周公廟：相傳孔子入太廟每事問處

法。《魯國之圖碑》的周公廟，正作「文憲王廟」。它的面積很大，幾乎佔據了北城的整個中部。它的兩邊各有一組建築，西邊是「白鶴觀」，東邊是「勝果寺」。「勝果寺」這個地名，現在還有，叫「盛果寺」，是周公廟以北的一大塊地方，和宋代的概念不一樣。

在《魯國之圖碑》上，勝果寺東南，有個「顏林」。這個顏林，「文革」後蕩然無存。

曲阜有兩個顏林。一個是防山附近的顏林，即所謂東顏林，也叫顏子林或復聖林。它是模仿曲阜孔林和梁公林，除顏回自己的墓，還有他爸爸、兒子、孫子的墓。顏回的爸爸，也是孔子的學生，叫顏路。這個墓地，《魯國之圖碑》是作「顏子墓」。另一個顏林，才是《魯國之圖碑》上的「顏林」，即所謂西顏林。它是顏氏後裔的墓地，晉唐之際，顏氏當侍郎的很多，也叫侍郎林。任昉《述異記》說，「曲阜古城有顏回墓」（《太平御覽》卷九六一），似乎後者也有顏回墓。

在《魯國之圖碑》上，還有很多標為「臺」的地名，可能也是古代建築的遺址，如「季武子臺」、「襄仲臺」、「莊公臺」、「昭公臺」、「鬪鷄臺」、「泮宮臺」。「義門東氏宅」前也有一個臺。

「季武子臺」，上面已經提到，今周公廟東出土過一通清代的《季武子之臺碑》。

「襄仲臺」，舊說在古城豁南小泉村東。

「莊公臺」，舊說在城東南三里，又名雨觀臺。

「昭公臺」，舊說在雨觀臺西南約五十公尺。

「鬪鷄臺」，舊說在城東七里大壑外約五十公尺。

另外，還有望父臺（魯公臺），等等。

它們和《魯國之圖碑》的記載不太一樣。

一般認為，周公廟所在的一大片遺址，就是魯城的宮城所在。這片遺址後邊，是手工作坊。今周公廟正好在這片夯土基址的東南，也就是坐北面南的前邊和左邊。學者認為，其佈局似乎含有前朝後市、左祖右社的意味在內。它讓人想起《周禮·考工記》的營國之制。中國的城市規劃，比如明清時期的北京城，就繼承了這套設計。它的皇城和紫禁城，就相當於這一部份。

漢代遺址，最重要，當屬靈光殿遺址和埋在地下的漢城。

靈光殿，是西漢魯恭王的宮殿，據說是建在春秋魯僖公的殿基上（王延壽〈魯靈光殿賦序〉，《文選》卷一七）。這裡一直是魯城的中心，漢代到宋代，魯國、魯縣或曲阜縣，治所一直設在這裡，宋真宗大中祥符五年（一〇一二年），才搬到今少昊陵一帶，改稱仙源縣。

靈光殿在哪兒，《魯國之圖碑》也提供了重要線索。它在「文憲王廟」的北邊，畫有一道ㄇ形牆基，開口在南，正好把「文憲王廟」和「勝果寺」框在裡面。宋代的勝果寺，不是在周公廟的後

漢魯靈光殿遺址

邊，而是在它的東邊，兩者不一樣。

現在，值得注意的是，「文憲王廟」的南邊，有一段空地，空地以南，也有一道形狀相反的圍牆，開口在北，大體和北面的圍牆相對，「文憲王廟」和「勝果寺」下面的遺址，即標注「小石城」的遺址，和北面圍牆內的遺址，很可能屬同一組建築，即靈光殿。「小石城」三個字的兩旁，標有「靈光殿基」，這片遺址的南面有「靈光里」，也和靈光殿有關。

還有，我們注意到，「小石城」的西南角有「伯禽井」和「端門里」。「端門里」靠近的門，應即端門。這是遺址的南門。相當故宮的午門。端門旁標「兩觀」，則是孔子誅少正卯的地方（《孔子家語．始誅》）。孔子誅少正卯，見《荀子．宥座》等古書。「兩觀」，酈道元叫「雙石闕」（《水經注》卷二五）。它是遺址南端的門闕，既可能是靈光殿的南闕，也可能是魯宮城的南闕。魯城稷門外，舊有明代的《兩觀臺碑》，已經亡佚，立碑者似

日本人發掘出土的漢魯靈光殿北陛刻石

乎是把兩觀當成了魯城的南門。

一九四二年，日本東亞文化協議會在曲阜發掘，曾在今周公廟的附近出土過靈光殿的北陛刻石。這件文物，現藏曲阜漢魏碑刻陳列館。

靈光殿以南，是所謂古泮池、古泮宮。《魯國之圖碑》標有三個水池：「太子池」，是長方形，即所謂太子釣魚池，太子即魯恭王；「泮水」，是正方形；「曲池里」北有一水池，作曲尺形，顧名思義，就是「曲池」。

金明昌二年（一一九一年），太子池旁出土過《五鳳二年魯孝王刻石》，現藏曲阜漢魏碑刻陳列館。

它們的旁邊是兩個臺：「泮宮臺」和「鬪鷄臺」。「鬪鷄臺」，相傳是季平子和郈昭伯鬥雞的地方，酈道元說是兩個臺（《水經注》卷二五），《魯國之圖碑》上也是兩個臺。此處原有嘉靖四十五年的《古泮宮碑》，現藏孔廟。

漢代的出土物，主要是漢魏碑刻陳列館收藏的兩漢碑刻（二十三件），以及翁仲、辟邪等石刻。有些出自孔廟，有些出自孔林，還有一些是四郊漢墓所出。

它們，也留下了時代印記。有些石刻，上面還有批孔的口號。

酈道元說，孔林有「銘碑三所」，孔廟有漢魏碑刻七通，五碑有字，兩碑無字（《水經注》卷二五）。館藏的《孔宙》、《孔彪》、《孔褒》、《孔謙》等碑可能出自孔林，而《乙瑛》、《禮器》、《韓敕》、《史晨》等碑可能出自孔廟。

漢代的魯城，完全是埋在地下。考古發掘證明，西漢早期和中期的魯城，還是沿用春秋戰國的魯城，漢城是西漢晚期才有。它的東北角其實是壓在靈光殿的遺址上。

現在的曲阜市，到處被現代建築覆蓋，車水馬龍，紅塵滾滾，旅遊景點，主要是宋代以來，金元以來，特別是明清以來的遺跡，特別是與憑弔孔子有關的各種遺跡。這些古蹟，主要集中在明代的曲阜城內。

明代的曲阜城，偏於魯城西南，本是魯城的平民區，和北京的宣武區相似。但孔子和顏回，後來是大名人。孔廟、闕里、孔子故宅門、孔府、陋巷、顏廟是城中的六大景點。

孔廟，本來是孔子的家。孔子住的里，叫闕里。闕里是古代原有的里名。《論語・憲問》有「闕黨童子」，就是住在這一帶。闕里之所以叫闕里，是因為它挨著魯宮城的闕門。

孔子的家，只是個不大的院子，顏母住正房，孔子住西房，夫人住東房（《水經注》卷二五）。孔子死後，因宅設廟，規模越來越大，越蓋越豪華。他根本想不到。

現在的孔廟是明清的孔廟，明代把住的地方分出，變成孔府。孔廟、孔府之間的那條巷子，現在叫闕里。闕里的北頭，是所謂孔子故宅門。孔府西邊有一條巷子，巷子北頭有個牌坊，叫陋巷坊，是表示顏回貧居陋巷的陋巷。陋巷北頭是顏廟。這都是後來的佈局。

孔廟，《魯國之圖碑》叫「文憲王廟」，這是宋代的叫法。宋代的孔廟非常大，幾乎佔據了南三區的整個西區，比現在的孔廟、孔府加起來還大。圖上的「闕里」是指這一大片。它的東邊，緊挨著陋巷，過了陋巷，就是靈光殿遺址的南部。

當時的孔廟，和現在不一樣，但相當大成殿前的院子裡，已經有「杏壇」和兩棵「手植柏」。孔子手植柏，一般多稱為孔子手植檜。柏也叫栝（音kuò）或檜（音gui）。

孔廟旁邊的陋巷，旁邊標著「陋巷里」。陋巷北口，只有一口「顏子井」。今陋巷井，旁有明萬曆六年（一五七八年）的《陋巷故址碑》，可見，這口井是陋巷的標誌物。顏廟有元皇慶元年（一三一二年）《陋巷故址之碑》，它記載著陋巷的長寬，長是九十二至九十三步，寬是十六步。我們從宋圖看，顏廟是後來才蓋起來的，當時還沒有。

在《魯國之圖碑》上，「文憲王廟」的西邊是「矍相圃」和「矍相里」，從圖上看，是個四面有圍牆和門道的地方，按該圖的畫法，是個小城。矍相圃是孔子和弟子習射的地方（《禮記・射義》），等於當時的運動場。

矍相圃，原有明《古矍相圃碑》。現在，什麼都沒有，代替它的是個電影院，但日偽時期的老照片上還有。

在《魯國之圖碑》上，魯城西牆外，洙水入泗處，有「子我墓」和「崇儒里」。子我墓即宋代的宰予墓，和清代的宰予墓位置大不一樣。

清代的宰予墓，原在東關外，後來荒廢，失其所在。清康熙年間，在古城村東南發現斷碑：《齊公宰子墓碑》，就在當地修了個宰予墓。墓前原有清康熙四十七年（一七〇八年）的《先賢宰子之墓碑》，現已不存，但在日偽老照片上，還能看到。

曲阜陋巷井：相傳顏回貧居陋巷處

魯城以北，有孔氏的家族墓地。這片墓地，現在叫孔林。

北宋天禧五年（一〇二一年），稱孔子為「至聖文宣王」，「至聖」是宋代的叫法。

有人以為，孔林應叫至聖林，孔林只是俗稱。但在《魯國之圖碑》上，這片墓地卻是標為「孔林」。「孔林」也是宋代的叫法。

這片墓地，除偶爾發現過一點漢代石刻，主要的東西全是宋以來的。宋代，孔林還沒有林牆。現在的林牆，是元至順三年（一三三二年）才有。有趣的是，它的南牆是修在西周魯故城的北牆上。

洙水從牆的北面流過，原來是魯故城的護城河，現在也成了孔林的一景。

出魯故城的雩門，即南三門的西南門，小沂河和大沂河之間，還有一個古蹟，也很有名。這就是舞雩臺。

曲阜小沂河：曾點游泳的地方

舞雩臺，是魯國祈雨的祭壇，現在是個土臺。《魯國之圖碑》未標「舞雩臺」，但西有「舞壇里」，東有「舞雩里」，南有「雩水」，還是和舞雩臺有關。

這座土臺，現存大小，南北長一百一十五公尺，東西寬一百二十公尺，高七公尺，長寬高可能都有所縮小，如酈道元說，「壇高三丈」（《水經注》卷二五），約合八．四公尺，就比現在高出一．四公尺。

臺下，用石欄圍起，就是用以表示原來的範圍。

我們登上土臺，只見長滿荒草，草叢中有不少農民挖的紅薯坑（埋紅薯的坑）。臺上原有二碑，一碑是明嘉靖四十五年（一五六六年）的《舞雩壇碑》，現存孔廟中；一碑是《聖賢樂趣碑》，已毀於「文革」。現在立在臺上的碑都是複製品。

一九七七－一九七八年，考古學家解剖過這個土臺，結果證明，這確實是西周古蹟。

舞雩臺，孔子散步的地方

舞雩臺上的《舞雩壇碑》

一九七九年，舞雩臺還出土過一件漢代刻石，上面有兩個「廌」字，現藏漢魏碑刻陳列館。

舞雩臺在雩門外，略向東偏。孔子住闕里，離雩門最近。他和學生散步，出此門南行不太遠，就是舞雩臺。

孔子和孔子的學生，他們駐足登臨，就是這個臺。

魯城以南，還有圜丘。酈道元說，「沂水又西逕圜丘北，丘高四丈餘」（《水經注》卷二五）。「丘高四丈餘」，約合十一．二公尺。《魯國之圖碑》，

舞雩臺出土的麃刻石

是把「古圜丘」標在沂水的南面。

另外，年代較晚，還有兩處古蹟：

(1)有若墓。在城南南泉村東南，一九八六年立有保護標誌。

(2)林放墓和林放問禮處。在城南林家村西北，一九八六年立有保護標誌。

林家村的居民，自認為是林放的後代。林放問禮處，原有乾隆四十九年（一七八四年）立的《問禮故址碑》，現藏孔廟。

這座古城，還埋藏著很多秘密，值得探索的問題，很多很多。

第四集　學而時習之，不亦說乎

〔題辭〕

子曰：「學而時習之，不亦說（悅）乎？有朋自遠方來，不亦樂乎？人不知而不慍，不亦君子乎？」（《論語．學而》）

（一）適周問禮

〔畫面〕

1. 洛陽市地圖（注意：畫出王城、漢魏洛陽城和洛陽舊城的範圍）。
2. 東周王城遺址的平面圖。
3. 王城遺址西北角殘存的夯土堆。
4. 漢魏洛陽城的平面圖。
5. 金村、村北寨門、金村大墓所在的莊稼地。
6. 漢魏洛陽城的西北角以及東牆。
7. 天子六駕車馬坑。
8. 周王陵。
9. 武梁祠出土的《孔子見老子像》和其他《孔子見老子像》。
10. 孔子入周問禮處。

〔解說〕

孔子的一生，主要是教書育人。他活了七十三歲，一到五十歲，一直待在家裡，讀書是自娛自樂，教書是助人為樂，他很快樂。這是他一生中最快樂的時光。

一到十五歲，是他的青年時代。他是陬邑有名的大孝子，從小熱愛禮樂，就連做遊戲，和小朋友玩，都是演習禮樂。晚年，他回憶說，他是「十五而志於學，三十而立」。「十五而志於學」，是從十五歲立志學禮樂。「三十而立」，是三十歲才學成。他是在三十歲上出名，以精通禮樂，聞名於魯。

三十歲以後，他不滿足於自己的見聞，曾兩次出遊。一次是三十四歲，上周都洛陽；一次是三十五歲，上齊都臨淄。就像今天的山東青年，離開自己的老家，到濟南和北京轉一轉。當時的洛陽，是天下的首都，臨淄是大國的首都，都是大地方。

孔子到洛陽訪問，主要是向老子問禮。

他到過的周，有兩座城，一座是王城，一座是成周城。

我們在洛陽地區的考察，是由河南省文物局洛陽二隊的宋雲濤隊長陪同。

王城，在今河南洛陽市西工區澗河的東西兩岸，二十世紀五〇年代，考古工作者對它進行勘探發掘，已經找到它的大致範圍。它的夯土城牆，絕大部份都埋在地下。北牆最完整，長兩千八百九十公尺，東牆已被水沖毀，西牆和南牆還斷續存在。宋隊長說，地面上的城牆，只有一個地方還可以看到，就是它的西北角。

我們開車，去找這個西北角。車子開到澗水橋，宋隊長回憶，就在此橋附近。他下來問路，往東走，建材市場旁邊有個加油站。他說找到了。

加油站的後牆有個小門。經聯繫，加油站的職工為我們打開了這個小門，裡面是幾所房屋的夾角，夯土堆就鎖在這個夾角內。

我們拍了錄像。

成周城，在漢魏洛陽城的地下。我們開車，經白馬寺，東行，到達漢魏洛陽城。這片遺址很大，有一片圍起的地區，是閶闔門遺址，一片摩托車旁，很多探工正在鑽探。

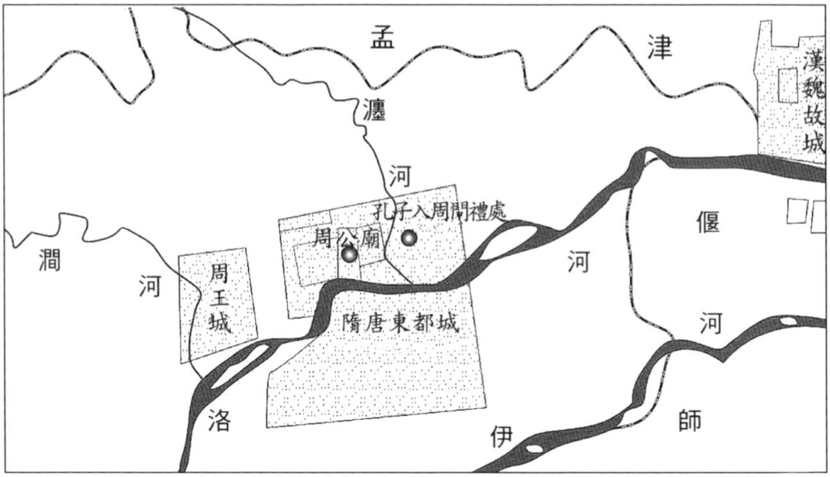

洛陽故城

一條大路向北，我們來到金村。金村，村北有寨門，上書「氣接邙嶺」。金村在漢魏洛陽城的北端，前面不遠，就是邙山。村東有一片莊稼地，就是著名的金村大墓所在。站在這裡，向北向西看，可見漢魏洛陽城的東北角。返回，開到南邊的公路上，可見漢魏洛陽城的東牆。

東周時期的洛陽，為我們留下了很多古蹟，如洛陽市中心的「天子六駕」車馬坑，洛陽市西南的周王陵，都是屬這一時期的遺跡。

洛陽也有周公廟，是隋唐洛陽城留下的古蹟，就在唐應天門遺址的旁邊。現在的建築雖然晚，是明清時期的建築，但紀念的事情卻很古老。

孔子入周問禮，是個非常有名的故事。這個故事，一直有人懷疑。尊孔者不願相信，孔子學問這麼大，怎麼會紆尊降貴，向道家的祖師爺請教。他們寧願相信，這是後世道家編造的神話。但這種說法，戰國就有，漢代更是時髦說法。如漢畫像石，孔子見老子，就是非常流行的主題。

漢畫像石上，孔子見老子像，例子很多，最初廣為人知，是武梁祠的畫像石。

武梁祠的畫像石，孔子見老子像，早就不在嘉祥，現藏山東濟寧市博物館。其左端題記曰：孔子見老子畫像，在洪氏《隸續》。乾隆丙午冬，錢唐黃易得此石於嘉祥武宅山，敬移濟州府學。（乾隆丙午是一七八六年）

畫面上方，老子在右，拄杖而立，面朝左，旁注「老子」，孔子在左，袖中執雁，面朝右，旁注「孔子」，孔子身後是一輛兩匹馬的馬車，旁注「孔子車」。他們中間，是個叫項橐的小孩。項橐臉朝孔子，問孔子。他手中拿著個玩具，叫鳩車。

魯迅論及孔子的形象，他的印象是：

> 這位先生是一位很瘦的老頭子，身穿大袖口的長袍子，腰帶上插著一把劍，或者腋下挾著一枝杖，然而從來不笑，非常威風凜凜的。假使在他的旁邊侍坐，那就一定得把腰骨挺得筆直，經過兩三點鐘，就骨節疼痛，倘是平常人，大約總不免急於逃跑的了。（〈在現代中國的孔夫子〉，《魯迅全集》，第六卷，北京：人民文學出版社，一九五八年，二四八頁）

他的印象就來自這類畫像。魯迅博物館有兩幅《孔子見老子像》拓本，都出自武梁祠的畫像石。

我們不要忘記，漢初尊老子，老子的影響非常大，孔子見老子，是借老子宣傳孔子，這是聰明的宣傳策略。

漢代流行的這類畫像，來源是當時的壁畫。

漢文帝時期，蜀郡太守文翁在成都修建的文翁學宮，裡面就有孔子及七十子的畫像。

漢靈帝光和元年（一七八年），洛陽鴻都門設置的學宮，據說也有這類壁畫（《後漢書・蔡邕傳》）。

鴻都門是東漢太學所在，位置在漢魏洛陽城的東南，《熹平石經》就立在附近。

孔子見老子，在哪兒見？王城還是成周城？不知道。

為了滿足這種想像，後人在洛陽舊城的東關，即今瀍河區東關通巷北口和東關大街立了兩個景點，一個是老子故宅，一個是孔子入周問禮處。

我們經過東關橋，來到洛陽市的回民聚居區。

老子故宅，現在已被拆掉。孔子入周問禮處，原來是文廟，現在只有一通石碑，清雍正五年

洛陽東關：相傳孔子入周問禮處

（一七二七年）立，碑額作「重修文廟碑記」，碑文作「孔子入周問禮樂至此」。立碑者想像，孔子來洛陽，一定是從東門進入，所以把碑立在這裡。而他要見老子，老子也就出現在旁邊。想像的力量是無窮的。

（二）適齊觀樂

〔畫面〕

1. 淄博市臨淄區地圖。
2. 齊國故城。
3. 齊國歷史博物館。
4. 東周殉馬坑。
5. 晏嬰墓。
6. 天齊淵。
7. 韶院村。

〔解說〕

齊國故城，臨淄古城，位於淄博市臨淄區齊都鎮，兩周時期，一直是齊國的國都。我們的考察是由山東省考古所臨淄工作站的魏成敏先生陪伴。

齊城分大小城，開十三門。左有系水，右有淄水。系水已枯竭，淄水南流，經過牛山北麓。

其大城是城，在東。西牆長兩千八百一十二公尺，基寬三十二至四十三公尺；北牆長三千三百一十六公尺，基寬三十三至四十三公尺；東牆長五千兩百零九公尺，基寬二十至二十六公尺，部份區段基寬三十至三十三公尺；南牆長兩千八百二十一公尺，基寬十七至二十五公尺。

小城是郭，在西。西牆長兩千兩百七十四公尺，基寬二十至三十公尺；南牆長一千四百零二公尺，基寬二十八公尺；東牆長兩千一百九十五公尺，基寬三十八公尺；北牆長一千四百零四公尺，基寬二十八公尺。

齊城西北隅，還保存著古城的排水道口。西牆，也保存著城垣遺址。

明清時期的臨淄城，只佔齊城南門一帶的一小塊，比齊城小得多。

齊國歷史博物館，陳列著當地出土的重要文物，其中有不少齊國的樂器。

孔子三十五歲，曾到此一遊，見過齊景公和晏嬰。五年前，他們曾訪問過魯國，向孔子問禮，留下深刻印象。雖然，齊景公藉口自己太老，不肯重用孔子，但孔子還是很有收穫。他到齊國的最大收穫，是欣賞音樂。

孔子說，「晏平仲善與人交，久而敬之」（《論語．公冶長》），是個值得尊重的人，跟他相處越久，越佩服他。但對齊景公，印象並不好，「齊景公有馬千駟，死之日，民無德（得）而稱焉」（《論語．季氏》）。

晏嬰墓，在古城內。魏先生說，這是個假墓，我們探過，墓底是生土。看來，這只是個憑弔性的古蹟，出於懷念，後人堆建了此墓。

東周車馬坑，其實是河崖頭五號墓。墓坑四壁是壘石為穴，墓穴四周，全是殉馬。這座大墓，年代與齊景公相近，學者推測，就是齊景公的墓。《論語》說「齊景公有馬千駟」，這裡的殉馬居

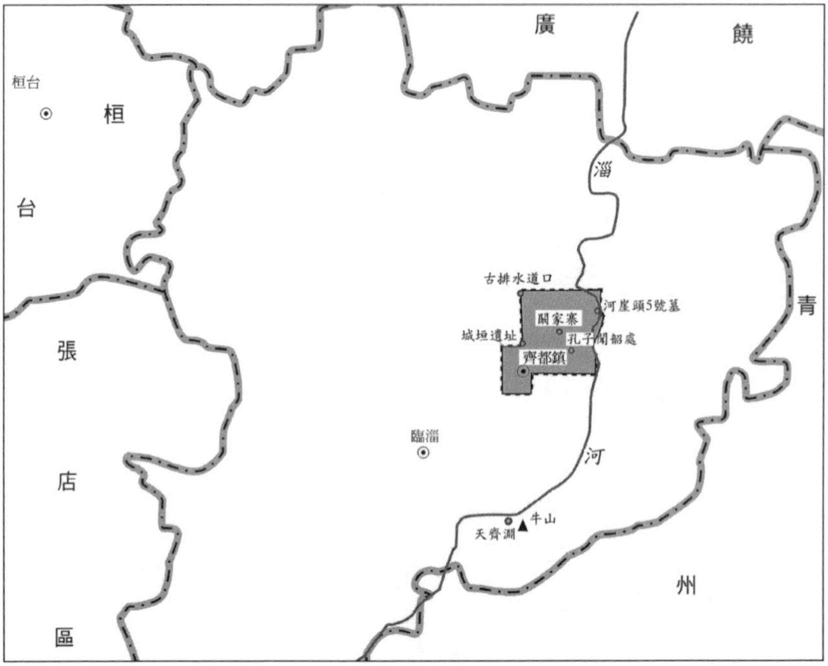

臨淄

然有六百匹之多。

臨淄故城，齊城南七．五公里有牛山，牛山的西北麓，淄水北岸，是著名的天齊淵。

天齊淵是齊國勝景，紀念它的祠，是八主祠的第一祠，天主祠。齊國稱齊，據說與此有關。

魏先生憑回憶為我們引路，一路打聽，經過一個挖沙場，終於找到天齊淵。

天齊淵，是個泉眼，古代的泉眼往往稱淵。這個泉眼，過去流量很大，據說是五泉並出（一九五七年），日湧水達六千九百立方公尺。二十世紀八〇年代，因為炸山採石，泉水斷流，已經變成亂石窩，但石壁上還有流水痕跡；原來的建築早已毀棄，但地上還遺留著磚瓦和建築構件。石碑，已移置臨淄石刻藝術館。如果沒人指點，你很難相信，

淄博臨淄區河崖頭大墓

眼前的一切，就是齊國最重要的古蹟。

齊城內，闞家寨一帶，經常出土一種帶「天齊」銘文的瓦當，有些是戰國的，有些是漢代的。

看來，淵在城外，祠在城內。

真正的天齊淵已毀，人們在新建的臨淄區，又造了一個天齊淵，亭、臺、水、榭，一應俱全，可惜全是假的。

孔子在齊觀樂，欣賞過《韶》樂的演奏。聽過演奏，「三月不知肉味」，說「不圖為樂之至于斯也」（《論語・述而》），一直讚歎《韶》，說它比《武》更好，「盡美矣，又盡善也」（《論語・八佾》），完美得無以復加。

孔子酷愛音樂，曾跟很多樂師學習，如魯國的樂師師襄子，就教過他鼓瑟擊磬。他教學生，「興於詩，立於禮，成於樂」（《論語・泰伯》），把樂教當作最高境界。四子侍坐，有琴瑟伴奏

淄博臨淄區聞韶村：相傳孔子在齊聞韶處

聞韶村出土的石磬

（《論語・先進》）。心情鬱悶，則擊磬以發（《論語・憲問》）。

齊城內，有韶院村。韶院村，原名棗院村。《臨淄縣誌》記載，嘉慶年間，村人掘地得古碑，上刻「孔子聞韶處」，後來附近又出土過石磬數枚，所以才把村名改為韶院村。宣統三年（一九一一年），村人重立了《孔子聞韶處碑》。有趣的是，一九八三年，這裡又出土了一塊石磬，有「樂堅（磬）」二字，正是東周時期的東西，現藏齊國歷史博物館。

他的一生，都伴隨著音樂。

第五集　從政的煩惱

〔題辭〕

子貢曰：「有美玉于斯，韞櫝而藏諸？求善賈（價）而沽（賈）諸？」子曰：「沽（賈）之哉！沽（賈）之哉！我待賈（價）者也。」（《論語・子罕》）

佛肸（音bì xī）召，子欲往。子路曰：「昔者由也聞諸夫子曰：『親于其身為不善者，君子不入也。』佛肸以中牟畔（叛），子之往也，如之何？」子曰：「然，有是言也。不曰堅乎，磨而不磷；不曰白乎，涅而不緇。吾豈匏瓜也哉？焉能繫而不食？」（《論語・陽貨》）

〔畫面〕

1. 費邑故城。
2. 郈邑故城。
3. 成邑故城。
4. 中都故城。
5. 夾谷之會處。

〔解說〕

孔子愛讀書，讀書是為了做官。種莊稼，他不喜歡。沒有官做，他寧肯捱餓。仕與不仕，對他來說，是個哈姆雷特式的老問題。這個問題，終生都苦惱著他。

古人活得短，五十就算老。在他看來，一個人，四五十歲還不出名，一輩子也就完了（《論語・子罕》）。他說的出名，跟從政、為政分不開。可惜的是，他這一輩子，前五十年，一直沒有機會做官，書生老去，機會方來。他是五十一歲，才在魯國做官。

費縣的費邑遺址

春秋晚期，魯國的國君，魯襄公、魯昭公、魯定公、魯哀公，他都趕上了，但魯襄公在世時，他還是個小孩。

孔子在世時，魯國是由三桓把持朝政。所謂三桓，是魯國的三大貴族：季氏、叔氏和孟氏。孟氏也叫仲氏。他們都是魯桓公的後代，分別擔任魯國的大司徒、大司馬、大司空。

季氏傳了三代，季平子、季桓子和季康子。孔子打交道最多，主要是後兩位。叔氏是叔孫武叔。孟氏，是孟懿子。

他們擔任大臣，不但在魯城有府邸，也在魯城之外有封邑。三家的封邑，就是著名的「三都」。季氏的封邑在費（音bì），叔氏的封邑在郈（音hòu），孟氏的封邑在成。費在魯城西南，郈、成在魯城西北。他們在兩處置家，各有家臣管理。比如陽貨為季氏宰，就是替他管魯城府邸的大管家；公山弗擾為費邑宰，就是替他管費邑的大管家。

我們對「三都」做了實地考察。

費邑故城，在今費縣（屬臨沂市）西北，上冶鎮西畢城、古城、寧國莊村一帶，是東周和漢代連續使用的古城。古城呈長方形，北眺蒙山，東、南兩面臨浚河（古治水），北牆和南牆寬約八百七十五公尺，東牆長兩千一百五十公尺，西牆長兩千三百五十公尺，城中最寬處約一千一百二十五公尺，總面積達兩百二十二萬八千平方公尺。地面仍有殘垣，時斷時續，高約三至五公尺，寬約十五至三十公尺。小月河橫穿古城。城中有一東西向的丘陵，把城分為兩半，北高南低。南城牆和北城牆外，均有城壕。我們走日東高速來到這裡。公路縱穿古城，很寬，古城遺址就在公路兩邊。二〇〇二、二〇〇三年，山東省文物考古研究所為了配合這條公路的開通，曾在這裡發掘和勘查。路西，古城西北角，有一大坑，是所謂季桓子井，坑的北側有石碑兩通，一通為乾隆

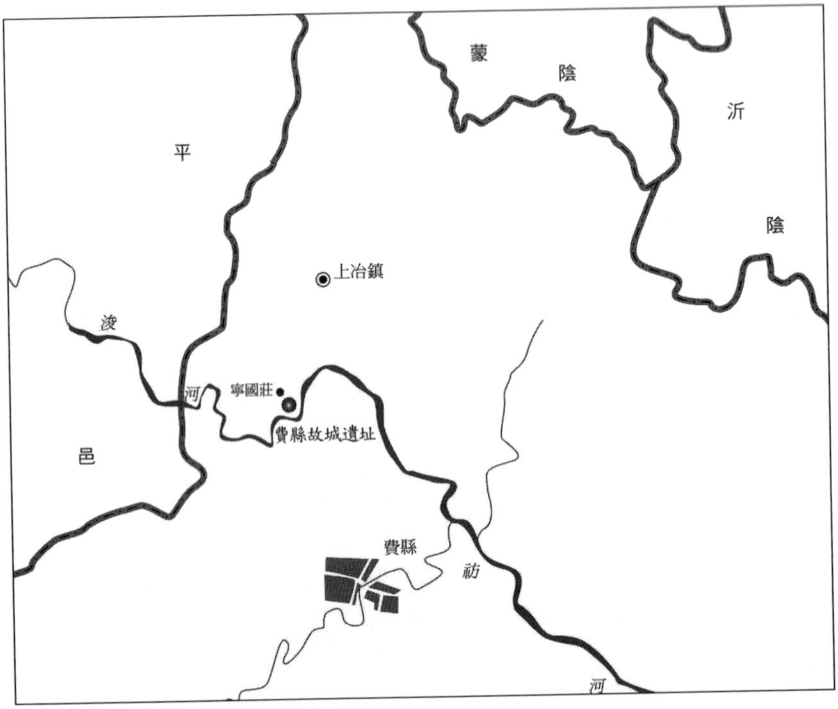

費縣

年間費縣知縣駱大俊所立《季桓子井碑》，一通為嘉慶年間孫星衍等人立的《季桓子得羵（音fén）羊之井碑》。地面上到處都是磚瓦陶片。陪同我們的是費縣文化局的幹部王文明先生。

郈邑故城，在今東平縣（屬泰安市）的東南。

成邑故城，出發前，只知道大方向在今寧陽縣（屬泰安市）東北，具體地點並不清楚。我們到寧陽縣，先去磁窯鎮，一打聽，才知道，此城在今寧陽縣東莊鄉的南故城村一帶。我們從東莊鄉出來，西行右拐，來到一大片莊稼地前。向西走，經過一道人工修建的土樑，登上古城廢墟。陪同我們考察的，是寧陽縣委宣傳部的楊麗華女士和東莊鄉管理區的書記邢禮彪先生。

成邑故城位於東莊鄉西，南北長約八百五十公尺，東西寬約六百三十公尺，原來是長方形，地面殘存是古城的東北角，東、北兩面，殘牆還有約一百公尺長，最高處，高約十二公尺，寬約二十至三十公尺。我們從廢墟上遠眺，周圍很開闊。

邢書記指著說，古城東邊是東莊鄉，南面是南古城村，西面是西故城村，北邊是北故城村，東莊鄉，其實就是東故城村。這些地名，都與古城有關。我們在東牆上，正好碰到一位老漢，據他介紹，古城的東、南、西三面原來有河環繞。這個古城也是東周和漢代連續使用。

三桓，勢力最大是季氏。孔子對季氏最不滿，經常批評。叔孫武叔，跟季氏跑，也令他討厭。孔子死後，抬高子貢，誹謗孔子（《論語．子張》），就是這個人。他們當中，跟孔子關係最近，其實是孟氏。孟氏多孝子，孔子很欣賞。孟敬子臨死，把他的兩個兒子託付給孔子，其中之一，就

費邑遺址出土的地磚

地磚圖像復原

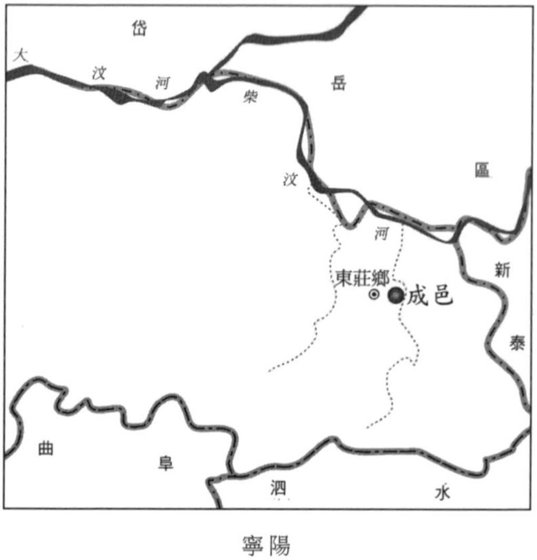

是孟懿子。孟懿子拜孔子為師，對他最尊敬。

孔子五十一到五十四歲，一共當過四年官。

五十一歲，當中都宰。

五十二歲，先當司空，後當大司馬，為魯昭公溝墓，於夾谷之會，相魯定公，與齊國會盟，為魯國贏得了外交勝利。

五十四歲，墮三都，殺少正卯。

這是他的政績。

中都在汶上縣（屬濟寧市）。我們到汶上考察，特地尋找過它的遺址。陪同我們考察的是汶上縣博物館的前館長，李繼平先生。中午吃飯，李館長說，孔子是他們的第一任縣長，現在的縣長是第兩百六十八位，孔子當年治中都，中都是個和諧社會。

中都故城，遺址在次丘鎮朱莊村。我們在朱莊村一帶眺望，地面上沒有任何痕跡。從前這裡有過「孔子講堂」和「孔子釣魚處」，朱氏的族譜還畫有它們的圖，但現在也不復存在。

另外，當地有所謂「九公墓」，地點在汶上縣西南鄰近嘉祥縣的南旺鎮一帶，傳說是魯桓公到魯昭公九個魯侯的墓地。這裡，原來有九個崓堆，現在只有一個，還有痕跡可辨。這個「九公墓」，未經考古勘查，不能證實就是魯侯的墓地。但《左傳》定公二年說，魯昭公被三桓逼走，死在乾侯，季桓子想把他葬在「闞公氏」，即魯國的公墓，被魯大夫榮駕鵝勸止。季桓子把魯昭公葬在魯侯墓地的墓道南，和魯國先君的墓葬是分開的。後來，孔子當魯司寇，才「溝而合諸墓」。這裡，值得注意的是，闞的地點正在汶上縣南旺鎮一帶。

既然魯侯的墓地在中都，孔子當中都宰，很可能就是負責魯侯墓地的管理。我們都知道，陵墓修建，屬於土木工程，古代往往由刑徒從事，就是歸司空和司寇管。司空和司寇有密切關係。孔子當司空，錢穆推測，是少司空，很有道理。孟懿子既然是大司空，他當的司空，自然是少司空，也就是孟懿子的助手。他從中都宰，當到少司空，當到大司寇，恐怕都是由孟氏推薦。

孔子參加的夾谷之會。夾谷在哪裡？主要有萊蕪、新泰二說，雙方都有一些晚期憑弔的古蹟作支持。這次談判，大體是在齊魯的邊界上，位置大約在齊長城的內外，與齊、魯二國的首都，距離差不多。

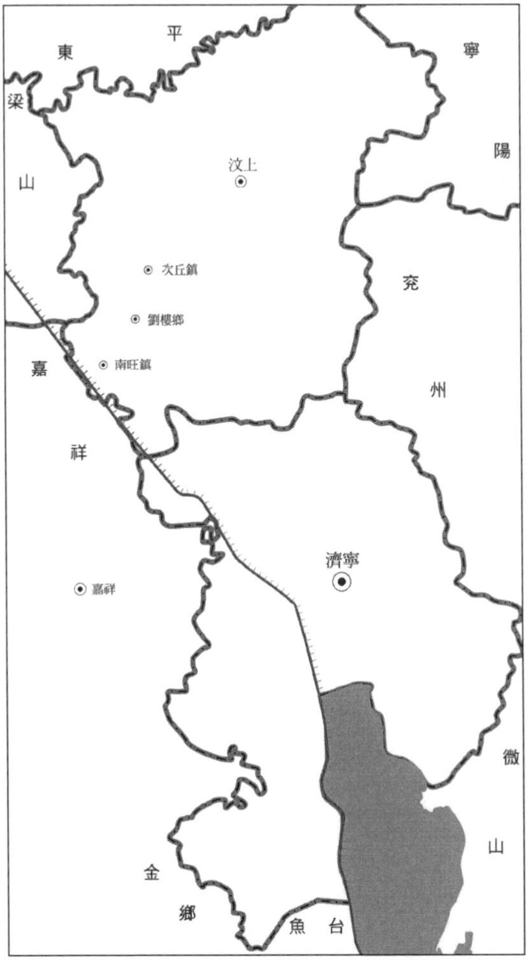

汶上、濟寧

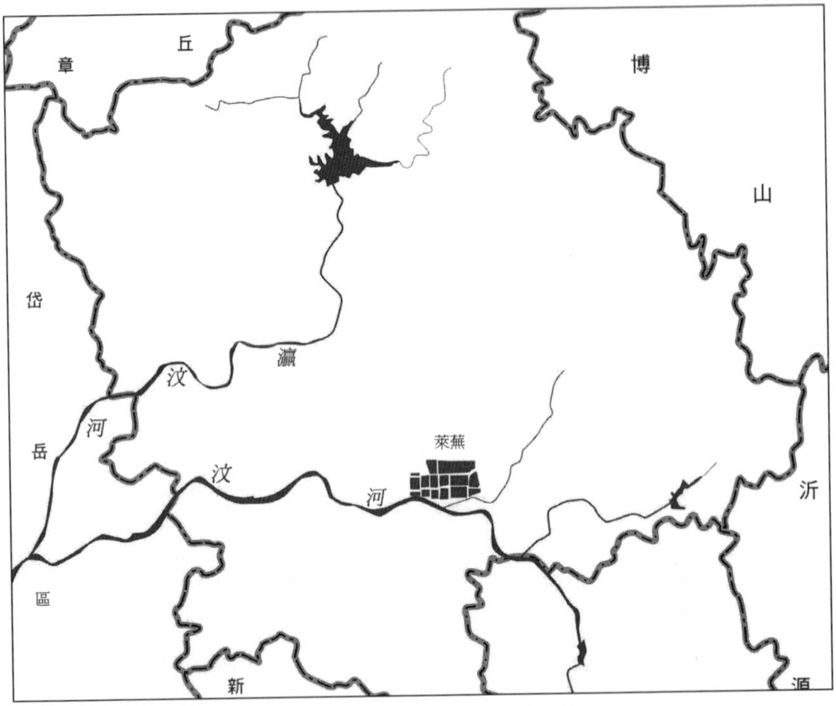

萊蕪

孔子墮三都，是為了打擊三桓。

當時，由於三桓的家臣勢大凌主，接二連三，先後發生陽貨之亂、侯犯之亂、公山弗擾之亂，三桓暫時接受了他的主張。但是，一旦把這些勢力打下去，他們就不再需要孔子。在齊國的壓力下，孔子離開了魯國。

孔子從政，經常為站隊的問題而苦惱，當時各國都有類似三桓的卿大夫專政，他們的勢力比國君大，唯一可以制衡他們的力量，就是他們的陪臣。孔子多次猶豫過，在這兩股惡勢力之間，他該選擇什麼？

他說，他想當官，就像藏在珠寶盒裡的寶玉，待價而沽。他不能像掛在牆上的葫蘆，只中看，不中吃。

可是，他的運氣並不好，當他已經接近權力的巔峰，他才發現，前面還有不可逾越的障礙。

第六集　知其不可而為之

〔題辭〕

孔子適鄭，與弟子相失，孔子獨立郭東門。鄭人或謂子貢曰：「東門有人，其顙似堯，其項類皋陶，其肩類子產，然自要（腰）以下，不及禹三寸。累累若喪家之狗。」子貢以實告孔子。孔子欣然笑曰：「形狀，末也。而謂似喪家之狗，然哉！然哉！」（《史記．孔子世家》）

（一）概況

〔畫面〕

1. 曲阜市的周遊列國雕像。
2. 地圖：孔子周遊列國的路線：魯—衛—曹—宋—鄭—陳—蔡—葉—陳—衛—魯。

〔解說〕

公元前四九七年，孔子五十五歲，在齊國的政治壓力下，他被迫離開魯國，前往衛國，到其他國家，尋找政治出路。這一去就是十四年。

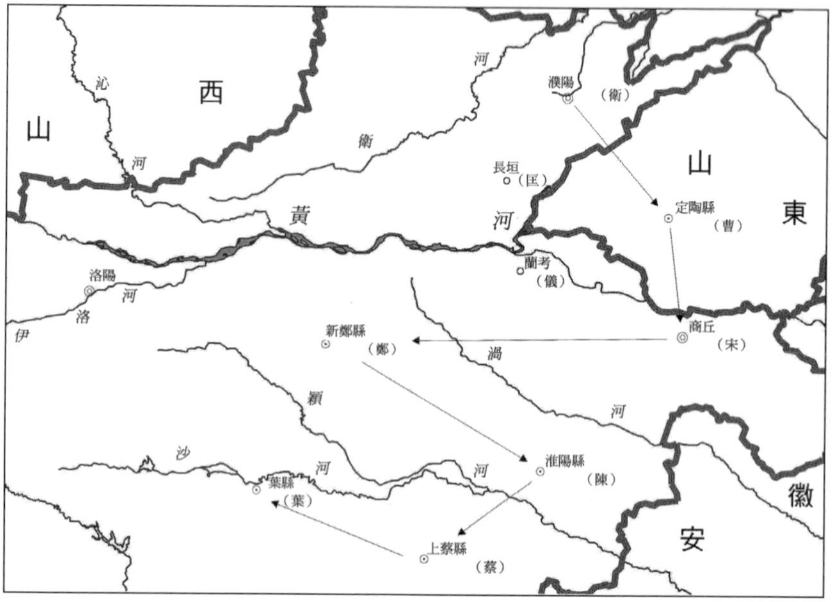

孔子周遊列國路線圖

有些古書說，此次出行，孔子拜見過七十多個國君（如《莊子．天運》、《漢書．儒林傳》），這是誇大之辭。其實，他只訪問過七個國家。

他的出遊，主要目標是衛國，即今河南濮陽市一帶。他在衛國，前後住過九年。

五十五到五十九歲，有五年的時間，他是在衛國度過：兩年在衛國遊歷，三年為衛靈公做事。

六十歲這一年，衛靈公去世，衛靈公的太子逃亡在外，受晉國支持，準備返國即位，但衛國卻立了衛出公即太子的兒子即位。衛國政局不穩，他決定自衛南下，經曹、宋、鄭，到達陳國。陳國是他選擇的第二個國家。

六十一歲，他事陳湣公，又是三年。

六十二歲，晉國發生佛肸之亂，他曾考慮到北方最強大的國家晉國去發展，最終放棄。

六十三歲，他決定離開陳國，到南方最大的國家楚國做最後一試。他經蔡地，即與陳國鄰近的蔡地，西行，到達楚國北方邊境上的葉縣，同楚國的封疆大吏葉公見面，希望楚昭王能重用他，不成功。不得已，他經陳國，返回衛國。回來的路線可能與來路相似。

六十四到六十七歲，他事衛出公，又是四年。最後返回魯國，已經六十八歲。

他的這段經歷，一般叫「周遊列國」。遊歷範圍，除曹國，都在今河南省的範圍之內。

下面，讓我們按照他的行程，一一介紹他到過的地方。

（二）去魯適衛

〔字幕〕

五十五歲（前四九七年），去魯適衛。

五十六歲（前四九六年），過匡被圍，經蒲返衛。

五十七到五十九歲（前四九五至前四九三年），仕衛靈公。

〔畫面〕

地圖：孔子去魯適衛的路線，魯—匡、蒲—衛（曲阜—長垣—濮陽）。

1. 顓頊陵（二帝陵）

〔畫面〕

顓頊陵陵園外景。

顓頊陵的舊門和舊牆。

顓頊陵。

帝嚳陵。

〔解說〕

魯國和衛國，彼此鄰近，兩國的都城，基本上是在同一條橫線上。孔子離開魯國，從曲阜西行，一馬平川，不用渡黃河，就可直接到達衛國，當時的黃河還在衛國的西邊。

衛國，是黃河故道搖頭擺尾經常決堤氾濫的地區。衛國曾屢次遷都，除避兵禍，也避水患。西周初年，衛國是封於沬，即今河南淇縣，位置在黃河故道的西邊。春秋，搬到黃河故道的東邊。前後三遷其都，總趨勢，是不斷往東遷。

春秋時期的衛，先遷於曹，再遷楚丘，都在今滑縣境內。公元前六二九年，衛遷帝丘，是最後一站。此後三百八十八年，衛一直以帝丘為都。

孔子到過的衛城是帝丘，在今濮陽東南。所謂帝丘，是指「顓頊之虛」（《左傳》昭公十七年）。杜預說，西晉就有顓頊塚，位置在當時的濮陽城內。西晉時候的濮陽城，是在今濮陽縣的西南。

現在的顓頊陵是在內黃縣。內黃這個地名是區別於外黃，意思是在黃河的內側，即黃河的東南。此陵在濮陽縣西，俗稱「二帝陵」。二帝陵是兩個沙丘，顓頊陵在東，帝嚳陵在西，始建於唐大和四年（八三〇年），屢興屢廢，明清以來的建築，已被黃沙掩埋，房倒屋塌。有老人回憶說，小時候，捉迷藏，他們挖開沙土，可以鑽進當時的廟堂。現在的陵園是近年重建，煥然一新：除舊門、舊牆等遺跡，以及元以來的碑刻，還保留著，大部份東西都是新的。

這個顓頊陵真的就是顓頊的陵墓嗎？

很多人都希望如此，特別是當地人。

然而事實並非如此。顓頊只是一個傳說人物。

考古學家已經探明，它的下面是個新石器遺址，仰韶、龍山時期的東西都有。它不但不是顓頊的陵墓，也不是西晉的顓頊塚。

顓頊塚，只是一個文化符號，它代表的是帝丘城的古老淵源。

這個想像，確實很古老，但它畢竟是想像。

2. 衛故城

〔畫面〕

濮陽市和濮陽縣的地圖。

濮陽故城和西水坡遺址，城內的四牌樓等景點。

衛故城的平面圖。

高城村遺址。

黃河故道的遺跡。

金堤河。

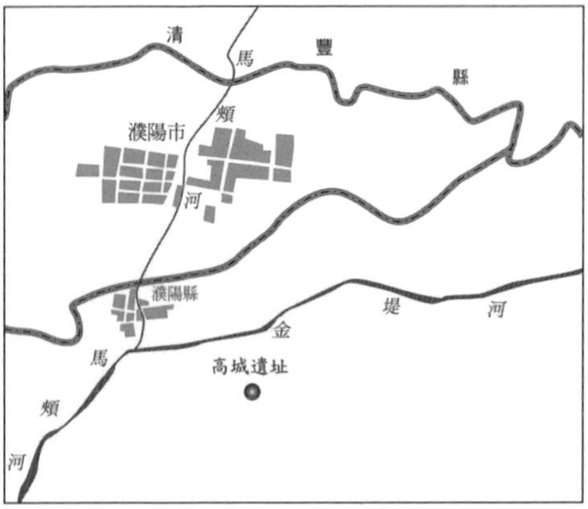

濮陽

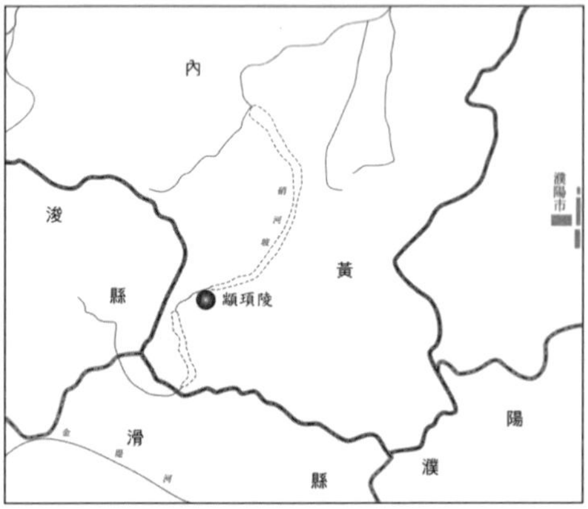

顓頊陵

〔解說〕

河南濮陽，是座非常古老的城市。今濮陽市內，有春秋時期著名的戚城遺址，是子路戰死的地方。它的南面，是明清以來的濮陽縣。縣城建在五代澶州北城的範圍內，至今保存著高大城牆。舊城內，明代建築四牌樓一帶，還保存著明清以來的老街；御井街一帶，還保存著澶淵之盟的見證，宋代的《回鑾碑》。縣城西南角，是蚌塑「龍虎圖」的出土地，即著名的仰韶文化遺址，西水坡遺址。

不過，我們不要以為，孔子到過的衛城，就在濮陽市區或濮陽縣城的範圍內。

孔子到過的衛城是叫帝丘。衛嗣君五年（前三二〇年），衛國領土縮小，只限於濮水北面的一小塊兒，才改稱濮陽。它的得名是因為城在濮水的北岸。戰國時期的濮陽，據說在濮陽縣的西南，既不是現在的濮陽市，也不是現在的濮陽縣。我們要找帝丘，最好找到戰國時期的濮陽。可惜，古代的濮水已經消失於地面。它在什麼地方呢？

帝丘在什麼地方，長期以來，一直是個謎。《中國文物地圖集》河南分冊（北京：中國地圖出版社，一九九二年）曾提到過一個叫高城遺址的地方。過去認為，這是濮陽地區最大的一個新石器遺址，有些專家稱之為「中心遺址」，但它也包含周代的東西。地圖編輯者說，「據傳，這裡是衛國晚期都城帝丘，但未發現城垣遺跡」。

值得慶幸的是，最近，考古學家已經解開了這個謎團。二〇〇三—二〇〇六年，原為河南省考古文物研究所的考古學家袁廣闊（現任教於首都師範大學）和濮陽市文物局的張相梅等學者為這個問題提供了答案，他們的調查，就是圍繞高城遺址而展開。

陪同我們到現場拍攝的張相梅說，他們的調查，最初是配合「五帝工程」。這個工程的名字，很不科學，現在已改名為「文明探源工程」。濮陽地區找五帝，他們首先想到的，就是尋找顓頊城。顓頊城到哪兒找，他們首先想到的，就是高城遺址。

高城遺址，位置在濮陽縣東南的五星鄉高城村一帶，離濮陽縣城約十公里。這個村子為什麼叫高城村，過去有一種說法，它是顓頊高陽氏的城。村東有個程莊遺址，俗稱「顓頊太子墓」。當地居民，都是移民，據說是由渤海灣遷來，村子很大，分為東高城村和西高城村，居民以高姓為主。村子周圍的地名，往往與城有關，如城角地、東郭集，等等。張相梅說，當地老鄉都說，這裡有城，並且告訴她，村中有通清代碑刻，碑文明確說，這裡是叫「顓頊城」。他們見到這通碑，真是興奮極了。

這是最初吸引他們的地方。

說來有趣，張相梅說，他們剛到高城村調查，目的是挖顓頊城，但挖來挖去，最後挖出的卻是帝丘。帝丘城的城牆完全埋在地下。這裡是著名的黃泛區，古城的城垣之所以長期找不到，原因很簡單，它們是深埋在淤沙之下。淤沙太深，水位太高，她說，考古發掘很艱苦。

現在，經過多年發掘，古城的四至和大體輪廓已真相大白。其北牆是兩千四百二十公尺，東牆是三千七百九十公尺，南牆是兩千三百六十一公尺，西牆是三千九百八十六公尺。古城的城頭是在地下兩三公尺，牆基在地下十多公尺。我們在地面上當然無法看到。

我們驅車前往這片遺址，路上經過了金堤河。

金堤河，是一條東西向的河流，它是以一條著名的防洪長堤而得名。這條長堤，據文獻記載，至少漢文帝十二年（前一六八年）就已存在。它的南面，是黃河故道頻頻氾濫的地方。

古代的帝丘城在其南，後世的濮陽城在其北。

事情非常清楚，春秋戰國的帝丘城是毀於黃河氾濫，五代以來的濮陽城是向西向北遷徙。

衛與魯同姓。孔子說，「魯、衛之政，兄弟也」（《論語・子路》）。衛國富庶（《論語・子路》），衛多君子（《左傳》襄公二十九年）。這個兄弟國家，給他留下深刻印象。他出遊十四年，有九年是待在衛國。

現在，這座古城是沉睡在地下。

3. 匡、蒲

〔畫面〕

長垣縣地圖。

長垣舊城圖。

蒲城舊治匾。

長垣舊城的西南角。

〔解說〕

長垣縣（現歸新鄉市），也是孔子到過的地方。這裡也是黃泛區。

陪同我們拍攝的是長垣縣文化館館長李建新先生。

長垣，是漢代的名字，戰國叫首垣。該縣東面，原有一道南北向的土壟，據說就是長垣這個名字的來歷。古人修建這道長垣，是用來幹什麼？有人說是用於軍事防禦。但古人塹河為防，往往是雙重用途，它也可能與防洪有關。

司馬遷說，孔子居衛，到過匡、蒲（《史記・孔子世家》）。孔子過匡被圍，見《論語・子罕》；過蒲，《論語》沒有提到。這是他的第一次蒙難。

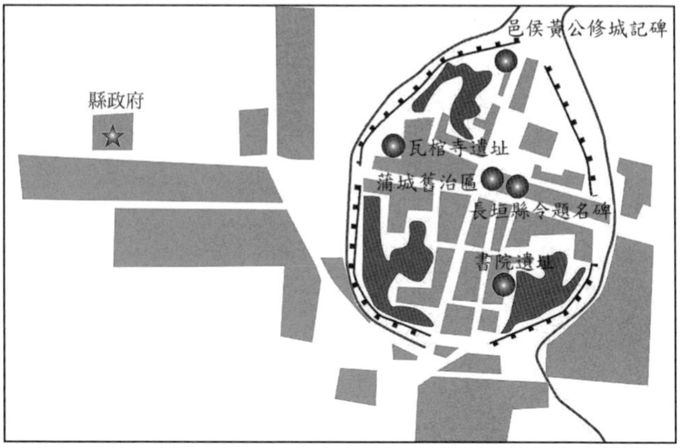

長垣縣城

蒲城，是衛國防禦晉國的重要邊邑，子路曾任蒲城宰。一般認為，蒲的位置大約在長垣舊城。此城建於明洪武二年（一三六九年），周長四千五百四十公尺，不太大。城圈略呈圓形，外面有護城河環繞，城內有個十字街，把城區劃分為四塊兒。除去東北，其他三塊兒都有水池。水池是挖土築城留下的遺跡。磚城毀於抗日戰爭，土城在西南角還留下了一點痕跡。

現在，土城的西南角，正在大興土木，建銅塔寺公園。南牆的殘垣，東邊的一截還露著土，西邊的一截被重新打扮，用石塊包裝，煥然一新。牆上有大標語，可以說明一切。西牆所在，現在是居民樓，樓下的門牆，故意做成城牆狀。水池上的橋也是新的，旁邊還蓋了很多大樓。市民在這裡吹拉彈唱。

我們還能感受到古城的存在嗎？

蒲城舊治匾，現藏長垣縣文管所，原來懸於縣衙，橫書，現在被鋸成四塊兒，拼成豎寫的一行。匡在什麼地方？舊說即隋代的匡城縣，地點在長垣縣西南十五里。這些說法，都還缺乏考古證據。

4. 儀封請見處

〔畫面〕

《孔子聖跡圖》：第五十六幅「儀封仰聖」。請見夫子處。

〔解說〕

蘭考（現歸開封市），在長垣縣西南，也是著名的黃泛區。當地的名人是焦裕祿，我們都熟悉。我們原以為，這裡是黃沙遍地，但看到的卻是一片綠色，沿途還有大片的荷花池。

現在的蘭考是由蘭儀、考成二縣合併而成，而蘭儀又是由儀封、蘭陽二縣合併而成。儀封縣，是元代設置，舊治在蘭考縣東的儀封鄉。

儀封，這個地名，本身就來自《論語》。《論語．八佾》說，孔子過儀，儀封人，即當地管理

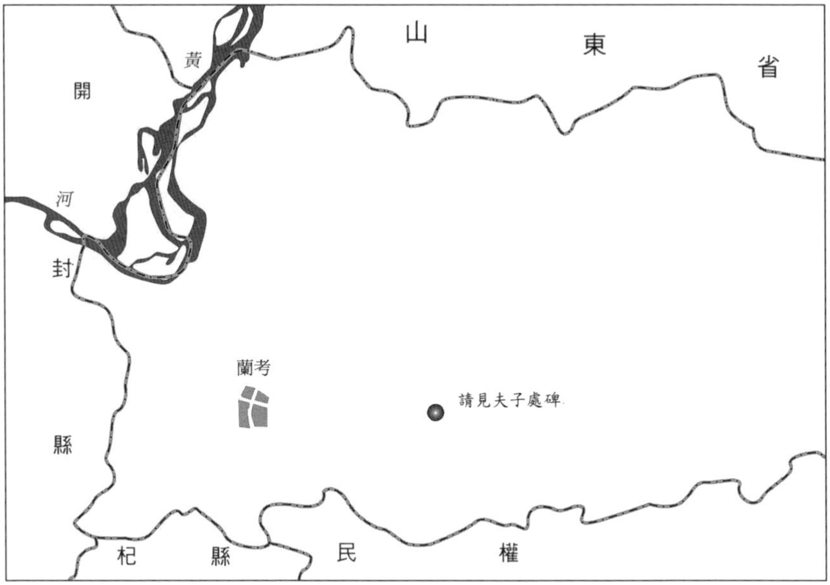

蘭考

邊界的官員，請求見孔子。他對孔子的學生說，你們何必為自己背井離鄉而苦惱，天下無道已經很久了，老天將以你們的老師為木鐸，用以警醒世人。

《中國文物地圖集》河南分冊說，儀封鄉的儀封村西，立有「請見夫子處」殘碑。我們驅車前往，終於找到這個地點，但我們看到的不是這塊殘碑，而是一塊蘭考縣人民政府立的水泥碑，上面寫著「請見夫子處」，是蘭考縣重點文物保護單位。

原碑哪裡去了？老鄉說，很多年前，被搬到派出所院裡的井旁。找到派出所，院裡卻沒有井，原來，院子已經被隔開，井在隔壁。

最後，我們才打聽出來，碑已經被拉到縣裡。

孔子到過的儀，也是衛國的邊邑。

他在衛國的邊境上轉來轉去，是為什麼呢？

也許他在猶豫，我是應該留在衛國呢，還是上其他地方？我是上西邊的晉國呢，還是上南方的楚國？

他是一個經常猶豫的人。

（三）去衛適陳

〔字幕〕

六十歲（前四九二年），自衛經曹、宋、鄭至陳。

六十一到六十三歲（前四九二至前四八九年），仕陳湣公。

〔畫面〕

地圖：孔子去衛適陳的路線，衛—曹—宋—鄭—陳（濮陽—定陶—商丘—新鄭—淮陽）。

〔解說〕

孔子去衛，是在公元前四九三年。這一年，衛靈公去世。靈公是個好色的老頭。他寵愛夫人南子。南子是美女，與美男宋朝通姦，路人皆知。奇恥大辱，讓太子蒯聵受不了。公元前四九六年，他刺殺南子，不成功，逃往晉國，讓他的爸爸很生氣。蒯聵本來是合法繼承人，但靈公死後，南子卻立蒯聵的兒子即位，是為衛出公。第二年，蒯聵受晉國支持，返國爭政，不得入。雖然蒯聵並未成功，但他們父子爭政的陰影卻一直籠罩著衛國。

孔子預感，衛國將亂，打算南下避禍，時間就在靈公去世前。

當時，靈公也預感到死後的危機，他向孔子請教軍事，孔子很冷淡，只說兩句話，我學過「俎豆之事」，沒學過「軍旅之事」，然後，就離開了衛國。

靈公之問，是擔心晉國的軍事干涉，孔子之答，是譏其無禮。衛靈公身為國君，卻把家裡搞得一團亂。孔子很失望，覺得靈公無道，衛國是無論如何不能待了。

這一年，他正好六十歲。

孔子南下，是經曹、宋、鄭到達陳，在陳國找到落腳點。

他事陳湣公，一幹就是三年。

孔子從衛到曹到宋是東南行，比較順。從宋到鄭是西行，從鄭到陳是東南行，彎子繞得比較大。一路頗費周折。

1. 曹故城

〔畫面〕

定陶縣。

〔解說〕

曹，在今山東定陶縣西北（現歸山東菏澤市），從春秋戰國到秦漢時期，一直是古代最發達的商業都市。《論語》沒提到孔子過曹。

2. 宋故城

〔畫面〕

商丘市地圖。

商丘縣城圖。

商丘縣城，從南門上拍攝，北面是北門，東南是文雅臺，南面是南湖，西面是宋故城遺址的西半部。南湖的南面有個牌坊，是老南關。

睢陽故城，在商丘縣城和老南關之間。

閼伯臺。

燧皇陵。

宋故城遺址平面圖，包括商丘縣城和睢陽故城。

宋故城遺址的西南隅，位置在閼伯臺、燧皇陵西，孫莊和鄭莊之間。

《孔子聖跡圖》：第六十五幅「宋人伐木」。

文雅臺。

〔解說〕

宋國是孔子的「祖國」。他到宋國是回老家。

在這之前，孔子回過老家嗎？

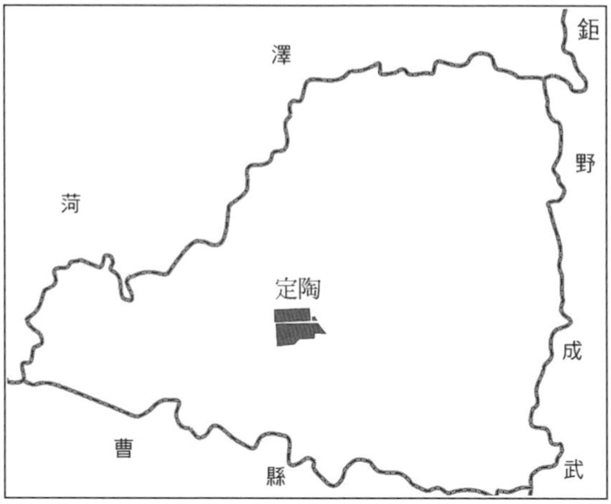

定陶

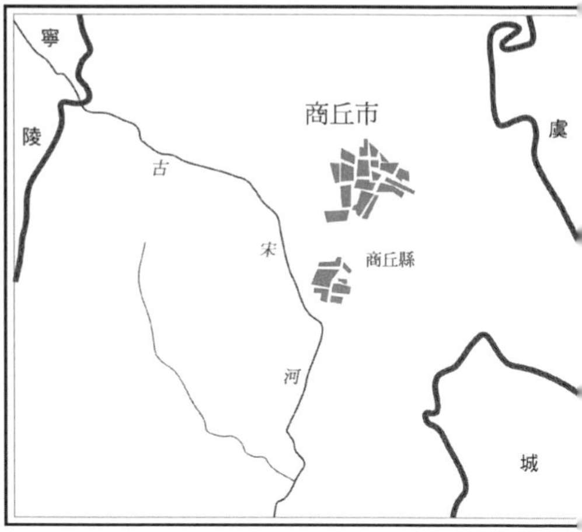

商丘

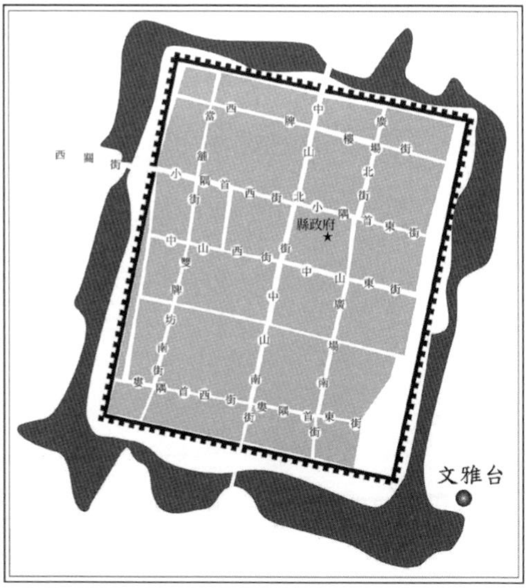

商丘縣城

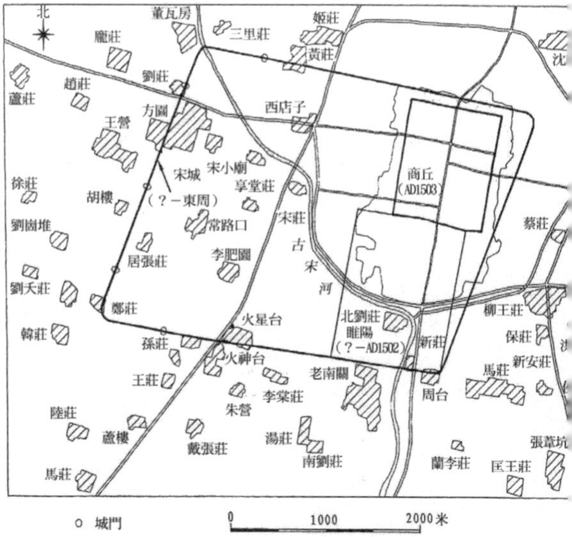

商丘宋城、睢陽城址位置圖

古書有這樣一個記載。有一次，魯哀公問孔子，您穿的衣服是儒服嗎？孔子說，「丘少居魯，衣逢掖之衣；長居宋，冠章甫之冠」，我聽說，君子之學要博大，只要好，不管哪個地方的學問，都要吸收，至於穿衣服嗎，還是入鄉隨俗，穿當地的好。我不知道，什麼叫「儒服」（《禮記．儒行》）。「逢掖之衣」是周服（一種寬大的衣服），「章甫之冠」是殷冠。似乎他長大後在宋國住過一段。

宋故城，在河南商丘市。

現在的商丘市，南面是商丘縣。

今商丘縣城是明歸德府城，城中有歸德府衙。古城還保存著完好的城牆和護城河。城南的護城河，其實不是河，而是兩個大湖，即所謂南湖。

城外原有護城大堤，現在看不到。

出商丘縣城，經南湖一帶到老南關，是北宋南京城的遺址，這個遺址的下面是漢以來的睢陽故城。

孔子到過的宋城在哪裡？過去也是謎。

這裡是黃泛區的南端，黃河也曾在這裡肆虐。《中國文物地圖集》河南分冊說，「睢陽城下可能疊壓著春秋宋國都城，因淤積過深而無法探明」，情況和衛故城相似。

古人說，陶唐氏的火正叫閼（音è）伯，居商丘，司大火（《左傳》襄公九年）。宋是建在所謂「大辰之虛」上（《左傳》昭公十七年）。

現在，商丘縣的西南有一座閼伯臺。閼伯臺，又叫火神臺、火星臺。此臺始建於元大德年間，明、清重修，下圓上方，好像天文臺。閼伯臺的旁邊是燧皇陵，也與大火的崇拜有關，陵園早已破壞，現在重修，面目全非。和魯城有少昊陵相似，它們也是宋城的象徵。

宋城的發現很有戲劇性。

這一發現和已故美籍華裔考古學家張光直教授的努力分不開。我們要知道，張光直教授一直有個夢，就是到中國大陸考古。

張光直教授，一直致力於中國的商周考古。但商周考古的基地畢竟在中國大陸。沒有田野工作，就沒有考古。他在臺灣做這個夢，在美國做這個夢，一直苦於英雄無用武之地。二十世紀八〇年代，為了實現這個夢，他向夏鼐先生和宿白先生提起，寧肯放棄他在哈佛大學的工作，到中國社會科學院考古所或北京大學考古系工作，但遺憾的是，沒有成功。晚年，中美合作考古成為可能，是他最後的機會。他的最大希望，就是親自動手，在中國的河南尋找先商的第一古城：商。

他相信，商就在商丘。

一九九〇年初，張光直教授曾到此考察。當時，他已身患帕金森氏症（Parkinson's disease）。隨後的十一年，他一直在同病魔做頑強鬥爭，就是為了實現這個夢。

一九九一至一九九三年，中美兩國的考古學家曾先後來此做進一步調查，為後來的考古發掘做充分準備。

一九九四至一九九七年，中美兩國聯合考古隊正式成立，在此進行了長達四年的考古發掘。發掘工作被迫終止，是因台灣方面斷絕了資金贊助。

一九九八年底，《考古》雜誌第十二期發表了中美聯合考古隊共同撰寫的勘查簡報。張光直教授病重，完全靠藥物和醫院支撐生命。但直到生命的最後時刻，他一直惦念著這一工作。

二〇〇一年一月，張光直教授去世。

我們都很懷念他。

這是一次多學科的跨國合作，在中國學術史上有特殊意義。它的初衷是尋找商，但發掘結果，找到的卻是東周宋城。

現已探明的宋城，是一座大城，明歸德府城和睢陽故城都在它的範圍內，正好佔據了它的東部。我們在它的西南角，即最初開展工作的孫莊和鄭莊之間拍攝，恰好是大雨過後，道路泥濘。陪同我們前往的，是商丘市文化館的館長施長河先生。他曾經參加過宋故城的考古發掘，向我們介紹了這一重大發現。

宋故城，西牆三千零一十公尺，南牆三千三百五十公尺，東牆兩千九百公尺，北牆與南牆接近，顯然是一座大城。城高十公尺，基寬十二至十五公尺，下面有深兩公尺的基槽，牆頭距地表，最淺處不足一公尺，最深處可達十公尺，完全在地下。古宋河從城中流過。

宋朝是從這裡起家。宋徽宗崇寧三年（一一〇四年），曾在應天府崇福院出土過一套宋公成鎛，當時，視為祥瑞。宋徽宗的仿古禮器，著名的大晟鐘，據說就是模仿這一發現。

這也是一座地下古城，和衛故城非常相似。目前，宋城遺址只出土過一件銅簠。很多秘密還深埋地下，有待後人去探索。

孔子過宋，曾在一棵大樹下習禮，司馬桓魋派人把大樹拉倒，不得已，他換裝逃跑，《孔子聖跡圖》記載了這段經歷。

文雅臺，就是附會這一故事。

現在的文雅臺，本來是個一公尺多高的土臺，地表向下三公尺是文化層。上面的建築本來是清代修建，「文革」被毀，現在重建，煥然一新。

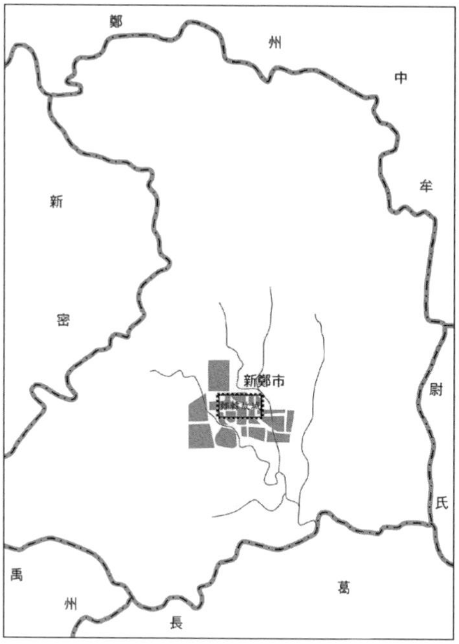

新鄭縣城

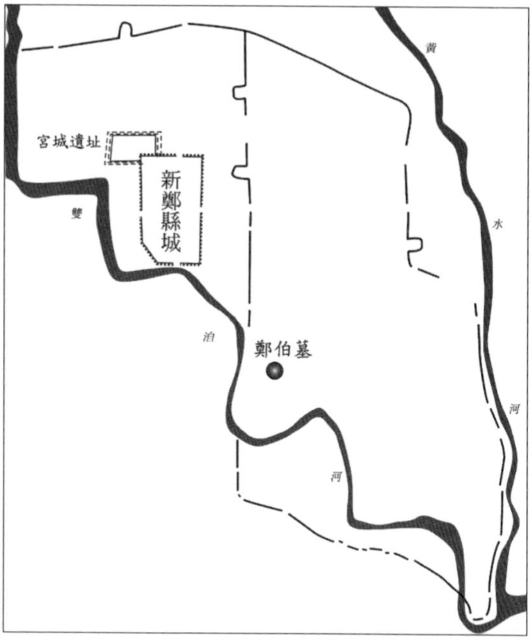

新鄭故城

它的位置是在商丘縣城的東南隅，即南湖的東側。

3. 鄭韓故城

〔畫面〕

新鄭市地圖。

鄭韓故城。

鄭公大墓。

《孔子聖跡圖》：第六十九幅「微服過宋」。

明代彩繪《孔子聖跡圖》。

鄭風苑公園，鄭韓故城的東門。

〔解說〕

孔子過鄭，是現在的新鄭市（現歸鄭州市）。但《論語》沒有提到孔子過鄭。

新鄭市，是河南著名的衛生城。我們到訪，正碰上衛生檢查大動員。

孔府藏《聖跡圖》中的《累累說聖圖》

鄭韓故城，是東周時期鄭、韓兩國相繼使用的城邑，城垣周長約二十公里。新鄭縣的舊城就在鄭韓故城之中。黃水河，古溱水，流經它的東面。雙洎河，古洧水，流經它的西面和南面。城的輪廓，好像一個側置的花生。古城當中，有一道筆直的豎牆，把城區分為東西兩半。西城是城，南北最長處約四千三百公尺，東西寬約兩千四百公尺。東城為郭，北牆長一千八百公尺，東牆長五千一百公尺，南牆長兩千九百公尺，西牆是隔牆。

它的城牆，兩千多年，還巍然屹立在地面上，非常高大，最高處可達十六公尺。

新鄭故城，考古遺跡非常豐富，歷史上著名的李家樓大墓，即某位鄭公的大墓，就在此城的西南隅，鄰近的後端灣墓地，現在建有鄭王陵博物館，也有鄭公的大墓被發現。

有個故事，孔子過鄭，與弟子走散，他獨自站在鄭國郭城的東門外。子貢尋找老師，有個鄭人說，東門外站著個人，上半身像聖人，下半身不像，「累累若喪家之狗」。子貢把相者的話告訴孔子，孔子不以為忤，反而笑笑說，外貌不重要，但說我像喪家狗，很對很對。

這一年，正好是孔子六十歲，他晚年回憶說，這是「耳順」之年，活到這把年紀，毀譽置之度外，誇也好，罵也好，無所謂了。即使連「喪家狗」這樣的描述，他也欣然受之。

這個故事很有名，韓嬰講過，司馬遷講過，有五部漢代文獻提到它。孔廟聖跡殿的《孔子聖跡圖》，明代彩繪的《累累說聖圖》，也都描繪過這個故事，故事的題辭，就是來自司馬遷（《史記・孔子世家》）。

現在的鄭風苑公園是建在東牆和溱水之間，郭城的東門被圍在公園裡面。園中立了很多詩碑，有《詩經》原文，有白話翻譯，都是《鄭風》中的愛情詩。

太巧了，這裡就是喪家狗故事的發生地點。

新鄭鄭國古城的東門：「喪家狗」故事的發生地點

孔子從宋國到鄭國，是從東往西走，他到鄭，自然是從東門進入。司馬遷說「孔子獨立郭東門」，這個「郭東門」就在我們的眼前。

喪家狗的故事非常深刻，它回答了子貢的大問題，即孔子是不是聖人。孔子的回答很清楚，這個頭銜我不敢當，要說喪家狗嗎，倒是很像。

孔子一生，不得志，顛沛流離，終無所遇。

他離開魯，離開衛，不知投奔何處。這個故事反映了他的真實處境。

4. 陳楚故城

〔畫面〕

淮陽縣地圖。

太昊陵。

陳楚故城，在今河南淮陽縣城關鎮

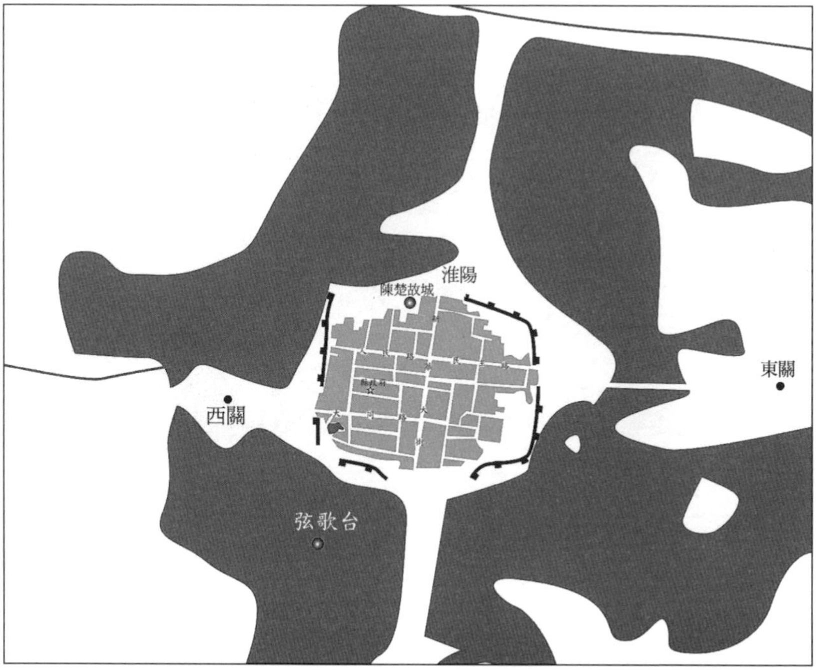

淮陽

南，一九八〇年發掘，見《中原文物》特刊一九八一年（《地圖集》，四一九頁）。

《孔子聖跡圖》：第七十四幅「在陳絕糧」。

弦歌臺。

〔解說〕

淮陽縣（現歸周口市），四面環水，風景美麗，是北方最大的水城。

陪同我們參觀的是淮陽市旅遊局的副局長段先生。

陳楚故城，是東周時期陳國和楚國相繼使用的城邑，就在淮陽縣城的範圍內。

陳國，據說是建在「太昊之虛」上（《左傳》昭公十七年），又是一個相同的例子。

今淮陽縣北有太昊陵，建築是明清

淮陽弦歌臺：相傳孔子厄於陳蔡處

時期的，但來源很古老。它也是陳國故城的象徵。

春秋晚期，楚國的勢力已擴展到陳。公元前五三四年，楚一度滅陳設縣。但公元前五二九年，楚又恢復了陳國。孔子到達的陳，是復國後的陳。這時的陳，屬於楚國的勢力範圍。公元前四七八年，楚再度滅陳。這裡成為楚國的陳縣。公元前二七八年，楚頃襄王遷都於陳，這裡還是戰國晚期的楚都。

孔子從衛國，經曹、宋、鄭，到達陳國，事陳湣公，在這裡住過三年。孔子事陳，只是過渡。他的真正目標，其實是奔楚國。

公元前四八九年，孔子離開陳國，有一段很不愉快的經歷。《論語．衛靈公》說，孔子「在陳絕糧」，學生都餓得爬不起來，子路氣得不得了，跟老師發脾氣，說君子就該受窮嗎？被孔子批評。孔子說，君子當然會受窮，只有小人，才會一窮就歇斯底里。

這個故事很有名。《孔子聖跡圖》第

七十四幅「在陳絕糧」，就是描繪這件事。

今河南淮陽縣縣城西南隅有弦歌臺，為清代建築。這一建築以「弦歌」為名，據說就是為了紀念這一事件。後人想像，孔子和他的學生，雖然餓著肚子，但周圍風景很美，他們依舊弦歌不絕，很快樂。這和《論語》中的描述可大不一樣。更何況，以情理推斷，「在陳絕糧」的「陳」也未必就在熱鬧繁華的陳故城，更大可能還是在他離開陳故城，尚未走出陳國邊境的什麼地方，恐怕是荒郊野店。

司馬遷說，孔子餓飯，是在陳、蔡之間（《史記・孔子世家》）。

（四）去陳適葉

〔字幕〕

六十三歲（前四八九年），去陳適葉，見楚葉公（沈諸梁），路上厄於陳、蔡之間。

〔畫面〕

地圖：孔子去陳適葉的路線，陳—蔡—楚國的葉縣（淮陽—上蔡—葉縣）。

1. 上蔡故城

〔畫面〕

上蔡縣地圖。

上蔡故城。

蔡侯墓。

〔解說〕

上蔡（現歸駐馬店市），在淮陽的西南，葉縣的東南。三點圍起來，是個三角形。它是楚國勢力範圍的鐵三角。

孔子離開陳國，主要是去楚國的葉縣，蔡只是路過。

他提到的「蔡」在什麼地方，是個引起爭論的問題。

我們都知道，蔡國的都城，從西周初封到春秋早中期，一直在上蔡，今河南上蔡，只是由於楚國勢力的北上，才不斷南遷。公元前五三一年，楚一度滅蔡設縣，但兩年後，公元前五二九年，楚又恢復了蔡國，和陳國一起復國。這時的蔡，一般都以為是搬到了新蔡，今河南新蔡，但也有學者認為，新蔡之名晚出，當時的蔡還是上蔡。蔡遷州來，今安徽壽縣，是在公元前四九三年（《春秋》哀公二年）。州來是下蔡。

前人懷疑，孔子見葉公，他到過的蔡，並非新蔡或州來，這是對的，但孔子到過的蔡到底在哪兒，學者卻莫衷一是。

過去，最流行的說法，要算清代辨偽學家崔述的推測。他說，孔子過蔡，他去的蔡可能是另一個蔡，這個蔡應該在負函，即現在的信陽，河南的最南端。他的根據，是《左傳》上的話。《左傳》哀公四年說，為了備吳侵擾，楚國的「左司馬眅、申公壽餘、葉公諸梁致蔡於負函，致方城之外於繒關」，時間在公元前四九一年。他懷疑，孔子既沒到過州來，也沒去過葉縣，他是在負函和葉公見的面（《洙泗考信錄》卷三〈孔子無至州來及葉之事〉，收入《崔東壁遺書》，上海：上海古籍出版社，一九八三年，三〇〇頁）。

崔述此說，學者多信從不疑，幾乎視為定論。如錢穆《先秦諸子繫年》（北京：中華書局，一九八五年，上冊，四七頁）就是持這一說法。匡亞明繪製的《孔子周遊列國示意圖》也是這樣畫。其實，這只是猜測，並無任何證據。

事實上，在《左傳》一書中，陳、蔡常並舉，與陳並舉的蔡，必然是指與陳國鄰近的蔡地，即上蔡一帶，而絕不是指新蔡或州來。負函稱蔡、葉公居蔡，更是毫無根據。崔述從《左傳》發現的那段話，意思很簡單，只是說，為了防備吳國的侵擾，楚國的三位大臣，組織了後撤，一是把蔡地的居民撤到負函，二是把方城外的居民後撤到繒關，根本不是說蔡已遷都負函。葉公應該住在葉，也毫無問題。

孔子從陳國去葉縣，基本上是西行，上蔡正好在兩地之間。司馬遷明確說，孔子離開陳國，是「自陳遷蔡」、「自蔡如葉」，在葉縣見葉公（《史記．孔子世家》），最合理的解釋當然是，他是經上蔡一帶到葉縣。

孔子時代的上蔡，和陳一樣，也屬於楚國的勢力範圍。

到上蔡拍攝，陪同我們的是上蔡縣宣傳部新聞科科長張六林先生。

上蔡故城，是蔡、楚兩國連續使用的古城。二十世紀九〇年代，就是中國重點文物保護單位。古城遺址的各個地點，都立有保護標誌，和其他地方不同，雕刻圖案，非常講究。可惜，當地有幾個精神病患者，記憶還停留在「文革」時期，他們還要「破四舊」，砸碑、燒碑，塗寫大標語，到處留下他們破壞的痕跡。

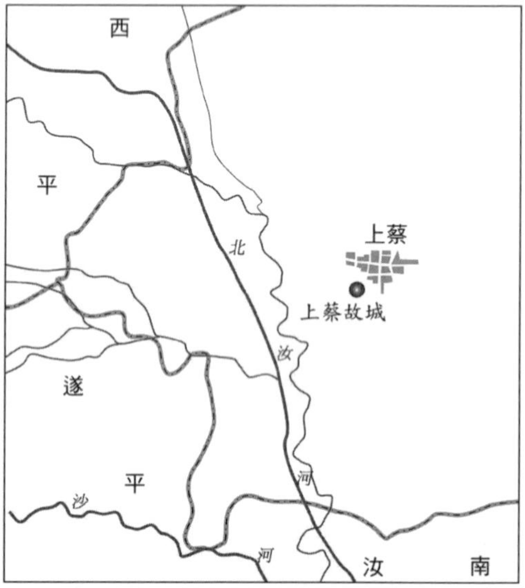

上蔡

這座古城，保存相當好，百分之九十的城牆還屹立在地上。城牆，周長十．四九公里，頂寬十五公尺，底寬六十公尺，高十一公尺。

古城內，地下的遺址遺跡很豐富。我們吃飯的地方，是一片新蓋的建築。這片新樓，就是建在上蔡故城內的宮殿區上。

這裡不僅有蔡侯墓，還有楚國的大墓。蔡侯墓，有兩座，我們去過其中一座，據說是蔡叔度的墓，墓塚還在，墓園是新建，大興土木，還沒有完工。工程是由泰國的蔡姓宗親投資。

上蔡是河南省的十大古都之一，古代非常繁華。秦相李斯是上蔡人。他的死是被腰斬。臨刑前，他很懷念自己的家鄉。他對他兒子說，我真想和你，「牽黃犬，俱出上蔡東門，逐狡兔，豈可得乎」（《史記．李斯列傳》）。當年的上蔡，一定很不錯。

孔子到過蔡，上蔡人民忘不了他。這裡，有曬書臺、問津處和漆雕開墓，都是後人為了滿足其憑弔的願望，人為製造的古蹟。

2. 楚葉縣故城

〔畫面〕

葉縣地圖。

現在的葉縣。

楚葉縣故城。

葉公墓。

劉秀廟。

長沮、桀溺墓。

子路問津處。

〔解說〕

葉縣（現歸平頂山市），是孔子南下的最後一站。陪同我們的是葉縣文物局的局長李元芝先生。

現在的葉縣，有兩個縣城，一個是新縣城，一個是舊縣城。前者是建在漢昆陽城上，後者是建在楚葉縣故城上。過去，看法相反，以為前者是建在楚葉縣故城上，後者是建在漢昆陽城上，《中國文物地圖集》河南分冊也這樣講，現在被糾正。

新縣，舊城有護城河。城內有葉縣縣衙，為明洪武二年（一三六九年）建，現在是博物館，裡面陳放著當地出土的文物，如許公寧墓的升鼎和多戈戟。二〇〇六年，縣衙被列為全國重點文物保

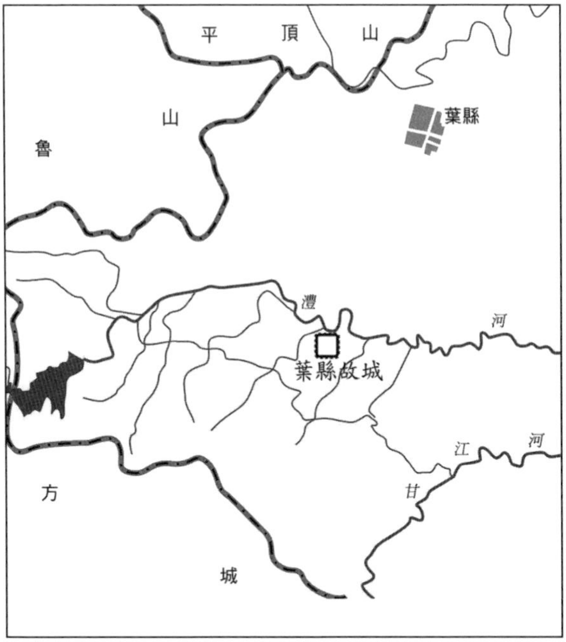

葉縣故城

葉縣葉公殘石

護單位。博物館的匾額是葉選平所題。他姓葉。

舊縣，在新縣南，略向西偏，周圍可見楚葉縣故城的殘垣。

楚葉縣故城，南北長約兩千公尺，東西寬約五百公尺，西垣和西北隅、西南隅尚存，殘垣高約三公尺。二〇〇六年，楚葉縣故城也被列為全國重點文物保護單位。

葉縣，是楚國北境上的軍事重鎮。楚國的縣，是直屬國家的城。它分兩種：大縣，長官稱公；小縣，長官稱尹。大縣多是滅國所設，就地設縣，作為邊防重鎮。

楚葉縣故城的北牆，牆外有護城河。緊靠城牆內側，有個小廟，夕陽西下，好像一幅畫。這座小廟，過去叫劉秀廟，現在是道觀。廟中還有不少明清時期的碑刻。有趣的是，廟中的房屋是用古城出土的舊磚修蓋，有各種花紋。

舊縣的民居也往往如此。

楚葉縣故城以北，不太遠，有葉公沈諸梁墓。整個墓園是二十世紀八〇年代新建，原來的碑刻已毀，現在是溫州沈姓宗親尋根問祖的地方。他們是投資者。

孔子拜見的葉公是沈諸梁。

楚國，最高行政長官是令尹，最高軍事長官是司馬。縣公，地位很高，僅次於令尹、司馬。

公元前四七九年，孔子死後，楚國發生白公之亂，沈諸梁是平定白公之亂的功臣。叛亂平定後，他一身二任，同時兼任楚國的令尹和司馬，是楚國晚期的重要人物。

漢代有個傳說，葉公好龍，成天畫龍刻龍，但真龍出現，他卻嚇得不得了（《新序・雜事》）。葉公好龍，現在是成語。

有趣的是，葉縣的地標就是一條不鏽鋼的龍。

孔子到過葉縣，當地有很多傳說。

陪同我們的李局長說，孔子碰到的隱士，楚狂接輿、長沮、桀溺、荷蓧丈人，全是他在葉縣碰到的。這個說法很有趣。因為正是跑到這裡，孔子才窮途而返。

在李局長的引導下，我們驅車駛離葉縣縣城，向北走，尋找所謂的長沮、桀溺墓和子路問津處。

我們的車爬上一條長堤，向北走，路的左邊，是一片玉米地。在這片玉米地裡，李局長說，他找到了長沮、桀溺墓。

這是一個一公尺高的土堆，上面撒著麥秸，如果沒人指點，絕不會當作古蹟。

墓前原有一塊碑，清光緒十一年（一八八五年）立，上書「周隱者長沮、桀溺墓」，據說埋在地下。

穿過這片玉米地，是一片開闊的河灣，有人在游泳，有人在划船，據說就是子路問津處。

我們不能不佩服，清代的景點製造者，他們很有想像力。

當年，孔子碰見的隱士，和他一樣，不滿於現實。為了抗議天下之無道，他們寧肯隱姓埋名，隱逸山林，躬耕壟畝。

孔子這一路，風塵僕僕。他唇焦口燥，極力勸說各國的統治者，結果都失敗了。沒人要聽他的話。

他該怎麼辦呢？這時，隱士就出現了。

隱士看不起他，嘲笑他，挖苦他，但他對隱士卻充滿敬意。因為他知道，怪人不是壞人，狂人不是妄人，要論道德，他們才是冰清玉潔，就像古代的伯夷、叔齊。

隱士的話很對，他是「知其不可而為之」（《論語・憲問》）。

（五）去葉返衛和去衛返魯

〔字幕〕

六十四到六十七歲（前四八九至前四八五年），孔子仕衛出公。

六十八歲（前四八四年），孔子應季康子召，回到魯國。

〔解說〕

孔子離開葉縣，是原路返回，還是繞道其他地方？我們已不得而知，我們只知道，他是東行至陳，再北上到衛，大的路線和來程是一樣的。

孔子回到衛國，還是選擇了衛出公。他在衛國又住了四年。

當時的形勢，衛國是夾處於晉、魯之間，晉國支持太子蒯聵，不承認衛出公，魯國支持衛出公，不支持太子蒯聵。

公元前四八四年，孔子回到魯國，但他仍然不肯放棄對衛出公的支持。子路之死，就是埋禍於此。

孔子周遊列國，前後十四年，累計行程約五千公里。

他是在六十八歲高齡回到自己的祖國。

第七集　泰山之歌

〔題辭〕

孔子蚤作，負手曳杖，消（逍）搖（遙）于門，歌曰：「泰山其頹乎！梁木其壞乎！哲人其萎乎！」既歌而入，當戶而坐，子貢聞之，曰：「泰山其頹，則吾將安仰？梁木其壞，哲人其萎，則吾將安放，夫子殆將病也。」遂趨而入。夫子曰：「賜！爾來何遲也？夏后氏殯于東階之上，則猶在阼也；殷人殯于兩楹之間，則與賓主夾之也；周人殯于西階之上，則猶賓之也。而丘也殷人也。予疇昔之夜，夢坐奠于兩楹之間。夫明王不興，而天下其孰能宗予，予殆將死也。」蓋寢疾七日而沒。（《禮記．檀弓上》）

（一）孔子的晚年

〔畫面〕

1. 蒙山，龜蒙頂。
2. 山下的玉皇廟和廟前堆放的殘碑。
3. 殘碑一，銘「〔萬〕壽宮舊名玉虛觀」。
4. 殘碑二（《重修顓臾王廟碑》），銘「重修顓臾王廟碑」、「聖宮舊有顓臾王殿」。
4. 顓臾古城，背山面河。山是蒙山，河是浚河（古治水）。浚河下游是費邑古城。
5. 從橋上眺望浚河。

〔解說〕

孔子生命的最後六年，六十八到七十三歲，是在魯國度過。他重返書齋，整理音樂，寫作《春秋》。但他仍然不能忘情於政治。孔子雖賦閑在家，卻派冉有、子路、子羔、子貢等人在季氏的家裡和衛國做官，隨時向他彙報。

在《論語》一書中，我們不難發現，他到晚年，對魯國的政治已經完全絕望。他對魯哀公不滿，對季康子不滿，對自己的學生不能阻止他們的非禮也不滿，常常發脾氣。

當時，冉有是季康子的大管家。他希望這位有才能的弟子，能夠幫他管管季康子，但糟糕的是，他常常幫季康子出餿主意，卻不肯隨時向老師彙報，有時還瞞著他（《論語．子路》）。

蒙山腳下的《重修顓臾王廟碑》

有一次，季康子打算吞併費邑附近的顓臾國。孔子說，這個風姓小國，是魯國境內的小國，「昔者先王以為東蒙主」，它是負責祭祀東蒙山神的古國，冉有、季路，你們怎麼不去阻止他？他們說，這又不是我們的主意，全是季氏要這麼幹。孔子說，那還要你們幹什麼？「吾恐季孫之憂，不在顓臾，而在蕭牆之內也」。（《論語．季氏》）

他們談到的顓臾，地點在山東平邑縣的東南，就在蒙山主峰龜蒙頂的山腳下不遠。蒙山就是孔子說的「東蒙」、孟子說的「東山」。

孔子說，顓臾是「東蒙主」。漢代，泰山郡蒙陰縣有蒙山祠（《漢書．地理志》顏師古注）。酈道元也說，「（治水）東流逕蒙山下，有祠」（《水經注》卷二五）。蒙山祠，原在龜蒙頂下。據說賈公成祠西、蒙陽河東有土壇，就是祭祀蒙山處，現在已平，修了一個廣場。祠前原有北齊天統五年

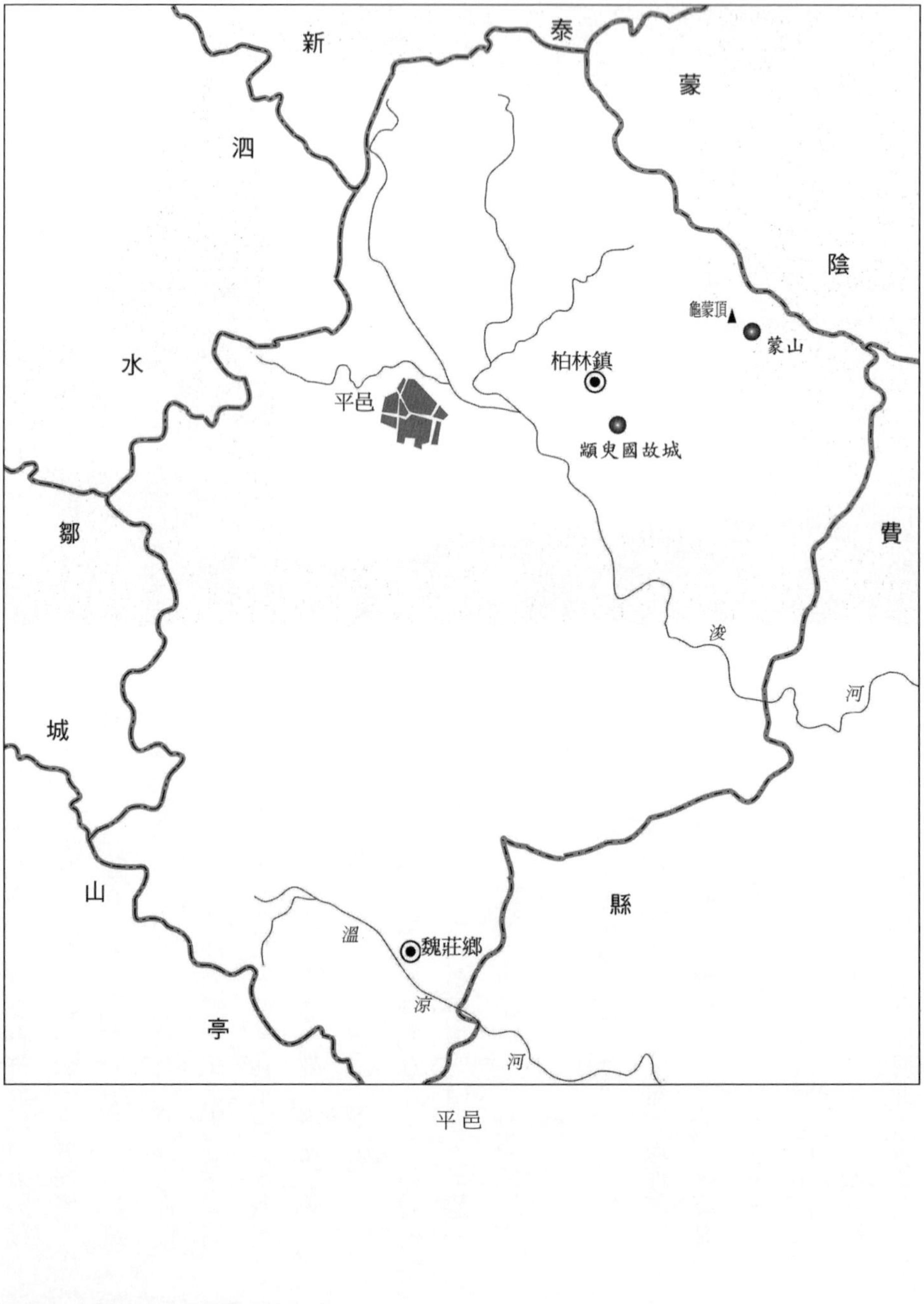

平邑

（五六九年）《蒙山碑》和唐天寶五年（七四六年）《蒙山祠記碑》（宋趙明誠《金石錄》卷三、卷七），也都亡佚。宋以來，蒙祠改祀顓臾王。

顓臾王廟在哪裡？是我們心中的問題。

陪同我們參觀的是蒙山書院的郭東昌先生。

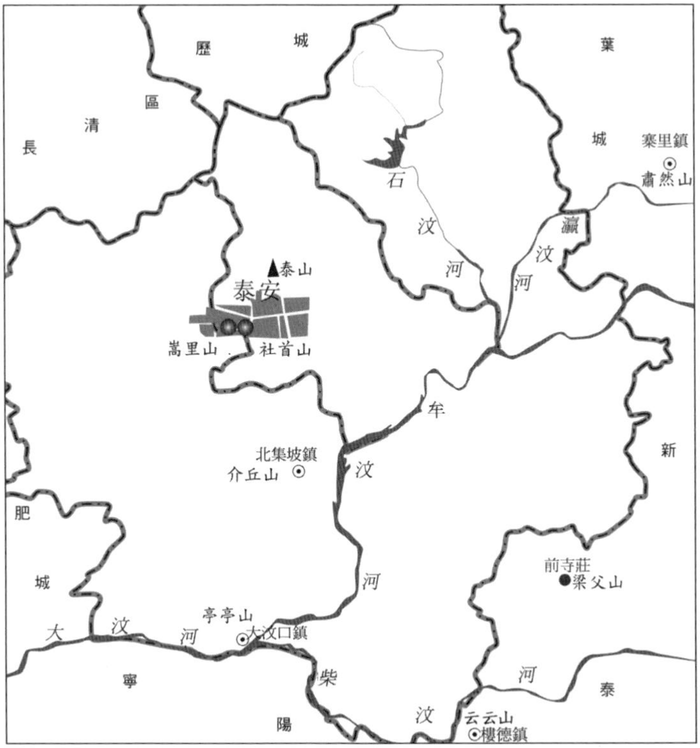

泰山

現在，這些古蹟已蕩然無存，但土壇舊址附近有一座小廟，叫玉皇殿，廟前堆放著很多殘碑。碑文說，萬壽宮原名玉虛觀，宮中有顓臾王殿，後來重修，叫顓臾王廟。

顓臾王廟已毀，但明清碑刻還是留下了紀錄。

顓臾故城，南北長六百公尺，東西寬五百五十公尺，略呈正方形。城牆殘高一般為三至四公尺，最高處可達九公尺，基寬十二公尺。冉求說，它「固而近于費」，既很堅固，而又離季氏的封邑費很近。此城在蒙山西南，平邑縣柏林鄉固城村之北，和費邑確實很近。這個村子叫固城村，正是取於冉求的話。現在，這座古城是一片莊稼地，一條南北向的公路穿城而過，把古城一劈兩半。古城的北牆比較完好，特別是西牆和北牆的夾角，地勢較高，古代的磚瓦和陶片，俯拾即是。

季康子旅祭泰山（大概是由林放代祭），這不是他的身份所能允許，冉有不加勸阻，說是管不了，孔子說，「嗚呼！曾謂泰山不如林放乎」，意思是，泰山有眼，絕不會饒恕這種行為（《論語・八佾》）。

季康子富於周公，而冉有為之聚斂，讓他闊上加闊。孔子說，「非吾徒也，小子鳴鼓而攻之，可也」（《論語・先進》），號召同學，群起而攻之，乾脆把冉有暴打一頓。

孔子死後，冉有還在，他和別的同學不同，似乎已完全融入了魯國的政治，我們再也聽不到他和他的同學還有什麼聯繫。

孔子的學生是團結在子貢的身邊。

（二）孔子四慟：傷子哀麟，回死由亡

〔畫面〕

1.《孔子聖跡圖》：第九十八幅「西狩獲麟」。
2. 顏林。
3. 戚城（孔悝城）。
4. 卞橋和卞橋鎮。

5. 子路祠。

6. 子路墓。

〔解說〕

孔子的晚年，非常淒涼。

六十九歲，孔子的兒子孔鯉先他而去，他大哭一場。

七十歲，孔子回顧自己的一生，好像把一切都看透了，因而寫下了那個著名的「七十自述」（《論語．為政》）。他說，我都活到這把年歲了，已經「從心所欲，不逾矩」（《論語．為政》），既隨心所欲，而又中規中矩，絕不違反禮的規定。聽了這話，大家都以為，他是個非常樂觀也非常達觀的人。然而他的晚年，卻是一場痛哭接一場痛哭，後面還有三次大哭。

七十一歲，齊國的陳成子弒齊簡公，發生所謂「田氏代齊」。孔子請魯哀公出兵討伐，哀公讓他問三桓，三桓不許（《論語．憲問》）。當時的歷史，孔子實在看不下去。孔子晚年，他在續寫《春秋》，從魯隱公元年，一直寫到魯哀公十四年。這年的春天，魯哀公打獵，抓到一隻瑞獸，叫作麟。孔子說，麟是仁獸，麟被人抓，讓他想到自己的不幸，終於明白，「吾道窮矣」。他「反袂拭面，涕沾袍」，哭得很傷心，因此絕筆《春秋》，不再往下寫（《公羊傳》哀公十四年、杜預《春秋左傳》序）。而更讓他傷心的是，他最喜歡的學生顏淵，也在這一年去世。當時，他失聲痛哭，大呼「天喪予，天喪予」（《論語．先進》）。

七十二歲，子路死於衛，對孔子打擊更大。子路是衛卿孔悝的邑宰，在衛國有職務。這一年，年底有閏月，出亡晉國的衛太子蒯聵潛入戚城，把孔悝劫持到一座高臺之上。孔悝的家臣欒寧通知

濮陽戚城遺址：子路結纓而死處

濮陽子路墓：「文革」時被挖開，原來是一座漢墓

子路，讓他救孔悝，自己保護衛出公，逃往魯國。當時，子羔聞亂，自城出，子路聞亂，卻往城裡跑，最後，戰死在這座高臺之下。激戰中，他的帽帶被砍斷。他說，「君子死，冠不免」，最後時刻，還要把帽帶繫好，死得很有尊嚴。孔子聽說衛亂，料到子羔必逃，子路必死（《左傳》哀公十五年）。噩耗傳來，他失聲痛哭，也是呼天搶地。他問，子路是怎麼死的，使者說，被人剁成了肉泥，他趕緊叫人把廚房中的肉醬倒掉，唯恐想到子路的死（《禮記．檀弓上》）。

子路的死讓他深受刺激。算起來，也就四個月，他就離開了人世，享年七十三歲（《春秋》經傳哀公十六年）。

孔子的兒子孔鯉，死後葬在曲阜。現在的孔林有他的墓，就在他父親的身旁。

孔子的學生顏回，在七十子中，地位最高，死後也葬在曲阜。他的墓地叫顏林，和孔子的墓地一樣，也叫林。顏林，在山東曲阜的東南。

孔子的學生子路死於衛。衛地有四個子路墓，一在濮陽，一在清豐，一在長垣，一在滑縣。其中最著名，是濮陽的子路墳。

濮陽的子路祠和子路墳，在戚城遺址北。酈道元的《水經注》已經提到，戚城北有子路墓。但現在的子路祠和子路墳，是明清時期的東西。墓前有石牌坊和神道，神道兩旁立有望柱、石虎、石羊，墓前有明清碑刻六通，「文革」期間，墓被掘開，有趣的是，出土的東西卻是漢代的。原來，這是一個漢墓。後人是借漢墓，發思古之幽情。

（三）孔子之死

〔畫面〕

1.《孔子聖跡圖》：第九十九幅「夢奠兩楹」。
2.《孔子聖跡圖》：第一百幅「三壟植楷」。
3.《孔子聖跡圖》：第一百零一幅「治任別歸」。
4.子貢廬墓處。
5.子貢手植楷。

〔解說〕

孔子晚年，心情很不好。

他跟子貢說，「予欲無言」（《論語．陽貨》），連話都不想說了。他很絕望：「甚矣吾衰也！久矣吾不復夢見周公！」（《論語．述而》）就連周公，他也夢不見了。

據說，臨死前，他背著手，拖著枴棍，在門前走來走去。他唱了一首歌，歌詞是：「泰山其頹乎！梁木其壞乎！哲人其萎乎！」唱罷，他回到屋裡，面對著大門，靜靜地坐著。

子貢聽到這絕望的聲音，知道老師的日子已經不多了，趕緊進屋看老師。

此時，顏淵、子路都已不在人世，只有子貢是最貼心的弟子。

子貢廬墓處：相傳子貢率孔門弟子為孔子守墓處

孔子老淚縱橫，呼著他的名字，對他說，賜（子貢的名字）！你來得怎麼這麼晚啊？昨天晚上，我夢見我坐在「兩楹之間」，那是殷人停屍的地方，我就是殷人的後代呀！賢明的君王怎麼一直不出現，天下竟沒有一個人肯接受我的主張，我是活不長了。

七天之後，他離開了人世（《禮記．檀弓上》、《史記．孔子世家》）。

孔子死後，弟子為他守孝，長達三年。三年後，他們才告別老師。臨行之際，抱頭痛哭。

只有子貢，獨自守墓，又是三年。

現在的孔林，孔子墓的西側，有個磚房，是明崇禎十三年（一六四〇年）立的「子貢廬墓處」；享殿後有個康熙六年（一六六七年）立的「楷亭」，亭前是所謂「子貢手植楷」。

這些都是用來紀念上面的故事。

（四）孔林

〔畫面〕

1. 孔林，孔林的南牆是修在曲阜魯故城的北牆上。

2. 孔子墓，墳丘作馬鬣封，墓前立兩塊碑，一前一後：後碑是蒙古乃馬真后三年（一二四四年）立的《宣聖墓碑》，前碑是明正統八年（一四四三年）黃養正書《大成至聖文宣王碑》。

3. 孔鯉墓。在孔子墓的東側，偏南，墓前也立兩塊碑，一前一後：後碑為蒙古乃馬真后三年（一二四四年）立的《弍世祖墓碑》，前碑是明正統八年（一四四三年）黃養正書《泗水侯墓碑》。

4. 孔伋墓。在孔子墓南，墓前也立兩塊碑，一前一後：後碑為蒙古乃馬真后三年（一二四四年）《三世祖墓碑》，前碑為明正統八年（一四四三年）黃養正書《沂國述聖公墓碑》。孔伋墓前石翁仲，原與享殿前的望柱、玄豹、用端在一起，為宋宣和五年（一一二三年）製。

〔解說〕

這裡是孔林，它是孔子和孔子後代的墓地。《史記》、《皇覽》、《水經注》都提到這個墓地。

古書記載，孔子死後，葬在魯城北邊的「泗水上」。孔子墓佔地一頃，孔鯉墓在它的東邊，孔伋墓在它的南邊，離得很近。其弟子和魯人紛紛搬到墓地附近，有一百多家，形成一個村子，叫作「孔里」。

孔子墓：「文革」中被挖開，原來是一座空墓

孔鯉墓

《魯國之圖碑》上的孔林，是一片樹林，沒有圍牆。它的中間是「駐蹕亭」。現在的駐蹕亭，從北到南，依次為宋真宗駐蹕亭、康熙駐蹕亭和乾隆駐蹕亭。圖上的「駐蹕亭」是宋真宗駐蹕亭。現在的宋真宗駐蹕亭是清代建的，但還保存著《宋真宗駐蹕亭碑》。

《魯國之圖碑》把「孔子墓」畫在西北角，「伯魚墓」畫在東北角，「子思墓」畫在孔林入口處，三個墓，距離太大，與古書的描寫不一樣，並非實際如此。孔林東北有「仲尼燕居堂」和「燕居里」，孔林西南有「賜恩里」，今已不存。

古人說的孔里，是孔林附近的村子。現在的孔林，正南有個林前村，或說，這個林前村就是古代的孔里。但《魯國之圖碑》上，孔林南面是「文憲王廟」和「白鶴觀」，已經沒有空間。它們的東邊，倒是有個「孔聖村」。

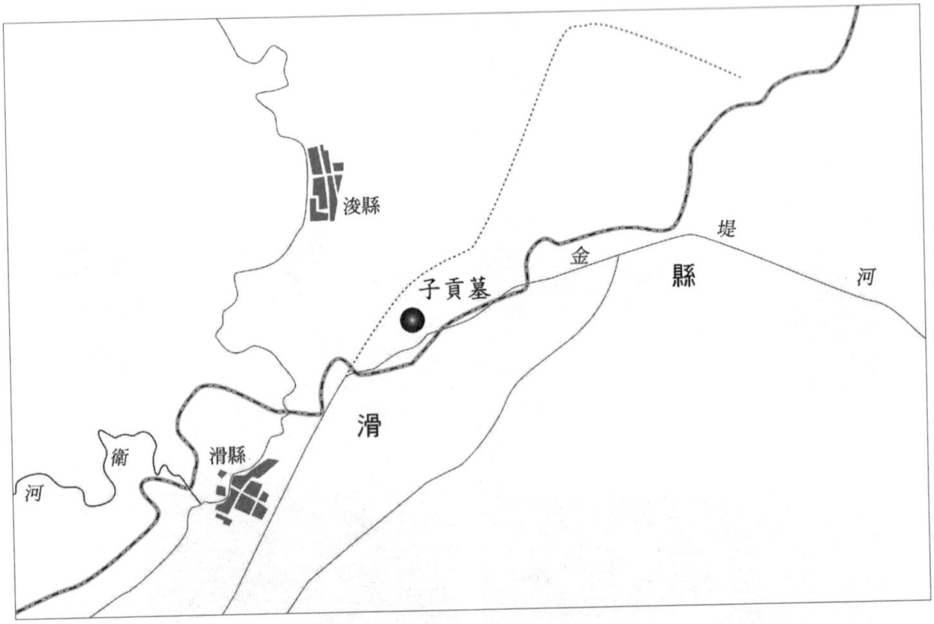

子貢墓

古人說「某水之上」，一般是指水的北岸。比如《論語・雍也》提到「季氏使閔子騫為費宰」，閔子騫說，「善為我辭焉。如有復我者，則吾必在汶上矣」，「汶上」就是指汶水的北岸。但現在的孔林卻在泗水之南。

這片墓地，除去孔子、孔鯉、孔伋的墓，以及孔白、孔霸墓，都是明以來孔氏子孫的墳墓，即四十二世以來的墳墓。整個墓地，除了孔子墓前鋪砌的石塊，有些是漢代的東西；享殿前的望柱、玄豹、用端，以及本在享殿前，後來移置孔伋墓前的石翁仲，是宋徽宗政和年間的東西，絕大部份都是明清以來的東西。

孔子、孔鯉、孔伋墓前的雙碑，也是元明時期的東西。

（五）子貢墓

〔畫面〕

1. 子貢墓。在河南浚縣城關鄉張莊村南。
2. 明《改正先賢黎公墓祠記碑》。
3. 浚縣端木氏後人的墓碑。

〔解說〕

浚縣（屬鶴壁市）有子貢墓。子貢姓端木，這個姓比較少。

子貢墓前的《改正先賢黎公墓祠記》碑。
據碑文記載看，所謂子貢墓其實是一座遼墓

古書說，子貢死於齊，他怎麼會葬在河南浚縣呢？原來浚縣城關有不少居民，就是姓端木。他們自認是子貢的後代。

子貢墓在二帝陵以西。張相梅的家就在浚縣。我們在內黃考察後，出二帝陵，走小路（沙路），入浚縣，經善堂，到縣城，終於找到張莊。

子貢墓在村南的一片玉米地裡，除

了墳丘，只有一塊明崇禎年間的碑。碑文是浚縣的縣令所撰。他說，大伾山下八里有張家莊，村人無知，立子貢石像於夷丘前，丘乃遼金墓，太可恨，他把墓中的東西掏出來，把子貢的石像埋下去，是為「改正先賢黎公墓祠」。此碑旁邊還有一些墓碑，都是新近幾年，端木氏的居民來此歸葬。

村中老人回憶，此墓原先的樣子，墓前有石像生，石像生的前面有大殿，殿裡有子貢的塑像，頭頂天花板。殿前，有左右相向的碑刻，現在只剩這一通。

看來，這也是一個利用古墳，張冠李戴，造成的假墳。形式與子路墓相似。

第八集　尾聲：死後的殊榮

〔題辭〕

孔夫子的做定了「摩登聖人」是死了以後的事，活著的時候卻是頗吃苦頭的……（魯迅〈在現代中國的孔夫子〉）

（一）孔廟和孔府

〔畫面〕

1. 明曲阜城，自南門入，經仰聖門，經萬仞宮牆，經金聲玉振坊，依次至於孔廟。廟門洞開，推，從前院到後院。

2. 闕里和所謂的「孔子故宅門」。
3. 孔府。

〔解說〕

這裡是孔廟。廟中有很多碑刻，歷朝歷代都有，但主要是宋、金、元，特別是明、清的碑刻。建築更晚，主要是明、清，特別是清代的。

孔子的一生，除十六年宦遊在外，大部份時間都是在魯國的舊宅中度過。

後世的孔廟是因宅為廟。司馬遷說，早在漢代初年，這裡已經設廟。他的住宅，他學生的宿舍，陳放著他生前使用的衣冠、琴瑟、車子和書籍（《史記・孔子世家》），好像一個博物館。孔廟是在孔子的舊宅上擴建，越建規模越大，但它的前身還是孔子故居。這個歷史記憶，還深藏其中。

司馬遷來過這裡，「觀仲尼廟堂、車服、禮器」，流連不忍去（《史記・孔子世家》）。

酈道元也來過這裡。他看到的孔廟，佔地一頃，約合四萬六千平方公尺。孔宅本身，院子不大，孔子住西房，孔母住正房，夫人住東房。屋裡陳放著孔子生前用過的東西，其中有孔子坐過的車子，是複製品。原物毀於漢獻帝時。廟中有孔子像，他的身邊，有兩個弟子「執卷立侍」（《水經注》卷二五），也許是顏回、子路吧？

他們看到的一切，還非常簡陋。

現在的孔府，是明代才從孔廟分離，建在它的東面，從此形成廟西宅東的局面。他們是孔子後裔的住宅，不是孔子的住宅。現在所謂的「孔子故宅門」，是在這兩大建築群之間的夾縫裡。名稱本身，還留著一點對過去的回憶。

孔子想不到，他的故居，因歷代帝王朝拜，已經宛如宮殿。

（二）大成殿

〔畫面〕

大成殿，黃瓦，龍柱。室內光線黯淡，依稀可見孔子和四配十二哲的坐像和牌位。

面部特寫：孔子的眼睛很大。

〔解說〕

這裡是大成殿，大成的意思是「集大成」，來源是孟子的話（《孟子·萬章下》）。

孔子端坐中央，冠垂冕旒，宛如帝王。

孔子的兩側，是四個二等聖人。東側是復聖顏淵、述聖子思，西側是宗聖曾子、亞聖孟子。這是南宋定下的四配，元代始加聖名。他們是按顏、曾、思、孟，一左一右排序，地位最尊。

靠牆是清代定下的十二哲，東六哲是閔子騫、冉伯牛、子貢、子路、子夏、有子，西六哲是仲弓、宰我、冉有、子游、子張、朱熹。他們也是按一左一右排序，地位次於四配，但高於其他學生。子貢排第五位，子路排第七位。

讀《論語》，我們都知道，它提到的二十九個學生，其中最著名，要屬孔門十哲，即這裡的顏淵、閔子騫、冉伯牛、仲弓、宰我、子貢、冉有、子路、子游、子夏。還有三個小一點的學生，有子、曾子、子張，年紀和子游、子夏差不多，也很重要。這十三人，是孔門最重要的弟子，毫無疑問。但另外三人，子思、孟子和朱熹，根本不是孔子的學生，他們是宋以來才塞進去的。

曾子不在十哲中，本來是孔門中最晚的學生。他和有子、子夏、子游、子張是一輩，即使在晚輩的學生中，也是晚輩，只比子張大一點。他在孔子生前，地位不如子路、子貢；孔子死後，地位也不如有子，但宋儒卻把他列為「四配」的第二位，地位僅次於顏淵。

子思、孟子，輩分更晚，根本不在七十子中。孔子死，子思才五歲，孟子還沒出生，差著一百多年，但宋儒卻把這兩個小孩塞進來，列為「四配」的第三和第四，擺在十哲之上。

亞聖，本來是顏淵的頭銜，後來卻給了孟子。後人說，孔、孟、顏、曾，孟子還跑到了顏、曾之前。

朱熹，是孔子死後一千六百多年後的人，清代把他列為十一哲，位置也在有子之前。

這真叫「後來居上」，北京話叫「邁輩兒」了。

孔子想不到，顏、曾、思、孟想不到，朱熹也想不到。

讀《論語》，我們都知道，孔子最疼顏淵，顏淵最聽老師的話，老師誇他最多。但在《論語》中，出現最多，不是顏淵，而是子路，比顏淵的次數多一倍。其次是子貢，子貢也比顏淵多。論資歷，論地位，他們就是比不上顏淵，至少也比曾子高。

這裡的排序，完全不一樣。它體現的是宋明理學的價值觀。

（三）大成殿的兩廡

〔畫面〕

1. 大成殿的兩廡，室內光線黯淡。東廡和西廡，從北朝南望，遠處是亮光。牌位，一個接一個，依次遞進。
2. 世紀大講堂，朱維錚教授說，五四運動打孔家店，其實打的不是孔家店，而是掛著滿字招牌的朱家店。

〔解說〕

這裡是大成殿東西兩側的廊廡。東廡陳放著四十位先賢、三十九位先儒的牌位，西廡陳放著三十八位先賢、三十七位先儒的牌位。兩廡先賢，主要是四配十二哲以外的孔門弟子（也包括孔子稱道的前賢，如蘧伯玉）；兩廡先儒，除公羊赤和穀梁高是先秦大儒，其他都是漢以來的大儒。這裡，宋儒周敦頤、張載、二程和邵雍，也列入先賢，算是孔子的學生，地位居然在漢儒之上。孔門弟子排座次，歷史上，各朝各代，有誰沒誰，誰在前，誰在後，可以反映儒門內部評價標準的變化。這本身就是一部有趣的歷史。

比如，司馬遷講孔門七十子，其中有個叫公伯繚的，《論語·憲問》作公伯寮，確實是孔子的弟子。但他到季氏那裡告子路的黑狀，不像好人。明以來，儒門中人，覺得這個傢伙太壞，簡直是孔門猶大，叛徒之流，不配做孔子的學生，所以把他除名，趕出孔廟。

還有一位，大家想不到，偌大孔廟，居然連荀子都容不下。

熟悉先秦思想史的人都知道，荀子是戰國末年資格最老、學問最大的國際學者。不講孔子，沒有開頭；不講荀子，沒有結尾。

恩格斯說，費爾巴哈是「德國古典哲學的終結」，荀子也是先秦諸子之學的終結。

荀子是子思、孟子的激烈反對者。子思、孟子講性善、講心性，是靠道德救世；荀子講性惡、講禮法，是靠制度救世。立場大不一樣。

韓非和李斯，都是荀子的學生。

春秋時期，禮壞樂崩；戰國時期，天下大亂。心性還是禮法，什麼才能解亂局？幾百年的爭論，早就有結論。

宋儒既然把思、孟尊為二等聖人，荀子當然沒位置。

同樣是明代，他也被趕出孔廟。

什麼是正統？什麼是非正統？真是一清二楚。

（四）杏壇

〔畫面〕

杏壇，金《杏壇碑》和乾隆御碑。

《魯國之圖》碑中的杏壇。

東漢《禮器碑》證明，孔子的妻子是「并官氏」，而不是「亓官氏」

〔解說〕

孔宅中本沒有杏壇。現在的杏壇是宋真宗重修孔廟時才立起來的。它是附會《莊子》中的一個故事：

> 孔子游乎緇帷之林，休坐乎杏壇之上。弟子讀書，孔子弦歌鼓琴……（《莊子．漁父》）。

當年的孔子，是坐在家中講習，或散步到舞雩臺，在郊外討論。在座的學生很少，一般只有兩三人。

如果真有一個杏壇，恐怕也在郊外。

現在的杏壇不一樣，它是由一百七十個幽靈圍坐在孔子身邊，聽他在冥冥之中，向他們講述著什麼，彷彿一座宏大的講堂。

（五）崇聖殿、啟聖殿等

〔畫面〕

1. 崇聖殿、啟聖殿等建築，裡面供奉的牌位。
2. 東漢《禮器碑》，銘文畫線處為「顏氏聖舅，家居魯親里；并官聖妃，在安樂里」。

〔解說〕

這裡供奉著孔子父親、母親和妻子的神位。真是一榮俱榮。

孔子的父親是叔梁紇，母親是顏徵在，他的妻子叫什麼?古書多作「亓官氏」，但漢代的碑刻告訴我們，她的姓氏是「并官氏」（《禮器碑》），唐代的《孔子家語》也這樣寫（《史記‧孔子世家》索隱引）。

（六）聖跡殿

〔畫面〕

1. 傳顧愷之或吳道子畫《孔子為魯司寇像》（孔子半身像）。
2. 明代彩繪《孔子為魯司寇像》（孔子半身像）。
3. 傳吳道子畫《孔子行教像》（孔子全身像）。
4. 清雍正十三年（一七三五年）孔廣棨立《孔子行教像》（孔子全身像）。

5. 宋崇寧年間（一一〇二至一一〇六年）米芾畫《孔子小像》（孔子全身像）。
6. 宋紹聖二年（一〇九五年）傳顧愷之畫《顏子從行小像》（孔行顏隨像）。
7. 宋重和元年（一一一八年）《顏子從行小像》（孔行顏隨像）。
8. 宋刻《先聖小像》（孔行顏隨像）。
9. 宋紹聖二年傳吳道子畫《孔子憑几坐像》（孔坐十哲侍立像）。
10. 明代石刻《聖跡圖》第七十九幅：微服過宋。
11. 明正統九年（一四四四年）張楷《聖跡圖》。
12. 明代彩繪《累累說聖圖》。

〔解說〕

這裡是聖跡殿，是以繪畫表現孔子生平的地方。一種是孔子像，一種是孔子弟子像，一種是《聖跡圖》。

孔子像，有半身像，有全身像。

半身像，有傳顧愷之或吳道子畫《孔子為魯司寇像》，形象比較端莊。此像有不少仿製品。明代彩繪，也有《孔子為魯司寇像》，形象很可怕，卻比前者更流行。司寇管殺人。也許是考慮到孔子擔任的職務吧，此圖豹眼環睜，殺氣騰騰。

全身像，有傳吳道子畫《孔子行教像》。此像即清雍正十三年（一七三五年）孔廣棨立《孔子行教像》所本。孔本改動很大，其實比前者好。作者筆下的孔子，很像一位山東大漢，威風凜凜，又溫良恭儉讓，現在最流行，幾乎已成標準像。

孔子弟子像，有孔行顏隨像，有十哲侍立像。

孔行顏隨像，是表現孔子的得意門生顏回，緊隨其後，亦步亦趨。宋紹聖二年（一〇九五年）傳顧愷之畫《顏子從行小影》、宋重和元年（一一一八年）《顏子從行小影》、宋刻《先聖小像》都是這種像。

十哲侍立像，有宋紹聖二年傳吳道子畫《孔子憑几坐像》。十哲是孔子最重要的弟子。

佛教有本生故事，用來描寫釋迦牟尼的一生。

宋儒創造了描述孔子生平的連環畫，這便是聖跡殿中的《聖跡圖》。

明以來的《聖跡圖》，對孔子的一生做了通俗宣傳。

聖跡殿中的《聖跡圖》篇幅很大，有一百二十幅。它是從明正統九年（一四四四年）張楷的線描本發展而來。張本只有二十九幅。當時還有一種彩繪本，篇幅也比較小。

這些《聖跡圖》，內容雷同。比如「喪家狗」的故事，所有《聖跡圖》都有這幅畫。明正統九年張楷線描本是第二十七幅，曲阜孔廟聖跡殿內的明萬曆二十年（一五九二年）石刻本是第七十九幅。明彩繪本的《聖跡圖》也有這一幅，叫「累累說聖圖」。上面的題辭，非常一致，都是《史記·孔子世家》中的那段話。

司馬遷絕不會侮辱孔子，聖跡殿裡也絕不會擺侮辱孔子的東西，孔子更不會罵自己。

這個故事很深刻，它生動地刻畫出孔子的真實遭遇。

（七）十五碑亭

〔畫面〕

十五碑亭，豐碑巍峨（仰拍）。上面鐫刻著金、元、清三代異族王朝的頌揚之詞。

日本佔領曲阜期間的老照片。

〔解說〕

古人說：「天下大亂，賢聖不明，道德不一……道術將為天下裂。」（《莊子．天下》）

孔子是個社會批評家，他的思想，又遭到其他批評家的激烈批評，成為眾矢之的。沒有這個眾矢之的，就沒有百家爭鳴的先秦思想史，這個中國思想史上最輝煌的時代。

這是他的價值所在。

教書育人，傳授經典，傳播文化，他也是功莫大焉。

然而，孔子也是個熱衷政治的人，亞里士多德說的「政治動物」。

在他心中，有個理想國。

他是個可愛的唐吉訶德。

唐虞是他的最高理想。退而求其次，他才推崇三代，推崇周公，希望回到周公的時代。

孔子敬仰的聖人是堯、舜，巍巍如山，最崇高，但他死後，他的學生（子貢、宰我和有若）卻說，自有人類以來，沒人比得上我們的老師，他比堯、舜還偉大。

知識分子的話，音量太小，只限於師門之內。

歷代帝王也這麼說，才家喻戶曉。

古人有個預言，周與秦本來住在一起，後來卻分手東西，分開五百年之後，它們又合在了一起。這就是周太史儋的著名預言（《史記・秦本紀》引）。

現在，讓我們回到本片開始的話題。

孔子的周公之夢，是以魯繼周，但他萬萬想不到，西周的繼承者，不是東方的魯國，而是西土的秦國。犬戎滅周，秦襄公護送平王東遷，平王與之盟誓，假如你能趕走戎人，這片土地就歸你。後來，秦人沿著周人的足跡，不但收復了西周故土，還佔領了整個東周，向東向東再向東，直到海天茫茫，望不到邊。他們是周人的遺囑繼承人。

秦人是嬴姓，奉少昊為祖先。周公東征，在東方建立了魯。魯就是建在少昊之墟。很久以前，這個地方曾是秦人的祖先世代居住的地方。秦始皇的混一海內，是一次歷史性的大回歸。

秦滅六國，傷了六國的心，也傷了儒家的心。秦始皇想和知識分子交朋友，知識分子也想到他那裡討官做。他們兩相情願，一拍即合，也有過短暫的蜜月，結果卻不歡而散。焚書坑儒的悲劇發生後，孔子的七世孫孔鮒，一氣之下，抱著孔家的禮器，到河南投奔陳勝，在陳勝的麾下當博士，為他出謀劃策。他和陳勝一起，死在陳地。他是反秦戰爭的烈士，秀才造反的先驅。

但這只是一段小插曲。新一輪的合作還在醞釀之中。

楚為六國報了仇，也為儒家報了仇。孔子的平反昭雪是在漢代。

漢代的主流宣傳，秦始皇是眾矢之的，反秦的都是英雄。

劉邦說，秦失其鹿，天下共逐之，陳勝是首義的英雄。

漢高祖臨死前，親往曲阜吊謁，以大牢之禮祭孔子，也為陳勝置守塚，血食天下，視同六國諸侯。儒家是沾了陳勝的光，才重新揚眉吐氣。從此，又恢復了他們與帝王的親密關係。

由於歷代帝王的尊崇，孔子的地位一天比一天高。中國的王侯，傳世不過二三百年，孔子卻是萬世師表和永恆的貴族。

孔子說，「夷狄之有君，不如諸夏之亡也」（《論語．八佾》），但金、元、清三代，卻比漢族還尊孔。北京的孔廟是蒙古人所建。這裡的十五碑亭，除洪武、永樂二碑，都是征服者所立。日本侵略軍佔領曲阜，對孔子也非常禮遇。他們在那裡進行考古調查和考古發掘，留下不少老照片。

漢以來，孔子的地位非常高，不是稱王稱師，就是稱公稱侯。但他生前，卻從未享受過這樣的待遇。

他的頭銜是一個很長的名單。

〔字幕〕（歷代褒封的孔子稱號，上下滾動）

孔子卒（前四七九年），魯哀公作誄辭，稱之為「尼父」。

西漢平帝元始元年（一年），追謚「褒成宣尼公」。

東漢和帝永元四年（九二年），封「褒尊侯」。

北魏孝文帝太和六年（二三二年），改謚「文聖尼父」。

北周宣帝大象二年（五八〇年），追封「鄒國公」。

隋文帝開皇元年（五八一年），贈「先師尼父」。

唐太宗貞觀二年（六二八年），尊為「先聖」；十一年（六三七年），再尊「宣聖尼父」。

唐高宗顯慶二年（六五七年），復尊為「先聖」；乾封元年（六六六年），追贈「太師」。

唐武則天天授元年（六九〇年），封「隆道公」。

唐玄宗開元二十七年（七三九年），追贈宣父為「文宣王」。

宋真宗大中祥符元年（一〇〇八年），加謚「玄聖文宣王」；天禧五年（一〇二一年），改「至聖文宣王」。

元成宗大德十一年（一三〇七年），加封「大成至聖文宣王」。

明世宗嘉靖九年（一五三〇年），去「王」，尊為「至聖先師孔子」。

清世祖順治二年（一六四五年），改為「大成至聖文宣先師孔子」；十四年（一六五七年），去「大成」，仍稱「至聖先師孔子」。

孔子酷愛音樂，他不但喜歡鼓瑟，苦悶時還擊磬。配樂，在最寧靜的時刻，交替出現琴瑟和磬的聲音，並用高山流水為映襯。

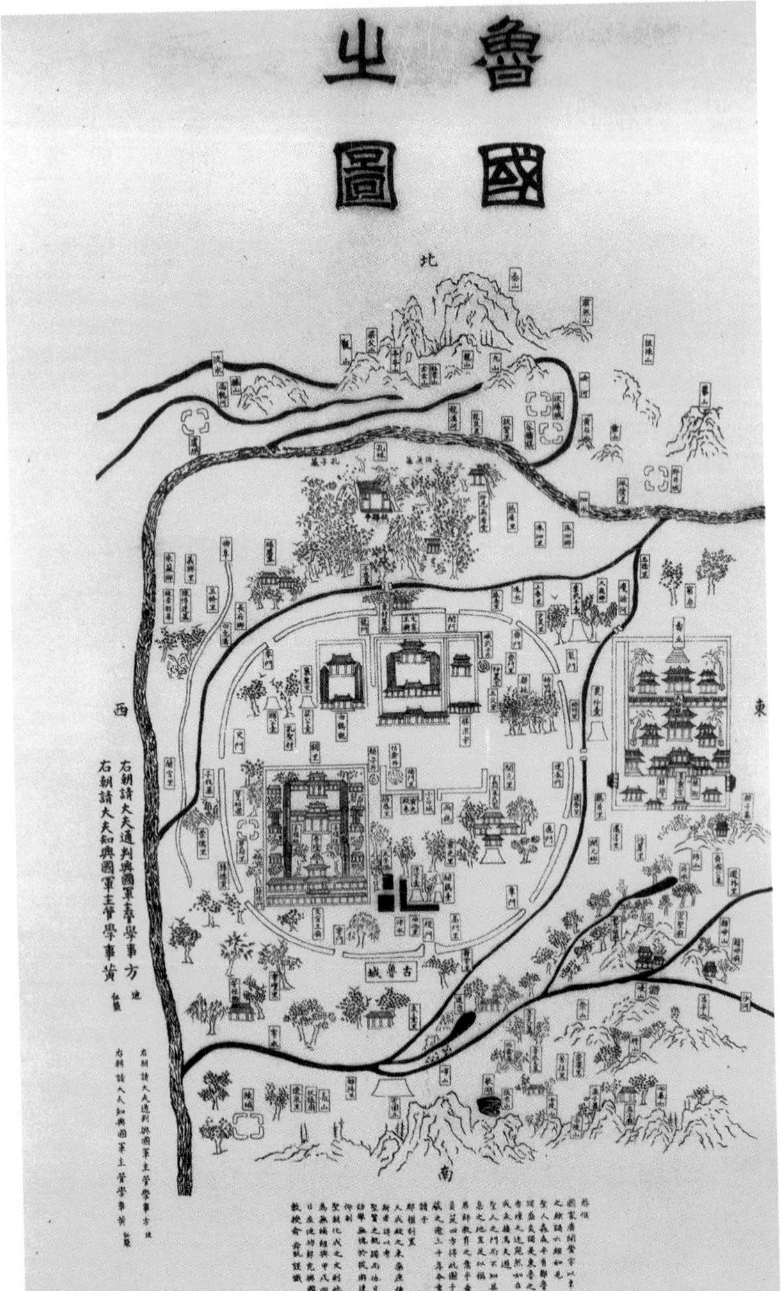

《魯國之圖》

讀《魯國之圖碑》

一、圖碑來源

《魯國之圖碑》，一九八五年發現於湖北陽新縣第一中學。❶發現時，碑石斷裂，文字剝落，損壞嚴重，幸虧中國國家圖書館有拓本，《湖北金石志》錄有俞舜凱題識，可資復原。復原後的線圖，對研究曲阜魯故城的平面佈局和有關景點非常重要。❷

此碑正面，上有「魯國之圖」四字，下有俞舜凱題識：

恭惟國家廣開黌宇，以幸多士。士之弦誦六經，如見聖人，森森乎有鄒魯之風，可謂盛矣。獨是東魯之邦、闕里杏壇之述，宛然如在，而耳目或未接焉。夫遊聖人之門，而不知其出處遊息之地，豈足以稱君師教育之意乎！舜凱頃者負笈四方，得此圖於襲慶府，藏之逾三十年，今幸承乏，敢請於郡模刻，置大成殿之東廡，庶使朝夕於斯者，得以考聖賢之軌躅，而他日成材之效舉，無愧於從遊速肖之列。仰副聖朝化成之文，則此圖亦不為無補。紹興甲戌四月十五日，左迪功郎充興國軍軍學教授俞舜凱謹識。

❶ 一九八九年，該校遷離原址，不知碑藏何處，是否還在原地。

❷ 曹婉如等編《中國古代地圖集》（戰國—元），北京：文物出版社，一九九〇年，照片、拓本見圖版五〇，看不清，復原後的線圖見圖版五一，文字比較小。圖中地名經仔細辨認都已釋出，只有「徐山」、「採山」、「谷牆鎮」三名看不清，這裡是據中國國家圖書館藏拓本寫定。

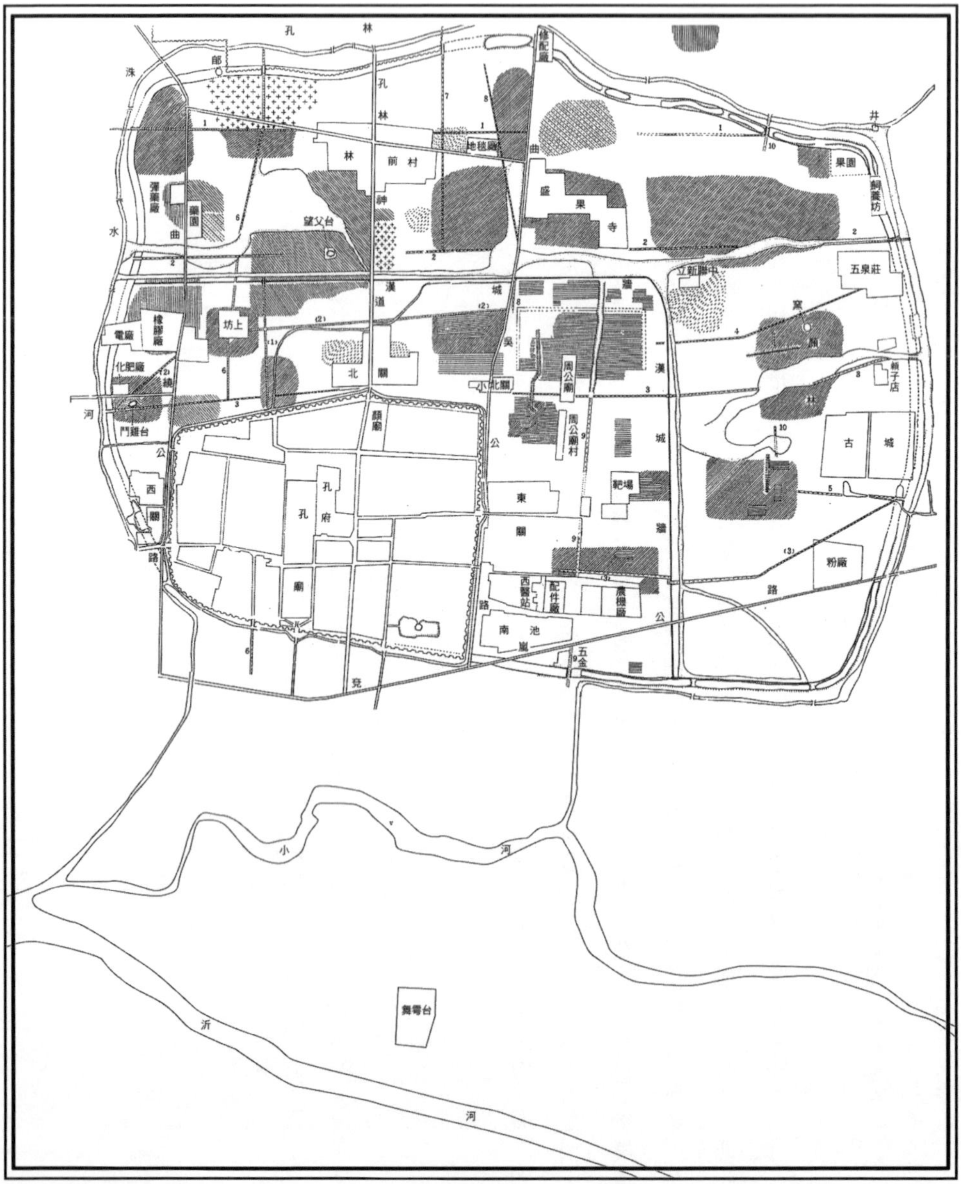
孔林
林前村
地毯廠
修配廠
盛果寺
果園
飼養坊
井
五泉莊
望父台
彈藥廠
藥園
坊上
電廠
橡膠廠
化肥廠
鬥雞台
北關
小北關
周公廟
周公廟村
古城
靶場
東關
孔府
廟
顏廟
西關
西醫站
配件廠
農機廠
南池
五金
粉廠
舞雩台

曲阜魯故城

碑銘左下有落款：

右朝請大夫通判興國軍主管學事方迪
右朝請大夫知興國軍主管學事黃仁榮

俞舜凱，徽州婺源（今江西婺源）人，生卒年不詳，主要生活於北宋徽宗和南宋高宗時。據題識可知，北宋宣和年間，他曾遊學山東，在襲慶府獲得此圖。襲慶府是宋徽宗政和八年（一一一八年）設置，府治在瑕縣，即今濟寧市兗州區，轄境包括瑕縣（今濟寧市兗州區）、奉符（今泰安市）、泗水、龔縣（今寧陽縣）、鄒縣（今鄒城市）、任城（今濟寧市任城區）、仙源（今曲阜市）、萊蕪、金鄉、魚臺十縣。大體相當古代魯國的範圍，故碑圖題為「魯國之圖」。

舜凱南渡後任興國軍軍學教授，將此圖摹刻上石，立於興國軍學大成殿東廡。據題識記載，立碑年代為紹興甲戌，即宋高宗紹興二十四年（一一五四年）。圖的來源，據舜凱自述，是得於三十年前，即宋徽宗宣和六年（一一二四年）。此圖之作當與宋真宗立仙源縣有關。大中祥符元年（一〇〇八年），封禪泰山後，他曾到曲阜祭孔，五年（一〇一二年）改曲阜縣為仙源縣，縣衙設在曲阜城以東的舊縣村。可見碑圖上限是大中祥符五年（一〇一二年），下限是宣和六年，即大約作於一〇一二至一一二四年之間，更大可能是作於一一二三或一一二四年。

此圖以曲阜魯城和魯城四郊為中心，繪泰山以下、嶧山以上之山水於南北兩端，不僅包括今曲阜全境，還上及曲阜以北的泰安、萊蕪、寧陽、新泰、汶上、兗州、泗水、平邑，下及曲阜以南的鄒城。閱讀此圖，有兩篇文獻是重要參考，一是《水經注》卷二五的〈泗水〉篇，一是《太平寰宇記》卷二一的〈兗州〉篇，下引不繁具注篇章，只簡稱《水經注》、《寰宇記》。

二、釋讀一：魯城水系和城門

（一）魯城七水

曲阜魯城在泗水以南，沂水以北，四面環水，相當護城河。

(1) 泗水，魯城北面和西面有大河環繞，圖中標「泗水」。泗水有兩條支流，一條標「洙水」，一條標「慶源河」。《水經注》：「泗水又西南流，逕魯縣，分為二流。水側有一城，為二水之分會也。北為洙瀆，《春秋》莊公九年經書：『冬，浚洙。』京相璠、服虔、杜預並言，洙水在魯城北，浚深之，為齊備也。南則泗水，夫子教于洙泗之間，今于城北二水之中，即夫子領徒之所也。」《寰宇記》襲其說，云「洙、泗二水，在縣北五里。泗水東自泗水縣流入，在縣與洙水並流，南為泗水，北為洙水，二水之間即夫子所居也」。酈說滋後人疑惑者，主要在於洙北泗南，與今相反。其實，酈書原文講得很清楚，泗水過魯縣，分為二流，分流後的二水，北為洙瀆，南為泗水，這不是講洙水和洙水北面的泗水主流，而是講泗水分流後的兩個支流。他說的洙水是環城西北的護城河，為北面的支流；泗水是環城東南的護城河，為南面的支流。南面的支流即此圖慶源河。慶源河，蒙其上游之名，也叫泗水。古人所謂「夫子教于洙泗之間」，典出《禮記・檀弓上》「吾與女（汝）事夫子于洙泗之間」，其實是教於這兩條水之間。後人不知泗水有二，一為主流，一為支流，以為洙水故道在泗水北，夫子教於洙泗之間，不在今闕里，反在泗水以北，甚至把闕里搬到泗水以北，[3]這是不對的。或說洙北泗南是洙南泗北之誤，夫子授徒，地點在《闕里志》提到的先聖講堂，即洙泗書院，但這樣一來，孔子講學的地點就得搬到孔林東側，[4]這也不合適。其實，最合理的解釋還是，孔子授徒就在曲阜魯城的闕里家中，所謂「洙泗之間」就是魯城的代名詞。洙是洙水，泗是慶源河。

(2)洙水，繞魯城北，與泗水平行，穿孔林南，在魯城西側注入泗水。圖中有一橋，是宋代的洙水橋，也叫璧水橋。金代衍聖公孔元措〈孔氏祖庭廣記〉也提到這座橋，說明年代很早。

(3)慶源河，繞魯城東，西南流，與「沂水」會合，今已斷流。圖中有二橋，是從東面進城的橋，北橋在始明門東北，南橋正對建春門，今廢。

(4)沂水，源出尼山，從東往西流，在魯城南面與慶源河會合，圖中標「沂水」，即今大沂河，大沂河以北有小沂河。《水經注》：「沂水北對稷門。」

(5)雩水，沂水與慶源河會合後的一段，圖中標「雩水」。雩水西流，還注泗水。

(6)連泉，沂水與慶源河之間有一條河，圖中標「連泉」。連泉即逵泉。《左傳》莊公三十二年：「成季使以君命命僖叔，待于鍼巫氏，使鍼季鴆之。曰：『飲此，則有後于魯國，不然，死且無後。』飲之，歸及逵泉而卒。立叔孫氏。」《春秋》文公十六年：「毀泉臺。」《左傳》文公十六年：「有蛇自泉宮出，入于國，如先君之數。秋八月辛未，聲姜薨，毀泉臺。」泉宮即逵泉附近的宮觀，泉臺即泉宮中的臺。魯城南有逵泉，泉水自北向南，注入小沂河。《寰宇記》：「逵泉溝，在縣東南十里，源出縣東南平澤，西南流，合卜沙溝，共流數里，同入于沂。《左傳》莊公三十二年：『僖叔飲鴆歸，及逵泉而卒。』一名連泉。」

❸ 參看楊伯峻《春秋左傳注》（修訂本），北京：中華書局，一九九〇年，第一冊，一七八—一七九頁；曲英傑《史記都城考》，北京：商務印書館，二〇〇七年，二一三頁。

❹ 參看朗興啟〈洙泗源流辯疑〉，《泗水文藝》二〇一四年第一期，七〇—七五頁。

(7)沙河，在鄒城境內，圖中接在沂水東，其實在沂水南。沙河分大沙河、小沙河，這裡只於主河道標「沙河」。

(二) 魯城十二門

魯城十二門，從名稱看，似與〈月令〉式的佈局有關。

(1)東三門，從北到南，標「始明門」、「建春門」、「鹿門」。始明門，又標「萊門」。始明門外有「始明里」，建春門外有「建春里」。始明門，於十二辰當寅位，寅位為東方之始，其名蓋取於東方始明，從名稱判斷，肯定是十二門之首。此門即《左傳》隱公十一年、桓公元年的「萊門」。其名可能與備萊有關。萊蕪有萊夷，在魯東北。齊魯夾谷之會，夾谷在齊魯交界處，適當曲阜、臨淄連線的中點。齊使萊人以兵劫魯侯，就是發生在萊蕪。萊門是東三門中最北的門，故《左傳》定公八年又稱「上東門」。建春門，於十二辰當卯位，卯位是仲春之位，古人以東方為春，仲春者，春已立，從名稱判斷，也與東方有關。鹿門見《左傳》襄公二十三年、昭公十年。

(2)南三門，從東到西，標「章門」、「稷門」、「雩門」。章門，於十二辰當巳位，盛德在火，章有大明之義。東門第一門是以始明為名，南門第一門是取大明之義。稷門，見《左傳》莊公三十二年、昭公二十二年、定公五年、哀公八年。稷是百穀之神，《急就篇》「祠祀社稷叢臘奉」，顏師古注「稷，先農也，故求福也」。先農祀於南，如北京的先農壇就在南郊。雩門，見《左傳》莊公十年、哀公十一年，其名與舞雩有關，門外有里，標「雩壇里」。雩以求雨，稷以祈年，都與農業有關。稷門一名高門，故門內標「高門里」。高門很高，《左傳》僖公二十年「新作南門」，杜預注：「本名稷門，僖公更高大之，今猶不與諸門同，改名高門也。」《水經注》引之，說「其遺基猶在地八丈餘矣」。酈道元以高門為稷門之別名，這是對的，但說「亦曰雩門」則誤。舞雩臺在雩門東南、稷門西北，小沂河和大沂河之間。孔子宅離雩門最近，他到舞雩臺散步，應以此門為便。

(3)西三門，從南到北，標「歸德門」、「史門」、「麥門」。歸德門外有「歸德里」。魯城西南門，漢代就叫歸德門。明曲阜城西門是利用魯城的西南門，門外有橋，橋壁南側，舊嵌東漢歸德橋碑，今藏曲阜漢魏碑刻陳列館，就是很好的證明。此門當十二辰的申位，申位是孟秋之位。古人以陽為德、陰為刑。歸德可能與陽消陰長的概念有關。史門，《公羊傳》閔公二年作「吏門」。史、吏二字，古人常混用，無所謂對錯。麥門，當十二辰的戌位，戌位是季秋之位。《尚書大傳》：「主秋者，虛昏中，可以種麥。」《禮記・月令》：「（仲秋之月）乃勸種麥。」此名可能與種麥有關，但不在仲秋，而在季秋。

(4)北三門，從西到東，標「龍門」、「閨門」、「齊門」。齊門內標「齊門里」。龍門是北門最西者。《寰宇記》：「北面有三門，最西者名子駒門。」子駒門即《左傳》文公十一年的「子駒之門」。子駒是人名。閨門，多指內室之門，但《左傳》昭公元年的「閨門」卻是鄭國的城門。古代方位概念，一般以北為內，南為外。這裡的閨門應是魯城的正北門。齊門，可能與備齊有關。齊、萊都在魯城的東北方向，所以二門也放在這一方向，一在北門最東，一在東門最北。洙水在二門北，《春秋》莊公九年的「浚洙」，指深挖魯城北面的護城河，深挖此河幹什麼，目的是備戰，預防齊人從北面入侵。《公羊傳》閔公二年有「爭門」，《說文解字・水部》：「淨，魯北城門池也。」段玉裁注：「爭門者，魯北城之門。……淨者，北城門之池。其門曰爭門，則其池曰淨。」❺

❺ 我懷疑，《公羊傳》的爭門，或相當此圖龍門。龍與靜字形相近，容易混淆，所謂爭門，或為靜門。

《寰宇記》講魯城十二門，只提到五個門：萊門、石門、鹿門、稷門、子駒門。東三門，萊門第一，石門第二；南三門，鹿門第一，稷門第三；北三門，子駒門第一。西三門和其他四門不詳。❻樂史是以萊門、石門、某門為東三門，鹿門、某門、稷門為南三門，子駒門和其他二門為北三門。對照此圖，萊門相當齊門，石門相當始明門，鹿門、稷門同，子駒門相當麥門。

此城仍有殘牆在地面。考古發掘證實，確實是十二門。

三、釋讀二：魯城內部

此城略呈橢方形，今分六區述之。

（一）北區

(1)北區中：魯城北區是以「文憲王廟」為中心。文憲王廟是宋代的周公廟。魯國奉周公為始祖，周公廟是魯國的祖廟，古人也叫太廟。《論語．鄉黨》「子入太廟，每事問」的「太廟」就是春秋晚期的周公廟。《水經注》：「（季武子）臺之西北二里，有周公臺，高五丈，周五十步。」所謂周公臺，即魯太廟舊址。圖中所繪周公廟，比今廟靠北，比今廟大。其東西兩側各有一組建築，分別標「勝果寺」、「白鶴觀」。

(2)北區東：有勝果寺。勝果寺為佛教建築。其東側畫一片樹林，標「顏林」。顏林東北標「神農里」、「五父里」和「臧武子井」。勝果寺，今名盛果寺。寺在盛果寺村東南，位於今周公廟以北。此圖把勝果寺畫在周公廟東側，位置偏東。元好問，金元人，其〈曲阜紀行十首〉之八：「白塔表佛屋，萬瓦青粼粼。何年勝果寺，西與姬公鄰。」他見到的勝果寺，還在周公廟以東，跟今天不一樣。顏林是顏回的墓地，今在周公廟以東。曲阜有兩顏林，西顏林在周公廟以東，即此；東顏林在防山，則是下東郊南部的「顏子墓」。五父里，與五父之衢有關。五父之衢，見《左傳》襄公十一年、昭公五年、定公六年和八年。杜預注：「五父衢，道名。在魯國東南。」（在襄公十一年傳）《寰宇記》：「五父衢，在縣東南二里。」與杜預說方向相同，但此圖標在魯城東北。《禮記・檀弓上》：「孔子少孤，不知其墓，殯于五父之衢。」五父之衢應是孔子出魯城，前往防山方向的路。孔子住在魯城西南，自以出東南門為便，杜說可能更可靠。臧武子井，此圖畫在勝果寺東側，與《寰宇記》不同。❼《寰宇記》有二井，「季桓子井，深八十八尺，在縣中法集寺中。按《史記》『季桓子穿井得土缶』，即此也」，「臧武仲井，深六十尺，在縣東南一百步。按白褒《魯記》云：『鹿門有兩井，稍小於季桓子井，在鹿門西四里，一為季桓子所穿者。』」二井並在鹿門附近，不在魯城東北，而在魯城東南。此圖只有臧武子井，沒有季桓子井。今之所謂季桓子井，井在費邑古城。臧武子即臧武仲，名紇，是孔子誇獎的聰明人。

(3)北區西：有白鶴觀。白鶴觀是道教建築。其西畫二樹二臺，樹標「褒聖里」、「孔聖村」，

❻ 欒史所述，全據古書。這五個門，四見《左傳》，一見《論語》、《呂氏春秋》，其他概未涉及。原文作「古魯城門，魯城，伯禽邑也。西五門，第一曰鹿門，即臧孫紇斬鹿門關以出。第三曰稷門，即圉人犖能投蓋于稷門」。按《魯國記》云：「古城凡有七門，東（西）〔面〕有三門，最北者名萊門，《左傳》哀公六年：『公子陽生請與南郭且于乘，出萊門而告之故。』注云：『魯郭門也。』此南第二門，名曰石門，按《論語》：『子路宿于石門。』注云：『魯城外門。』《呂氏春秋》云：『宋有桐門右師，魯有石門歸父。』即此門也。南面有一門，未詳其名。北面有三門，最西者名子駒門，按《左傳》文公十一年：『獲長狄僑如，埋其首于子駒之門。』注云：『子駒，魯郭門。』次東二門，無名。」「西五門」似有錯字。

❼ 孔廟奎文閣前西碑亭內有元臧武子故臺碑。

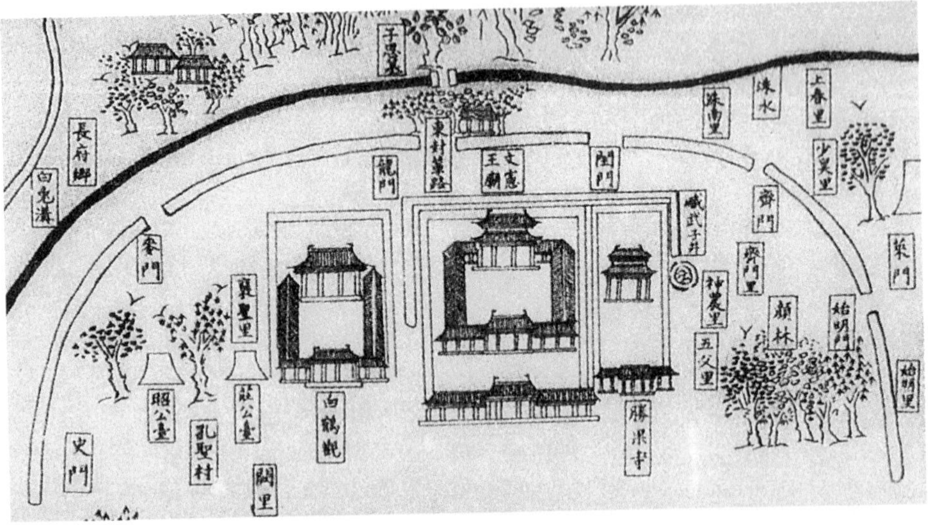

《魯國之圖》局部：魯城北區

臺標「莊公臺」、「昭公臺」。莊公臺見《左傳》莊公三十年。《寰宇記》：「莊公臺，在魯城內，縣西北二里。」「昭公臺，高二丈九尺，在莊公臺西南五十步。《魏地形志》『魯有昭公臺』是也。」案古之鄉里，房前屋後往往栽樹，圖中多以樹木屋舍表示之，並把里名、鄉名標在樹木屋舍旁。圖中所謂臺者多為城中高地，有些可能是宮觀、墓葬的遺址，古人往往以魯國名人附會之，不一定可靠。

這三組建築，文憲王廟居中，勝果寺居東，白鶴觀居西，儒、釋、道並列。文憲王廟和勝果寺，周圍有ㄇ字形牆基，疑即魯靈光殿北部的牆基，前身是魯國的宮城。

（二）南區

(1) 南區中：北面有凵字形牆基，標「魯靈光殿基」和「小石城」。魯靈光殿即魯恭王在西周魯故城內修建的宮城，殿基用石頭壘砌，故亦名小石城。這段牆基與北面的牆基彼此對應，應屬同一城。牆基內，西南角有大井，標「伯禽井」。井以東，標「端門里」。古書所謂端門，指宮之正南門。端門里以東的牆基，正中有門道，應即端門。門前標「兩觀」，應即城門前的雙闕。兩觀以南，畫五樹三池三臺。五樹，標「靈光里」。三池，小池長方，在左上，標「太子池」；中池正方，在太子池南；大池作曲尺形，在中池東。三池下方，標「泮水」、「曲池里」。三臺，大臺標「泮宮臺」，在泮水二池旁。中臺、小臺，一上二下，標「鬪鷄臺」，在泮宮臺東。這一帶是泮宮所在。伯禽井可能是防城門失火的井。伯禽井以西，牆外有「顏子井」；以東，牆外有「陋巷里」。陋巷似在顏子井附近，與今不同。今巷指顏廟西南、孔廟東側的長巷。《春秋》定公二年：「夏五月壬辰，雉門及兩觀災。」雉門是魯國宮城的南門，即圖中的端門。兩觀是雉門外的雙闕，即所謂孔子誅少正卯處。靈光里在魯靈光殿南，是魯靈光殿南住人的地方。曲池里在泮水南，是泮宮南住人的地方。曲池蓋取於泮水東池，即曲尺形大池。魯城北高南低，宮城在北邊，池沼在南邊。泮水、泮宮，見《詩．魯頌．泮水》，是魯城勝景。《水經注》講魯靈光殿和泮水、泮宮，它的描述是：「孔廟東南五百步有雙石闕，即靈光殿之南闕，北百餘步即靈光殿基，東西二十四丈，南北十二丈，高丈餘。東西廊廡別舍，中間方七百餘步。闕之東北有浴池，方四十許步。池中有釣臺，方十步，池臺之基岸悉石也。遺基尚整，故王延壽賦曰：周行數里，仰不見日者也。是漢景帝程姬子魯

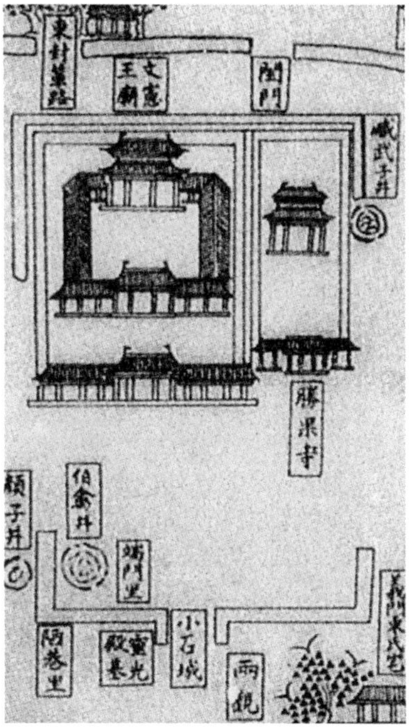

《魯國之圖》局部：魯靈光殿

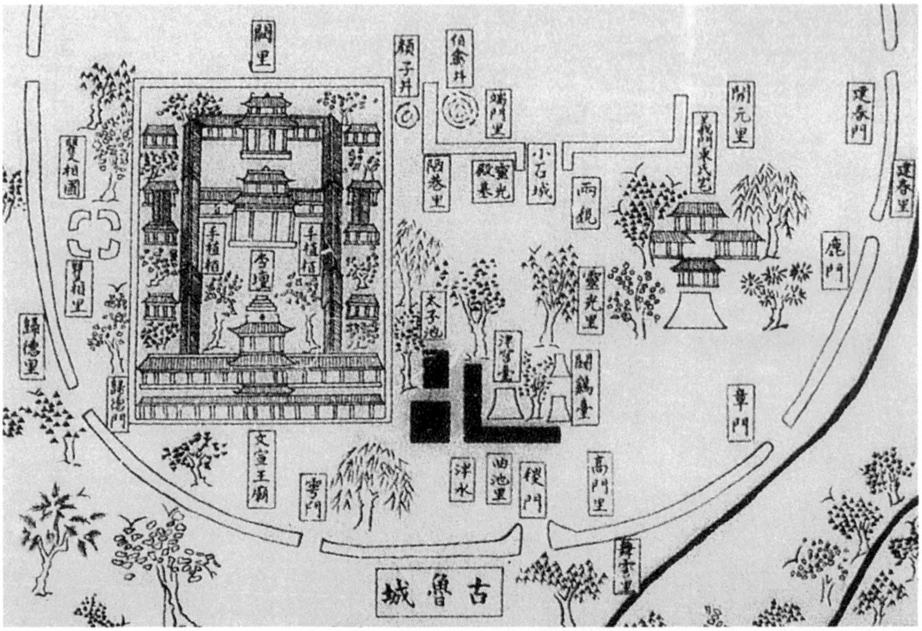

《魯國之圖》局部：魯城南區

恭王之所造也。殿之東南，即泮宮也。在高門直北道西。宮中有臺，高八十尺。臺南水，東西一百步，南北六十步；臺西水，南北四百步，東西六十步，臺池咸結石為之，《詩》所謂『思樂泮水』也。」酈道元說泮宮在魯靈光殿東南，高門正北，道西，與此圖合。其所謂「闕之東北有浴池，方四十步許」，似為正方形，疑指泮水西池，但這個池在兩觀西南，不在兩觀東北，疑文有誤。「宮中有臺」指泮宮臺。「臺南水」和「臺西水」是泮水東池，即環繞泮宮臺以南和以西的曲尺形大池。《寰宇記》：「靈光殿，高一丈，在魯城內，縣西南二里。魯恭王余所立。」「兩觀臺，各高一丈。在縣東五十步。」「泮宮二池，在縣南二里泮宮臺南。」「鬪鷄臺二所，高一丈五尺，相去各四步，在高門內，縣南三里。」魯城稷門外東側舊有明兩觀臺碑，今佚。孔廟以東有古泮池，舊有嘉靖四十五年古泮宮碑，今在孔廟同文門西碑亭內。

(2)南區東：畫四樹四屋一臺，樹標「開元里」，屋標「義門東氏宅」，臺無榜題。開元里在鹿門內，鹿門外有開元鄉，皆以開元為名。此名或與唐玄宗開元十二年（七二四年）封禪泰山來曲阜祭孔有關。「義門東氏」疑是「義門陳氏」之誤。義門陳氏是唐代的名門望族。

(3)南區西：以闕里孔廟為主。此廟上標「闕里」，下標「文宣王廟」。文宣王廟是宋代的孔廟。廟分左中右三路、前中後三進，很大。前院，無榜題。中院，前有二樹，標「孔子手植柏」，中有一臺，標「杏壇」，後面的大殿，無榜題。後院，亦無榜題。廟之東側有顏子井和陋巷里，已見上述。廟之西側，畫兩樹一城，城標「矍相圃」，樹標「矍相里」。闕里的闕指兩觀，孔子住的里在兩觀以西，故名闕里。《論語・憲問》有「闕黨童子」，就是住在闕里的孩子。孔廟是孔子的家廟，本來是私宅，很小，後來越蓋越大，不但增蓋孔府（一三七七年），還變成一座城（一五二二年）。只有孔廟東路的所謂孔子故宅，算是保留歷史記憶。酈道元講孔廟變遷，他的描述是：「（周公）臺南四里許則孔廟，即夫子之故宅也。宅大一頃，所居之堂，後世以為廟。……廟屋三間，夫子在西間東向，顏母在中間南向，夫人隔東一間東向。夫人床前有石硯一枚，作甚朴，曰平生時物也。魯人藏孔子所乘車于廟中，是顏路所請者也。獻帝時，廟遇火，燒之。……魏黃初二年，文帝令郡國修起孔子舊廟，置百石吏。廟有夫子像，列二弟子執卷立侍，穆穆有詢仰之容。漢魏以來，廟列七碑，二碑無字。栝柏猶茂。廟之西北二里有顏母廟，廟像猶嚴，有修栝五株。」孔廟，今廟是金元以來的建築。前院是十五碑亭。中院是大成殿所在。大成殿有孔子像和四配十二哲像，東西兩廡有先賢先儒牌位，杏壇在中庭。孔子手植柏，早已毀於火，新樹在大成門外。後院是寢殿和聖跡殿。孔廟七碑，即《乙瑛碑》、《禮器碑》、《禮器後碑》、《史晨碑》、

《孔子廟碑》和兩通無字碑。五通有字碑，今藏曲阜漢魏碑刻陳列館。矍相圃已毀，舊有明矍相圃碑，今佚。這裡值得注意的是，酈道元時，孔廟周圍，只有顏母廟，沒有顏廟。此圖有顏子井、陋巷里，同樣沒有顏廟。今之顏廟是復聖廟，它要突出的是顏回，而不是顏母。《論語・雍也》：「賢哉回也！一簞食，一瓢飲，在陋巷，人不堪其憂，回也不改其樂。賢哉回也！」顏廟是利用宋代的陋巷故址和顏子井改造而成。今廟有元皇慶元年（一三一二年）陋巷故址碑和明嘉靖三十年（一五五一年）陋巷井碑，就是證明。顏廟晚於顏林。今廟是元代才有。北宋無顏廟。元代的顏廟本來在曲阜東北的五泉莊，延佑四年（一三一七年）才遷到陋巷故址。《寰宇記》：「闕里，在縣西南三里魯城，東北去洙水百餘步。」「孔子祠，一名闕里。……在魯城內，今縣西南二里。」「矍相圃，周回二里，高一丈，在魯城內，縣西南二里，孔子廟西南，孔子射所。」「陋巷，在縣城西南二里，孔子廟北兩百步。」矍相圃在今曲阜通相圃街東首南側，一九五八年十二月建大眾影院，現名曲阜影院。

四、釋讀三：魯城四郊

魯城，今名曲阜。曲阜一詞見《書・費誓》序、《禮記・明堂位》等書。應劭《風俗通義》卷十：「今曲阜在魯城中，委曲長七八里。」今魯城以北和西側地勢較高，古有長壟，西壟繪於圖中，標「曲阜」，北壟在仙源縣和魯城以北，被孔林、窮桑所掩，既無圖示，也無榜題。兩道土壟，形如曲尺，即所謂曲阜。下文對魯城四郊的劃分，東郊是泗水以南、慶源河以東，並包括魯城東北，洙水和慶源河分流處的夾角。南郊是魯城以南、雩水以北、慶源河以西、泗水以東。西郊是標為「曲阜」的長壟左右，北郊是泗水以南、洙水以北。

（一）東郊

1. 東郊北部

(1) 仙源縣城

城開四門，前面兩個門，左右各一門。城內，前院畫兩座建築，東標「縣衙」，西標「縣學」，西側有巷道，除這兩部份，整個城區都被景靈宮佔據。景靈宮，上標「壽丘」，下標「景靈宮」。宮分前後院，前院的主體建築是「太極殿」。後院無榜題。寢殿後有臺。仙源縣，今稱舊縣村，前有壽丘坊。景靈宮分三進。前院有水池，旁立宣和大碑，碑高十六．九五公尺，比正定出土的五代大碑還高，是名副其實的天下第一碑。原碑四通，二存二毀。毀掉的二碑，除地上殘石，二○○九年還出土過一件龜趺。當年，宋徽宗派人把大碑運來，碑是躺在地上，還沒來得及刻字，金兵已至。現存的二碑是一九九一年修復後所立。東碑無字，西碑有「慶壽」二字，為元燕山老人任筠軒題刻。中院只剩一堆碎石，是個廢墟。後院，前有少昊陵坊，後有享殿和東西配殿。享殿後，前有臺，後有丘。石臺作覆斗形，上立小閣，閣內有少昊像，俗稱「萬石山」，現

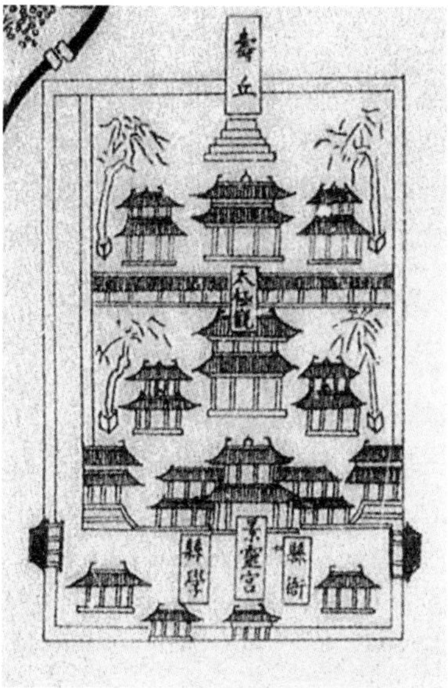

《魯國之圖》局部：仙源縣城

在算少昊陵。後面的土丘，現在算是壽丘。壽丘是傳說的黃帝出生地，曲阜是傳說的少昊之墟，景靈宮合祀一處。《寰宇記》：「壽丘，高三丈，在縣東北六里。」

(2) 縣城以北

圖中畫二樹，兩樹中間標「窮桑」，旁標「至德里」，現在是塊高地。《寰宇記》：「《郡國志》云：『少皞自窮桑登帝位。』按窮桑在魯國之北，後徙曲阜，顓頊亦自窮桑徙帝丘。」

(3) 縣城西北

齊門和始明門外，北有洙水，東有慶源河，形成一個夾角。這個夾角內有兩樹一臺，從東到西，標「大庭鄉」、「季武子臺」、「上春里」、「少昊里」、「洙南里」。大庭鄉與大庭氏之庫有關。大庭氏之庫見《左傳》昭公十八年，是以大庭氏命名的武庫。❽大庭氏即炎帝神農氏。《水經注》：「縣即曲阜之地、少昊之墟，有大庭氏之庫，《春秋》豎牛之所攻也。」《寰宇記》：「大庭氏庫，高二丈，在魯城內，縣東一百五十步。」但圖中只有大庭鄉，沒有大庭氏之庫。季武子臺見《左傳》定公十二年，是季氏宮中的高臺。上春里近始明門。始明門當寅位，寅位是孟春，上春是孟春。少昊里近少昊之墟。洙南里在洙水之南。《水經注》：「阜上有季氏宅，宅有武子臺，今雖崩夷，猶高數丈。臺西百步有大井，廣三丈，深十餘丈，以石壘之，石似磬制。」除季武子臺，還提到一口大井。《寰宇記》：「季武子臺，高三丈五尺，在縣東二百五十步。」

(4) 縣城西南

慶源河以東、縣城以西有一臺，標「襄仲臺」。仙源城西南有「鶴居里」、「開元鄉」、「還淳里」、「行芳里」。《寰宇記》：「東門襄仲臺，周回四十步，高五丈，在縣東三里魯城內，建春門南，故以姓氏為臺之名。」但此圖的襄仲臺，不在城內，而在城外。東門襄仲，即東門遂，殺魯文公嫡子立宣公者。

2. 東郊南部

圖中有三山，「防山」在北，「尼山」、「顏母山」在南。防山，山上有一座建築，上標「顏子墓」，下標「齊國公墓」，「齊國公墓」旁有「還樸里」。尼山，山下有兩座建築，左標「毓聖侯廟」，右標「宣聖廟」。顏母山，山下也有一座建築，標「顏母廟」。防山在曲阜東。齊國公墓即孔子父叔梁紇墓，今墓叫梁公林，在防山北麓。梁公林有孔子父母合葬墓和其兄孟皮墓。顏子墓即東顏林，今墓在防山南麓。曲阜東南有尼山水庫，尼山在水庫北，昌平山在水庫西，顏母山在水庫東，尼山與昌平山之間有魯源村。魯源村附近有康有為題刻的《古昌平鄉碑》，即傳說孔子父叔梁紇當陬邑宰的陬邑。這一帶不僅是孔子本人的出生地，也是其父母兄弟生於斯、葬於斯的地方。宣聖廟即尼山孔廟。毓聖侯廟是尼山的山神廟，今廟為尼山孔廟

《魯國之圖》局部：尼山附近

❽ 昭公五年有「大庫之庭」，或以為「大庭之庫」的訛寫。

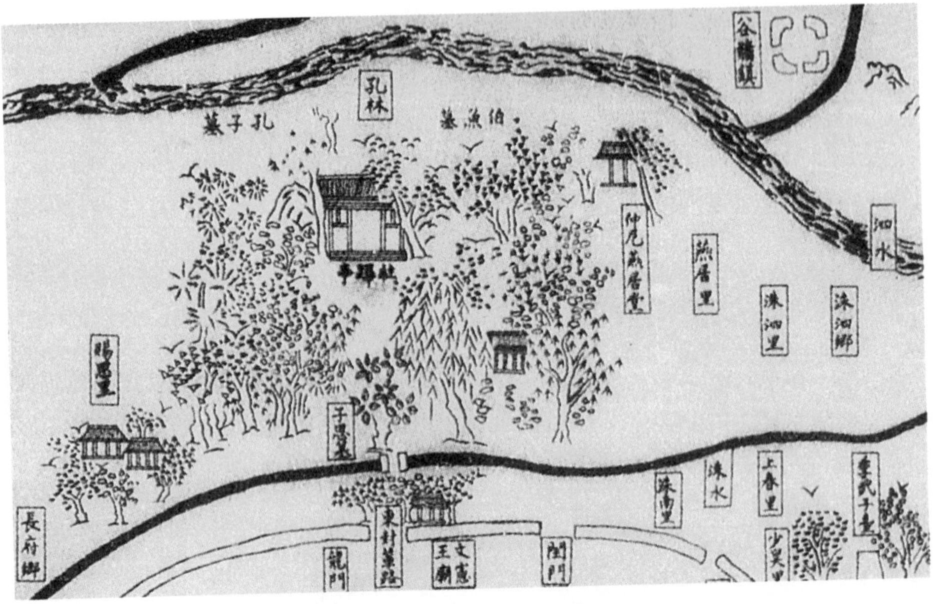

《魯國之圖》局部：孔林

的東路。顏母廟在顏母山下的顏母莊，廟中有明弘治七年（一四九四年）《周故夫子顏府君祠碑》。《寰宇記》：「防山，在縣東二十五里，高二里。」「顏叔子墓，在縣東南三十五里，亦名清陵墳。」「尼丘山，在（泗水）縣南五十里。叔梁紇禱尼丘山，生孔子。」顏叔子墓即此圖顏子墓。《寰宇記》只有東顏林，沒有西顏林。西顏林是後起。寧陽縣也有顏廟、顏林，則是元以來的顏廟、顏林。

（二）南郊

孔廟離雩門最近，雩門外的大小沂河和舞雩臺是孔子和他的學生散步遊玩的地方。這個檯子，位置在小沂河和大沂河之間，臺上有明嘉靖四十五年（一五六六年）《舞雩壇碑》，過去出土過東漢刻石，方方正正，只刻兩「麃」字。此臺經考古發掘，確實是個西周遺址，孔子當年見過的舞雩臺。《論語》兩次提到舞雩臺，一見〈先進〉，一見〈顏淵〉，只稱「舞雩」。《水經注・泗水》：「（雩）門南，隔水有雩壇，壇高三丈，曾點所欲風舞處也。」則稱此臺為「雩壇」。此圖有四個居民點。雩門外，西側畫五樹一屋，標「雩壇里」、「芳桂鄉」；東側畫二樹一屋，標「泉臺里」。稷門外畫一樹，標「舞雩里」。圖中未見舞雩臺，但慶源河與沂河之間畫有樹林屋舍，泉臺里與連泉隔河相望。舞雩里，名字與舞雩臺有關。按魯城外的這一帶也是個風景區，有泉曰逵泉，有宮曰泉宮，泉宮有臺，曰泉臺，已見上述。我懷疑，泉臺或即舞雩臺。❾

（三）西郊

魯城西側有一條南北向長壟，圖中標「曲阜」，即所謂曲阜的西段。長壟以東，北有「賜田里」（摹本看不清是「賜恩里」還是「賜思里」，拓本後兩字殘泐，似是「賜田里」）、「長府鄉」、「白兔溝」，南有「子我墓」、「崇儒里」；長壟以西，北有「五袴里」、「義興里」、「來蘇鄉」、「陳博達墓」、「陳景韶墓」，南有「蘇宮里」。《寰宇記》：「陳博達墓，在縣西北二十里。前有石獸四，石碑一，云『齊郡刺史武平五年立』。」「宰我墓，在縣西南二十里。」武平五年（五七四年）是北齊年號。陳博達墓是個北齊墓。子我墓，即宰予墓或宰我墓，今墓在城南五里，墓前舊有康熙四十七年（一七〇八年）《宰子墓碑》，今佚。陳景韶墓，宋王十朋《梅溪集》卷四、卷十八有陳景韶，十朋稱為表叔，不知是否即此人。

❾ 孔廟西齋宿北牆有元楊惠謁廟及遊逵泉詩碑，謂「魯城南近泉名逵，考之即魯泉臺宮」。

（四）北郊

中心畫一片樹林，上標「孔林」。孔林在魯城以北，有「東封輦路」穿龍門，從洙水橋過洙水，進入孔林。孔林中心有一大型建築，標「駐蹕亭」。亭之左右各有一墳丘，左標「孔子墓」，右標「伯魚墓」（孔鯉墓）。「子思墓」（孔伋墓）在孔林南。孔林西南有一建築，無榜題。孔林外，東北隅也有一建築，標「仲尼燕居堂」。燕居堂以東，標「燕居里」。燕居里以東，洙泗二水間有「洙泗里」、「洙泗鄉」。所謂仲尼燕居堂，蓋惑於洙南泗北說，故於泗北洙南設此堂。此堂即先聖講堂和洙泗書院的前身。當時，孔林尚無林牆，今牆是元至順二年（一三三一年）始築，南牆築在魯城北牆上。東封輦路是歷代皇帝封禪泰山後，來此吊謁孔子的路。唐高宗封禪是乾封元年（六六六年），唐玄宗封禪是開元十二年（七二四年），宋真宗封禪是大中祥符元年（一〇〇八年）。宋真宗來此謁墓，曾修駐蹕亭，今亭有三，前為乾隆亭，中為康熙亭，後為真宗亭。孔氏三代的墓，在宋真宗駐蹕亭西。《寰宇記》：「孔子墓，高一丈二尺，在縣西北三里。……今惟有柞樹成林。」「伯魚墓，在孔子墓東一十步。」「子思墓、顏回墓，在縣東二十里防山下。」據此，北宋初年，孔林尚無子思墓，子思墓在防山。今孔氏三墓，孔鯉墓在孔子墓東，孔伋墓在孔子墓南。三墓，墓前皆雙碑，明碑遮元碑。元碑是元乃馬真后三年（一二四四年）立。明碑是漢族推翻蒙古統治後，明正統八年（一四四三年）立。孔子墓前有享殿、甬道，甬道兩旁立華表、文豹、用端、翁仲。華表、文豹、用端是宋徽宗宣和五年（一一二三年）立。

五、釋讀四：圖之上下兩端

（一）上端：泗水以北

圖之北端，畫獨立大山，標「泰山」。泰山以南有七山，標「甑山」、「梁父山」、「亭亭山」、「云云山」、「社首山」、「龍山」、「九山」。泰山以東有一山，標「肅然山」。泰山東南有四山，標「徂徠山」、「蒙山」、「黃石山」、「徐山」（徐字，摹本看不清，此據拓本而定）。蒙山西南有「野井城」，野井城西南有「佩犢里」。另外，汶水、扁鵲河之間還有「採山」（採字，摹本看不清，此據拓本而定）。這些山，泰山在泰安市區正北，其他山在其周圍。甑山見《寰宇記》襲丘縣，在「（兗）州（東）北七十里」。襲丘縣，大觀四年（一一一〇年），避孔子諱，改稱龔縣，即今寧陽縣。寧陽縣有神童山，疑即此山。梁父山在新泰前寺莊。亭亭山在泰安大汶口。云云山在新泰樓德鎮。社首山在泰安火車站，與蒿里山相連，因鑿山取石毀於一九五一年。龍山在萊蕪東北。九山即曲阜九仙山。九仙山在神童山的東南。《寰宇記》：「九山，在縣北三十里。其山有九峰，因以為名。」九山也叫九峰山。肅然山在萊蕪西北的寨里鎮。徂徠山在泰山的東南。蒙山在平邑、蒙陰交界處。黃石山、徐山未詳，圖中標在嶮河以東，可能在寧陽境內。野井城，今齊河縣東南有野井城，與蒙山相距甚遠。採山，疑與採金有關，在汶上東北。《讀史方輿紀要》卷三三：「採山，在汶上東北三十五里，與縣北三十里坦山相接，皆出沙金。」這是泗水以北的山。

泗水以北的水有四條，「汶水」最北，汶水以南有「扁鵲河」，扁鵲河東南有二水，俱出九

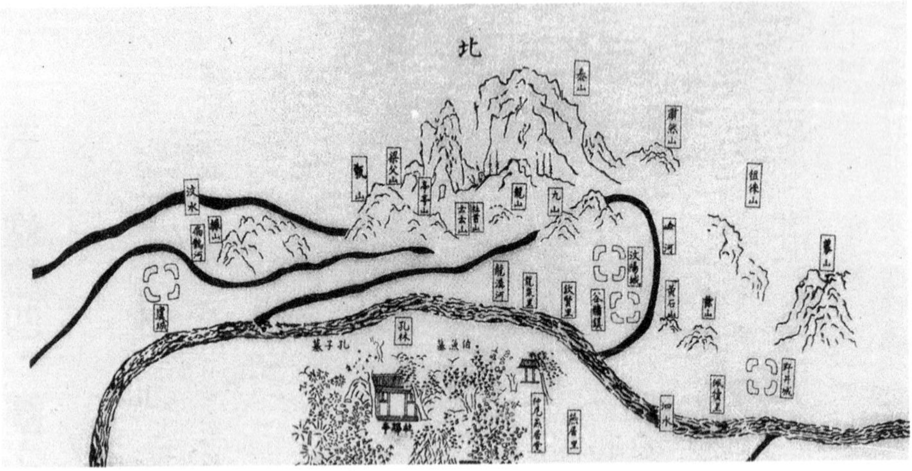

《魯國之圖》局部：泗水以北

山，「龍溝河」在左，「嶮河」在右，俱注泗水。這四條河，汶水即大汶河。大汶河的支流有所謂石汶、嬴汶、牟汶、柴汶。四水在大汶口合流。圖中的扁鵲河，畫在大汶河和嶮河之間，並從採山下流過。此河應即洸河。洸河源自寧陽，流經兗州，在濟寧南注入南陽湖。扁鵲河南有小城，標「虞城」，未詳，估計在兗州、濟寧境內。今嶮河分兩支，主支發源於寧陽梧桐峪，西支發源於曲阜吳村鎮，二水南流，在曲阜王莊鄉孫家道溝以東匯入泗河。前者即嶮河，後者可能即圖中的龍溝河。《寰宇記》：「嶮水，在縣北四十二里。源出九山，東南流，入洙水，其溪澗嶮隘。」「入洙水」當是「入泗水」之誤。嶮河、泗水間有小城二，上城標「汶陽城」，下城標「谷牆鎮」（牆字，摹本看不清，此據拓本而定）。谷牆鎮西有「龍泉里」、「欽賢里」。《寰宇記》有三汶陽城，一為「古汶陽城，在（曲阜）縣東北四十里」；一為「故汶陽縣，在（龔丘）縣東北五十四里」；一為「汶陽故城，漢為縣，今故城在（泗水縣）西」。古汶陽城是春秋魯地，在泰安西南、曲阜東北，即肥城汶陽鎮。故汶陽縣是西漢汶陽縣，在今寧陽。汶陽故城是東魏汶陽縣，在今泗水。圖中的汶陽城，位置在九山、嶮河附近，當是西漢汶陽縣的舊址。谷牆鎮未詳，估計在寧陽境內。

（二）下端：沂河、雩水以南

圖中地名，不在曲阜、鄒城之間，就在鄒城境內，乃曲阜南郊的延伸。這一區域，正中有臺，標「古圜丘」，適當慶源河和沂河交會處。圜丘是古代帝王的祭天之所，通常在南郊。《水經注》：「沂水又西，逕圜丘北，丘高四丈餘。沂水又西流，昔韓雉射龍于斯水之上。……沂水又西，右注泗水也。」《寰宇記》：「南郊圜丘，在縣南七里。」圜丘以西有「郊陽里」，其名蓋指郊南。此里以西畫三樹一小城，標「遼泉里」、「陵城」。遼泉里，里名與遼河有關。今曲阜西南有陵城鎮。遼河源出曲阜九龍山蓼溝，也叫蓼溝河或蓼河。此河繞陵城鎮北，西南流，與白馬河會合，在鄒城以西注入泗河。郊陽里和遼泉里之間的兩個榜題，「凫山」當指下面那座山，「伏犧廟」當在此山。圜丘以東、沙河以南有「昌平山」、「⿰山曼山」、「檀山」、「崇山」。崇山西麓畫六樹一屋，標「崇瀼里」、「芳桂里」。二里中有「伯禽墓」、「魯文墓」、「魯恭王墓」。《寰宇記》提到這三座墓：「伯禽墓，高四丈四尺，在縣南七里。」「魯文公墓塚，高五丈五尺，在縣南九里。塚北有石人四，獸二。」「魯共王墓，高一丈，在縣南九里。」案伯禽是第一代魯侯，魯文即魯文公，魯恭王是西漢魯王。昌平山在曲阜、鄒城交界處，偏東。⿰山曼山在曲阜大王莊以南，偏北。檀山可能即其正南方向，鄒城境內的廟山和聖土山（聖土山東南有著名的寺頂子遺址，也叫棲駕峪遺址）。二山以西，曲阜大小煙莊和前後彭莊以南有四座山，今名四峪山、柯簍山、盤龍山、珠山，疑即崇山。崇山以西的山，此圖畫在下面。圖之南端畫六山，標「四基山」、「白陵山」、

《魯國之圖》局部：沂河、雩水以南

「女陵山」、「張老山」、「嶧山」、「鳧山」。這六山，大體都在鄒城境內。四基山，西麓有「孟子墓」，孟子墓東畫兩樹一屋，標「孟子廟」。孟子墓即孟林。《寰宇記》已有孟軻墓，可見孟林並非北宋景佑四年（一〇三七年）始立。孟子廟即孟廟，今廟在鄒城市區的東南。四基山，挨著曲阜九龍山，西漢魯王墓就分佈在這兩座山上。白陵山未詳，待考。女陵山，《史記·孔子世家》正義引《括地志》：「在曲阜南二十八里。」又引干寶《三日紀》，謂孔子「生于南山之空竇中……今俗名女陵山」。《讀史方輿紀要》卷三二說，「尼山，或謂之女陵山」，但此圖，尼山在北，女陵山在南，顯然是兩座山。張老山未詳，北麓標「欹湖」，待考。嶧山在鄒城城區和北鳧山之間。鳧山在嶧山以南和以西。鄒城諸山，屬這兩座山最有名，如《詩·魯頌·閟宮》「保有鳧嶧」就是講這兩座山。上述諸山，似乎是先北後南，先東後西。白陵山、女陵山可能是鄒城東部的山。今鄒城東部的山主要屬鳳凰山系和青蓮山系。

二〇一四年十月二十三日寫於北京藍旗營寓所

甘泉宮祭天金人，莫高窟323 窟《張騫出使西域圖》

秦漢祠時通考⑩

中國早期的祭祀遺址，史籍缺略，難以詳考，唯《史記．封禪書》、《漢書．郊祀志》專記其事，可作考古線索。秦之故祠以雍為多，達一百餘所，西（今甘肅天水）亦數十祠，合崤以東名山五、大川二、八神祠，華以西名山七、大川四，及他雜祠，估計其數，當在二百左右，馬非百《秦集史》（北京：中華書局，一九八二年）下冊七〇五—七一五頁對秦漢祠廟有所討論，考秦七廟在渭南，當計入秦祠總數內，又據《水經注．渭水》、《晉書．束皙傳》、《華陽國志》補鳳女、曲水、蜀主惲、白起、土羊神、王翦六祠。西漢所興，孝武為盛，數倍於前，成帝時達六百八十三所（光雍祠即有三百零三所），哀帝時達七百餘所，平帝即位，王莽頗改舊禮，制度為之一變。故王莽以下，當另為考證（參看《續漢書．祭祀志》和《水經注》）。今檢二書所載，校以《漢書．地理志》，以時為經，以地為緯（所標地名為《漢書》舊名，先標明舊地治所，後括注今地方位），作為參考（祠名標「．」號者不見〈地理志〉，不標者見於〈地理志〉）。凡得秦漢故祠兩百二十七所（其不詳者四百七十三所，其中兩百八十所當在雍地，雍以外約有一百九十三所），述之於下：

（一）京兆尹

1. 秦孝公立：

虎候山祠。在藍田（今陝西藍田西）。

2. 秦代立：

・昭明。在長安（今陝西西安西北）的豐、鎬（今陝西西安市長安區）。

・天子辟池。同上。

太華山祠。在華陰（今陝西華陰縣南）。

【案】太華山也叫華山，秦惠文王始祭華山，華山為漢代的西嶽。

周天子祠（兩所）。在湖縣（今河南靈寶西北）。

・天神祠。在下邽（今陝西渭南北）。

周右將軍杜主祠（祠杜伯之鬼，四所）。在杜陵（今陝西西安東北）。

【案】〈封禪書〉作「于杜、亳有三（社）〔杜〕主之祠」。〈郊祀志〉兩次提到杜主祠，「三」皆作「五」，〈地理志〉作「杜陵：故杜伯國，宣帝更名。有周右將軍杜主祠四所」。〈郊祀志〉說，「雍菅廟祠亦有杜主」。

・壽星祠（祠南極老人星）。同上。

3. 漢高祖立：

・蚩尤祠（祠蚩尤）。在長安。

・梁巫祠（祠天、地、天社、天水、房中、堂上等）。同上。

・晉巫祠（祠五帝、東君、雲中君、巫社、巫祠、族人、先炊等）。同上。

・秦巫祠（祠社〔杜〕主、巫保、族累等）。同上。

---

❿ 參看林富士《漢代的巫者》附表六：〈《漢書．地理志》所見祠廟分佈表〉，台北：稻鄉出版社，一九八八年，二〇一－二〇三頁。此表所列西漢祠廟共一百零三所。

．荊巫祠（祠堂下、巫先、司命、施糜等）。同上。

．九天巫祠（祠九天）。同上。

．靈星祠（也叫赤星祠）。在長安城東十里。

【案】此為武帝太祝所領六祠之一，地點是據〈封禪書〉正義引《廟記》，〈孝武本紀〉索隱謂赤星即靈星。

4. 漢文帝立：

．長門五帝壇（祠五帝）。在霸陵（今陝西西安東北）長門正北。

5. 漢武帝立：

．神君祠（祠長陵女子以乳死者）。在長安上林苑虒氏觀。

．亳忌太一祠（祠太一、五帝）。在長安東南郊。

【案】此亦武帝太祝所領六祠之一，「亳」亦作「薄」。

．三一祠（祠天一、地一、太一）。在亳忌太一壇上。

【案】此亦武帝太祝所領六祠之一。

．黃帝祠（祠黃帝）。在亳忌太一壇旁。

．冥羊祠。同上。

【案】此亦武帝太祝所領六祠之一。

．馬行祠。同上。

【案】此亦武帝太祝所領六祠之一。

．太一祠（祠太一）。同上。

・澤山君祠。同上。

【案】〈封禪書〉作「澤山君」，〈郊祀志〉作「皋山山君」，「皋」是「澤」之誤。

・地長祠。同上。

・武夷君祠。同上。

【案】武夷君見楚占卜簡。

・陰陽使者祠。同上。

・壽宮神君祠（祠太一、大禁、司命等）。在長安壽宮中。

6. 漢宣帝立：

・白虎祠。在長安（？）。

・隨侯祠。在長安未央宮中。

【案】可能與隨侯之珠有關。

・劍寶祠。同上。

・玉寶璧祠。同上。

・周康寶鼎祠。同上。

【案】以上四祠皆與珍寶有關。

・歲星祠。在長安城旁。

・辰星祠。同上。

・太白祠。同上。

・熒惑祠。同上。

・南斗祠。同上。

（二）左馮翊

1. 秦獻公立：

・畦畤（祠白帝）。在櫟陽（今陝西臨潼東北）。

2. 秦代立：

河水祠。在臨晉（今陝西大荔東南）。

【案】漢宣帝河水祠因之。

3. 漢高祖立：

・河巫祠（祠河）。在臨晉。

4. 漢武帝立：

・甘泉宮臺室（祠三一等天神）。在雲陽（今陝西淳化西北）甘泉宮中。

・甘泉太一祠（也叫太畤，祠太一、五帝、群神從者及北斗等）。在雲陽甘泉宮南。

【案】〈地理志〉「太一」之「太」皆作「泰」，甘泉太一祠合下汾陰后土祠亦為武帝太祝所領六祠之一。

越巫䘗（䘗）鄽（禳）祠（從越人勇之言所立，三所，祠天神上帝百鬼）。同上。

【案】此為漢武帝伐南越後所立越祠。

・通天臺。同上。

【案】〈封禪書〉兩見，一作「通天莖臺」，一作「通天臺」，〈郊祀志〉無「莖」字，索隱

淳化甘泉宮遺址：太一祠所在

謂「莖」字衍。

5. 漢宣帝立：

徑路神祠（祭休屠王）。在雲陽。

【案】匈奴語稱刀劍為「徑路」。

6. 年代不詳：

天齊公祠。在谷口（今陝西禮泉縣東北）。

五床山祠。同上。

仙人祠。同上。

五帝祠。同上。

休屠祠。在雲陽。

【案】此為漢武帝天匈奴休屠部後所立胡祠。

金人祠。同上。

【案】金人即休屠祭天金人。金人祠也是胡祠。

（三）右扶風

1. 西周晚期立：

・武畤。在吳陽（今陝西寶雞市西北的吳山之陽）。

好畤。在好畤（今陝西乾縣東）。

2. 秦文公立：

・陳寶祠（祠陳寶）。在陳倉（今陝西寶雞市東）北阪城。

鄜畤（祠白帝）。在陳倉一帶。

【案】此為秦「雍四畤」之一。

3. 秦宣公立：

密畤（祠青帝）。在雍（今陝西鳳翔西南）地附近的渭水南岸。

【案】此亦秦「雍四畤」之一。

4. 秦靈公立：

上畤（祠黃帝）。在吳陽。

【案】此亦秦「雍四畤」之一。

下畤（祠炎帝）。同上。

【案】此亦秦「雍四畤」之一。

5. 秦代立：

汧水祠。在鬱夷（今陝西寶雞縣西的汧渭之會）。

・岐山祠。在美陽（今陝西岐山東北）。

・日祠。在雍。

【案】秦在雍所立「百有餘廟」，可考者只有以下二十一所。

・月祠。同上。

・參祠。同上。

・辰祠。同上。
・南北斗祠。同上。
・熒惑祠。同上。
・太白祠。同上。
・歲星祠。同上。
・填星祠。同上。
・辰星祠。同上。
・二十八宿祠。同上。
・風伯祠。同上。
・雨師祠。同上。
・四海祠。同上。
・九臣祠。同上。
・十四臣祠。同上。
・諸布祠。同上。
・諸嚴祠。同上。
・諸逑祠。同上。
【案】〈封禪書〉作「逑」，〈郊祀志〉作「逐」，並為「遂」之誤。
・杜主祠。在雍地的菅廟。
・鴻塚祠。在雍。

【案】黃帝臣鬼臾區號大鴻，死葬雍，曰鴻塚。鴻塚山在陝西鳳翔。

‧吳山祠。在汧（今陝西隴縣西南）。

【案】吳山，〈封禪書〉作「吳岳」，〈郊祀志〉作「吳山」。吳山在陝西寶雞西北。

‧垂山祠。在武功（今陝西眉縣東）。

【案】垂山古名敦物，即今太白山，〈封禪書〉、〈郊祀志〉「垂」誤「岳」。太白山在陝西眉縣、太白、周至三縣交界處。

‧霸水祠。在咸陽附近。

‧產水祠。同上。

【案】產水即滻水。

‧長水祠。同上。

‧灃水祠。同上。

‧澇水祠。同上。

‧涇水祠。同上。

‧渭水祠。同上。

‧汧淵祠。疑在汧水上游。

6. 漢高祖立：

北畤（祠黑帝）。在雍。

【案】漢代的「雍五畤」是以秦「雍四畤」合此為五。

‧南山巫祠（祠南山秦中〔即秦二世之鬼〕）。在陳倉南十里的倉山中（參看《史記‧秦本紀》「伐南山大梓」句正義引《括地志》）。

7. 漢文帝立：

・渭陽五帝廟。在渭城（今陝西咸陽）灞、渭之會的渭水北岸（今陝西長安東北）。

8. 漢宣帝立：

・勞谷祠。在鄠（今陝西戶縣北）附近。

・五床山祠。同上。

・日月祠。同上。

・五帝祠。同上。

・仙人祠。同上。

・玉女祠。同上。

9. 年代不詳：

太昊、黃帝以下祠。在雍。

【案】〈地理志〉：「雍：秦惠公都之，有五時，太昊、黃帝以下祠三百三所。」這三百零三所祠應包括上面提到的秦祠二十一所，但「三百三所」，〈郊祀志〉作「本雍舊祠二百三所」。

黃帝子祠。在隃麋（今陝西千陽東）。

上公祠。同上。

明星祠。同上。

【案】明星即太白。

黃帝孫祠。同上。

舜妻育塚祠。同上。

黃帝子祠。在虢（今陝西寶雞縣）。

周文武祠。同上。

斜水祠。同上。

褒水祠。同上。

（四）河東郡

1. 秦代立：

首山（即薄山，也叫雷首山）祠。在蒲阪（今山西永濟西南）。

2. 漢高祖立：

· 后土廟。在汾陰（今山西萬榮西）南。

3. 漢武帝立：

· 后土祠。在汾陰脽丘。

【案】汾陰后土祠合上甘泉太一祠亦為武帝太祝所領六祠之一。

4. 年代不詳：

天子廟。在大陽（今山西平陸西南）。

堯山祠。在蒲阪（今山西永濟西南）。

萬榮秋風樓：后土祠所在

（五）河南郡

漢武帝立：

延壽城仙人祠。在緱氏（今河南偃師東南）。

（六）東郡

1. 秦代立：

濟廟。在臨邑（今山東東阿）。

2. 漢宣帝立：

蚩尤祠。在壽良（今山東東平西南）西北泲水（濟水）上。

【案】今山東汶上南旺鎮有蚩尤塚。

（七）潁川郡

1. 秦代立：

· 太室山祠。在嵩高（今河南登封）。

【案】太室山為漢代的中嶽。

2. 漢宣帝立：

太室山廟。在嵩高。

汶上蚩尤冢（新古蹟）：兵主祠所祭

蚩尤祠刻石

【案】今仍有太室闕在，見呂品《中嶽漢三闕》（北京《文物出版社，一九九〇年）。

少室山廟。同上。

【案】今仍有少室闕在，見呂品《中嶽漢三闕》。

·夏后啟母石祠。在漢中嶽（今河南登封）

【案】今仍有啟母闕和啟母石在，見呂品《中嶽漢三闕》。

（八）南陽郡

秦代立：

·淮廟。在平氏（今河南桐柏西北平氏）。

【案】據〈封禪書〉索隱引《風俗通》。漢宣帝淮水祠因之。

（九）廬江郡

漢代立：

天柱山祠（天柱山即灊山）。在灊（今安徽霍山東北）。

【案】天柱山為漢代的南嶽。

（十）濟陰郡

年代不詳：

堯塚靈臺。在成陽（今山東菏澤東北）。

（十一）沛郡

漢高祖立：

．枌榆社。在豐（今江蘇豐縣）。

（十二）常山郡

漢代立：

恆山祠。在上曲陽（今河北曲陽西）。

【案】恆山為漢代的北嶽，即河北唐山大茂山，武帝以來作「常山」。

（十三）涿郡

秦代立：

．鳴澤祠。在容城（今河北容城北）。

【案】地點是據〈封禪書〉索隱和正義。

（十四）濟南郡

秦代立：

．天主祠。在臨淄（今山東淄博東北臨淄北）南郊天齊淵。

【案】天主為秦「八神」之一。天齊淵在臨淄古城南，今涸無水。

臨淄古城天齊淵：天主祠所祭

天齊瓦當

新泰梁父山：地主祠所祭

（十五）泰山郡

1. 秦以前立：

泰山廟。在博縣（今山東泰安東南舊縣）。

【案】泰山為漢代的東嶽。

・社首山祠。同上。

【案】社首山在泰安火車站，一九五一年鑿山被毀。

亭亭山祠。在鉅平（今山東泰安南）。

【案】亭亭山在泰安大汶口鎮。

・地主祠。在梁父（今山東新泰西）。

【案】地主為秦「八神」之一。梁父山即新泰前寺莊映佛山。

・云云山祠。在柴縣（今山東新泰西南柴城）。

【案】云云山在新泰樓德鎮。

2. 漢武帝立：

明堂（祠太一、五帝、后土、高祖）。

在奉高（今山東泰安東）西南四里汶水上。
・石閭山祠。在泰山下阯南方。
・高里山祠。在博（今山東泰安東南舊縣）。
【案】高里山即蒿里山。
3. 年代不詳：
・肅然山祠。在嬴（今山東萊蕪西北）。
蒙山祠。在蒙陰（今山東蒙陰西南）。

（十六）齊郡

漢宣帝立：
逢山祠（祠石社石鼓）。在臨朐（今山東臨朐）。
【案】〈地理志〉作「逢山祠」，〈郊祀志〉作「蓬山祠」。

（十七）東萊郡

1. 秦代立：
・陰主祠。在曲成（今山東萊州東北）三山（即參山，今山東萊州北汕島）。
【案】陰主為秦「八神」之一。
・陽主祠。在腄（今山東煙台）之罘山（今山東煙台北芝罘島上）。
【案】陽主為秦「八神」之一。

萊州三山島：陰主祠所在

龍口廟周家遺址：月主祠所在

煙台芝罘島：陽主祠遺址

陽主像

榮成成山頭海洋環境監測站：日主祠遺址

・月主祠。在黃縣（今山東龍口東）萊山（今山東龍口東南）。

【案】月主為秦「八神」之一。

・日主祠。在不夜（今山東榮成北）成山（即盛山，今山東榮成成山頭）。

【案】日主為秦「八神」之一。

2. 漢武帝立（？）：

萬里沙祠。在曲成（今山東萊州東北）三山。

3. 漢宣帝立：

之罘山祠。在腄（今山東煙台）之罘山。

・參山八神祠。在曲成三山。

成山日祠。在不夜成山。

・萊山月祠。在黃縣萊山。

萊山松林萊君祠。同上。

4. 年代不詳：

海水祠。在臨朐（今山東萊州西北）。

百支萊王祠。在㡉縣（今山東龍口西南）。

膠州琅琊臺遺址：四時主祠所

琅琊臺刻石亭

（十八）琅琊郡

1. 秦代立：

・四時主祠。在琅琊（今山東膠南西南琅琊臺）。

【案】四時主為秦「八神」之一。

2. 漢武帝立：

太一祠。在不其（今山東嶗山西北）。

仙人祠。同上。

明堂。同上。

【案】連上共九所。

3. 宣帝立：

四時祠。在琅琊。

4. 年代不詳：

・凡山祠。在朱虛（今山東臨朐東南）。

三山祠。同上。

五帝祠。同上。

萊山萊王祠。在長廣（今山東萊陽東）。

環山祠。在昌縣（今山東諸城北）。

（十九）臨淮郡

江海會祠。在海陵（今江蘇泰州市）。

（二〇）會稽郡

1. 楚春申君立：

歷山祠。在無錫（今江蘇無錫）。

2. 秦代立：

會稽山祠（山上有禹塚、禹井）。在山陰（今浙江紹興）。

【案】今紹光有大禹陵。

（二一）漢中郡

秦代立：

· 沔水祠。在南鄭（今陝西漢中東）。

（二二）蜀郡

秦代立：

· 瀆山祠。在湔氐道（今四川松潘北）。

· 江水祠。在成都（今四川成都市）。

【案】成都文廟街舊有江瀆祠，今毀。

（二三）越巂郡

漢宣帝立：

金馬、碧雞祠。在青蛉（今雲南大姚）禺同山（今雲南姚安）。

（二四）益州郡

年代不詳：

黑水祠。在滇池（今雲南晉寧縣東北晉城鎮）。

（二五）武都郡

秦文公立：

・怒特祠。在故道（今寶雞市西南大散關東南）。

【案】見《史記・秦本紀》正文及集解、正義。

（二六）隴西郡

秦襄公立：

・西畤。在西縣（今甘肅禮縣）。

【案】〈封禪書〉、〈郊祀志〉皆云：「西亦有數十祠」。今禮縣西山遺址和鸞亭山遺址可能即西畤。

．人先祠。同上。

【案】〈封禪書〉集解引《漢注》、索隱引《漢舊儀》說隴西西縣有「人先祠」，或即西「數十祠」之一。

（二七）金城郡

年代不詳：

西王母石室。在臨羌（今青海湟中北）西北塞外。

仙海。同上。

鹽池。同上。

弱水祠。在臨羌西須抵池。

崑崙山祠。同上。

（二八）安定郡

秦代立：

端旬祠（十五所，胡巫祝）。在朝那（今寧夏固原東南）。

湫淵祠。同上。

【案】湫淵即固原東海子。

（二九）上郡

1. 漢宣帝立：

五龍山仙人祠。在膚施（今陝西橫山）。

【案】〈郊祀志〉作「五龍山祠」。五龍山在陝西橫山城殿鎮五龍山村。

黃帝祠。同上。

．天神祠。同上。

．原水祠。同上。

【案】〈地理志〉作「五龍山、帝原水、黃帝祠四所」，〈郊祀志〉作「黃帝、天神、原水之屬」。

2. 年代不詳：

黃帝塚。在陽周（今陝西子長西北）橋山（今陝西靖邊楊橋畔龍眼城）。

（三〇）西河郡

漢宣帝立：

天封苑火井祠。在鴻門（估計在今陝西橫山縣的白界、響水一帶）。

【案】疑由天然氣噴發而附會。榆林地區屬鄂爾多斯油田。

固原湫淵

湫淵祠遺址

（三一）遼西郡

1. 秦代立：

・碣石祠。在絫（今河北昌黎南）碣石山（今河北昌黎西北仙臺山）。

2. 年代不詳：

高廟。在且慮（今遼寧朝陽市西）。

（三二）膠東國

漢宣帝立：

天室山祠。在即墨（今山東平度東南）。

【案】〈地理志〉作「天室山」，〈郊祀志〉作「太室山」。

三戶山祠。在下密（今山東昌邑東）。

【案】〈地理志〉作「三石山」，〈郊祀志〉作「三戶山」。

（三三）東平國

秦代立：

・兵主祠。在東平陸（今山東汶上西北）監鄉。

【案】兵主即蚩尤，為秦「八神」之一。

（三四）魯國

秦代立：

・騶嶧山祠。在騶（今山東鄒縣東南）。

【案】秦稱邾為鄒。

（三五）廣陵國

漢宣帝立：

江水祠。在江都（今江蘇揚州市西南）。

（三六）長沙國

秦代立：

・湘山祠。在益陽（今湖南益陽東）北（今湖南岳陽西南）。

（三七）地點不詳

・洛淵祠。疑在洛水上游。

・蒲山祠。不詳。

・嶽〔嶕〕山祠。不詳。

漢武帝立：

・明年祠（「明年」也叫「延年」）。在執期（今山東半島一帶）。

一九九六年十二月三十一日寫於北京薊門里
一九九七年六月二日改定於美國西雅圖

補記一：

周振鶴《中國歷史文化區域研究》，上海：復旦大學出版社，一九九七年，五一－八一頁：〈秦漢時期宗教文化景觀〉對秦漢祠時的地理分佈有專門討論。其附錄一〈西漢郡國祖宗廟的分佈〉共列西漢祖宗廟一百六十七所，其中太上皇廟八所，高廟五十三所，孝文廟五十七所，孝武廟四十九所；附錄二〈西漢成帝初年祠廟的分佈〉共收漢代祠畤一百五十二所，可參看。

【案】拙考所列西漢祖宗廟只有且慮之高廟，未收其他，如加上周文所考的其他一百六十六所，則不詳者為三百零七所（其中雍地佔兩百八十所，雍以外佔二十七所）。

補記二：

一九七五－一九八二年，修築青藏鐵路的工人在青海省天峻縣二郎洞附近發現漢代遺址，遺址出有「長樂未央」、「常樂萬億」瓦當，學者推測即上臨羌西王母石室。參看曹清景〈天峻縣王母洞前發現古建築遺址〉、盧耀光〈天峻西王母石室和西王母宮古遺址調查考略〉，收入阿旺尖措等編《崑崙神話與西王聖母》，合肥：黃山書社，一九九八年，一七四－一九七頁。

補記三：

齊臨淄故城一帶多出「天齊」半瓦，應即天主祠所在天齊淵的遺物，見山東省文物管理處〈山東臨淄齊故城試掘簡報〉，《考古》一九六一年第六期，二八九—二九七頁；趙超〈釋「天」〉，《考古》一九八三年第一期，六六—六七頁。

補記四：

齊地的八主祠是由兩部份組成，一部份是仿三才，曰天主、地主、兵主三祠，在泰山和泰山南北一帶，偏西；一部份是配日月、陰陽、四時，在膠東半島的南北兩岸，偏東（日主、陽主祠在東，月主、陰主祠在西，四時主祠在南）。它們，除日主、陽主祠有早期遺址，出土瓦當、玉器等物，月主、陰主和四時主祠也有早期遺址和瓦當等物發現（而且它們多有以所當八神為名的晚期祠廟，或附始皇廟，或兼海神廟）。

補記五：

二〇〇九年，我曾與羅豐、信立祥、欒豐實、王睿考察朝那古城和湫淵祠，湫淵今名東海子，是一堰塞湖，湖邊有舊廟廢墟。據李誠〈重修朝那湫龍神廟記〉（收入固原地方志辦公室編印《明清固原州志》，二〇〇三年，四〇頁），舊廟毀於宋金，一三一四年由土人佛玉保重建，所祭之神曰蓋國大王。

（原載李零《中國方術續考》，北京：東方出版社，二〇〇一年）

秋風樓

汾陰后土祠的調查研究

漢武帝以來的西漢祠畤，前後加起來，總數有七百多個，其中地位最高，名氣最大，要數甘泉泰畤（祭天）、汾陰后土祠（祭地）和雍五畤（祭五帝）。這三大祠，雍五畤在陝西鳳翔縣，地面上已渺無蹤跡，至今沒有找到；甘泉宮在陝西淳化縣，雖有石鼓石熊、殘磚剩瓦和高大廢墟，但武帝以後，無人祭祀；舊的塌了新的蓋，屢廢屢興，兩千多年來，還保持著祭祀，只有山西萬榮縣的汾陰后土祠。今存后土祠雖是清代建築，但早期遺址必在附近，不會太遠。它究竟在萬榮縣的廟前村一帶，還是像有些學者推斷，是在它東面的孤山附近？過去曾有爭論。二〇〇二年五月十七至二十四日，我們在山西進行地理考察，對這一問題做過一點調查，回來查閱資料，整理印象，對問題有一個大致判斷。這裡把有關情況和我們的想法介紹一下，供大家參考。⓫

一、山西萬榮縣的地理沿革

汾陰后土祠在今山西萬榮縣境內。現在的萬榮縣是一九五四年由舊榮河、萬泉兩縣合併而成，榮河在西，萬泉在東。⓬

舊榮河縣，前身是戰國魏汾陰邑，秦漢、魏晉南北朝、隋代和唐代初年，絕大多數時間都叫汾陰縣。汾陰是因其地在汾水之南而得名。漢文帝十六年（前一六四年）曾在此修廟，祠河求鼎。

漢武帝踵其事，在此設立后土祠，竟兩次獲鼎，元鼎元年（前一一六年）是一次，四年（前一一三年）是又一次，皆以獲鼎為祥瑞。開元十一年（七二三年），唐玄宗效元鼎故事，在此重祭后土，之前也有兩件銅鼎出土，故把汾陰縣改名為寶鼎縣。[13]大中祥符四年（一〇一一年），宋真宗也到汾陰祭后土，又把寶鼎縣改名為榮河縣。[14]「榮河」，即「榮光出河」的簡稱，「榮光出河」，見《宋書·符瑞志上》、今本《竹書紀年》卷上和《路史·後紀·陶唐氏》等書，[15]來源是堯舜禪讓的符瑞傳說。這類故事不僅見於漢代緯書（如《尚書中候握河紀》），也流行於魏晉以來的很多作品。據說，堯舜禪讓之前，修壇河洛，擇吉沉璧，求《河圖》、《洛書》之出，有所謂「榮光出河，休氣四塞」。後來講符瑞的人，把這個典故用得很濫，榮河榮河，不絕於口，乾脆使用簡稱。如《陳書·高祖本紀》「是以文武之佐，磻溪蘊其玉璜；堯舜之臣，榮河鏤其金版」，梁簡文帝〈大法頌並序〉「榮河恥其祥潤，汾陰聘其暉影」（《全梁文》卷十三），「榮河」就是簡稱，而且在用法上，已經和地名差不多，等於說「榮光所出之河」。唐玄宗祭后土，太史也用「榮光出河」拍馬，

[11] 本文是李零與唐曉峰共同調查共同討論的結果。文章由李零搜集資料，執筆寫成。文中的地圖是由北京大學歷史地理研究中心馬保春同學繪製。寫作過程中，並得到中國建築技術設計院建築歷史研究所鐘曉青先生的指點和幫助。

[12] 參看萬榮縣誌編纂委員會《萬泉、榮河縣誌》，內部印刷，一九九九年。

[13] 《舊唐書·玄宗本紀》：「（十一年春二月）壬子，祠后土於汾陰之脽上，……改汾陰為寶鼎縣。」《舊唐書·禮儀志四》記唐玄宗第一次祭后土在開元十一年二月十六日，曰：「先是，脽上有后土祠，嘗為婦人塑像，則天時移河西梁山神塑像，就祠中配焉。至是，有司送梁山神像於祠外之別室，內出錦繡衣服，以上后土之神，乃更加裝飾焉。又於祠堂院外設壇，如皇地祇之制。及所司起作，獲寶鼎三枚以獻，十一年二月，上親祠於壇上，亦如方丘儀。禮畢，詔改汾陰為寶鼎。」《元和郡縣圖志》：「寶鼎縣……本漢汾陰縣也，屬河東郡。……開元十一年，改為寶鼎縣。」

[14] 《元豐九域志》卷三：「大中祥符四年改寶鼎縣為榮河，隸慶成軍。」

[15] 今本《竹書紀年》卷上所述全同《宋書·符瑞志上》，或說前者是抄襲後者，其實不一定。因為這類傳說在漢代非常流行，取材多端，不自一途。

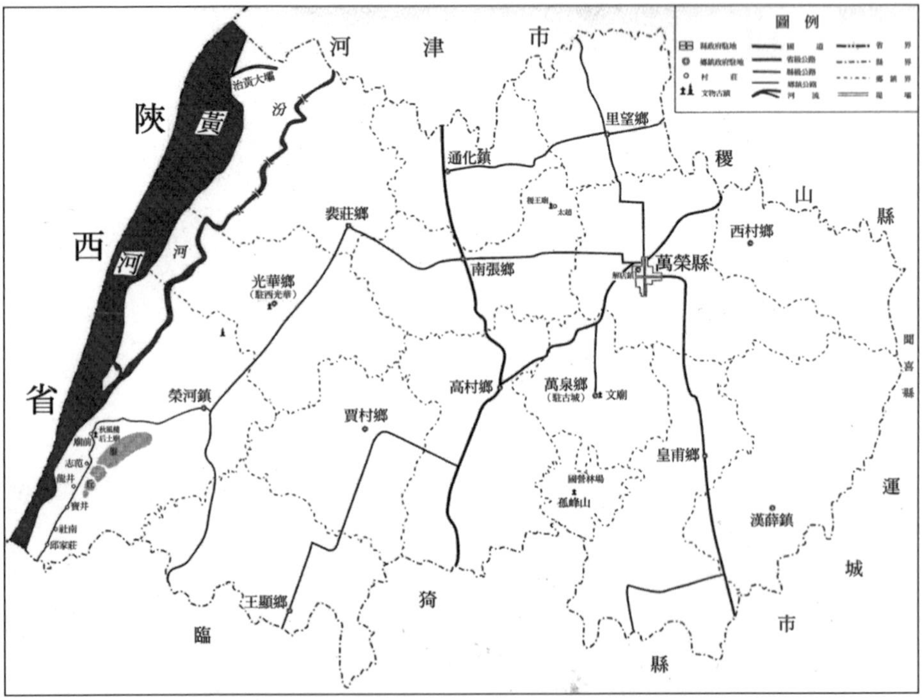

山西萬榮縣

等於說，玄宗有堯舜之德。[16]宋真宗為什麼要把唐寶鼎縣改名為榮河縣？原因就在，這樣的話，皇帝都愛聽，用於汾陰，非常吉利。[17]他們三個，唐玄宗學漢武帝，宋真宗學唐玄宗，「寶鼎」和「榮河」都是取其祥瑞之義。縣名本身反映了祭祀傳統的延續。

舊萬泉縣，戰國秦漢和魏晉南北朝屬汾陰縣。唐武德三年（六二〇年），始分出為萬泉縣。縣城建於北魏道武帝天賜元年（四〇四年）修建的薛通城故址。薛通城是邑人薛通（薛氏是汾陰世族）防赫連勃勃東侵，築城自保而修建，位置在孤山的北面，是一座依託山勢修建的軍事性城堡。孤山在舊萬泉縣境的南面而偏西。萬泉縣之所以叫萬泉縣，就是以孤山之上多泉水而名。[18]

尋找后土祠，有兩個地點值得注

意，一是廟前村一帶，一是孤山附近。

廟前村在舊萬榮縣西南汾水和黃河交會的地方，北距河口約四．五公里，正好在今后土廟的南面。廟前村叫廟前村，主要就是因為它在今后土廟的前方（古以南為前）。廟前村和今后土廟的西側，是戰國秦漢以來的汾陰古城，北、西、南三面已沒入黃河，只有東牆留在岸上（詳下第六節）。廟前村南約三．五公里，是唐寶鼎縣和宋榮河縣所在，過去叫寶鼎鎮，現在叫寶井村，唐城和宋城也都在黃河岸邊。一九二一年，為避水患，才把榮河縣遷到廟前村以東約七公里現在叫榮河鎮的地方。⓳過去，一般都認為，漢代的后土祠，唐宋的后土祠，位置是在廟前村一帶。

⓰《通典》卷四五：「開元十一年，玄宗自東都將還西京，便幸并州。至十二年二月二十二日，祠后土於汾陰脽上。太史奏：『榮光出河，休氣四塞，祥風繞壇，日揚其光。』」唐呂溫〈河出榮光賦〉（《全唐文》卷六二五）還把「榮光出河」倒過來講。

⓱《讀史方輿紀要》卷四一於榮河縣下記：「開元十一年，獲寶鼎，因改縣曰寶鼎。宋祥符三年，又改為榮河縣，又置慶成軍。」案：真宗祭后土在大中祥符四年二月，到達寶鼎的具體日期有丙辰（十二日）、丁巳（十三日）二說，壬戌（十八日）始建寶鼎為慶成軍，改縣即在其時，這裡當從《元豐九域志》，顧氏作「三年」誤。

⓲《元和郡縣圖志》：「萬泉縣，上。東北至州一百二十里，本漢汾陰縣地，屬河東郡。又薛通城者，後魏道武帝天賜元年，赫連勃勃僭號夏，侵河外，於時有縣人薛通，率宗族千餘家，西去漢汾陰縣城八十里築城自固，因名之。武德三年，於薛通故城置萬泉縣，屬泰州。縣東谷中有井泉，因名萬泉。」

⓳楊富斗〈山西萬榮縣發現古城遺址〉（《考古》一九五九年第四期，二〇五頁）說廟前村北距河口約一．五公里，南至寶井村（唐寶鼎縣、宋榮河縣）約四公里，東至榮河鎮約七．五公里。王世仁〈記后土祠廟貌碑〉（《考古》一九六三年第五期，二七三—二七七頁）說廟前村北距河口五公里，南距寶井村亦五公里。二文所記略有不同，這裡的距離是馬保春同學根據《山西省地圖集》（上海：中華印刷廠，一九七三年，1:250000）按直線距離測算。關於民國十年的榮河之遷，張柳星《重修榮河縣誌．敘》（民國石印本，一九三五年）說：「榮邑舊城向在寶鼎鎮，距此廿五里，左眉嶺，右大河，係隋開皇時創建，迄今垂數千年，河身日高，縣城日低，潮濕傾圮，不勝修理。民初紀元，群議遷徙，逮至十年，始遷於此。」（收入上引《萬泉、榮河縣誌》，二五四頁）。又張去疾〈范公池歌〉序也說「榮河縣治西門內地勢窪下，一遇淫雨，即成澤國」。

孤山在舊榮河縣以東的舊萬泉縣境內。唐以來的萬泉縣，縣治在今萬泉鄉，過去也叫古城鎮。它離舊榮河縣約三十一公里，比較遠，位置正好在孤山的北面。孤山東南的山麓有個叫閻子疙瘩的地點，一九三〇年由衛聚賢倡導，董光忠等人曾在這一地點試掘，發現過漢代宮殿遺址。由於遺址在舊萬泉縣，而不在舊榮河縣，衛聚賢推測，這一遺址才是真正的汾陰后土祠（詳下第五、第六節），他的說法對不對，下面會進行討論。

現在的萬榮縣，一九五四年的新縣城，縣城是設在解店鎮（即飛雲樓所在），南距舊萬泉縣城約六．五公里，位置在舊萬泉縣城的北面而略向西偏。

這是兩縣的地理沿革，以及境內古城與山川形勢的大致關係。

二、山川形勢與河道變遷

在上節的描述中，我們已經提到，汾、河為榮河之勝，孤山為萬泉之勝，這一地理特點還值得做進一步分析。

（一）汾、河的形勢

(1)汾水。自山西北部和中部，沿呂梁、太岳二山間的河谷南注，自侯馬轉向，繞呂梁山的南端和峨嵋嶺的北麓西行，經新絳、稷山、河津三縣，進入萬榮縣的西部（即舊榮河縣境），然後再東南流，入於黃河。[20]

(2)黃河。穿晉陝峽谷南流，出龍門而始寬。古汾陰之地，在黃河東岸，汾水入河處。它的北面是河津縣（古皮氏縣）的禹門口（東岸是龍門山，西岸是梁山），東面是萬榮縣（舊萬泉縣）的孤山，西面隔河相望是陝西韓城縣（古夏陽縣）的梁山，南面是臨猗縣（古猗氏縣）和永濟縣（古蒲阪縣）。永濟縣的蒲津渡，是山西通往陝西的主要渡口，對面為陝西大荔縣的朝邑鎮（古臨晉），是傳統祭河的地方。[21]

（二）河道變遷與城址、祠址的變遷

汾陰古城在廟前村的西北，為什麼唐遷寶鼎（宋稱榮河），要搬到廟前村的南面，民國移治榮河鎮，要搬到廟前村的東面？原因很簡單，是為了避水患。同樣，后土祠的位置變動，也與河道變遷有關。漢祠在哪裡？沒於水中，還是仍在岸上？這個問題還有待調查。唐祠在什麼地方，我們也不知道。《文獻通考．郊社考九》說：「汾陰后土，漢武帝元鼎中所立脽上祠，宣帝、元帝、成帝、後漢光武、唐玄宗皆親祭。是後，曠其禮。開寶九年，徙廟稍南，是年，始遣使致祭。」開寶九年是宋太祖在位的最後一年（九七六年），和太平興國元年是同一年。我們只知道，宋后土祠是在唐后土祠的南面。另外，我們從金《后土廟像圖碑》（下簡稱《廟圖碑》）看，宋金后土祠還是位於汾、河二水交會處。明清后土祠似乎也距河口不遠。[22]金代的后土祠，曾發生火災，秋風亭被

---

[20] 參看：《水經注．河水四》「（河水）又南過皮氏縣西」、「又南出龍門口，汾水從東來注之」、「又南過汾陰縣西」、「又南過蒲阪縣西」四條的有關描述。

[21] 參看：《水經注．汾水》「（汾水）又南過臨汾縣東」、「又屈從縣南西流」、「又西過長脩縣南」、「又西過皮氏縣南」、「又西至汾陰縣北，西注入河」五條的有關描述。

[22] 明喬宇〈汾陰祠記〉：「去祠三百步許，是為汾河。」（收入上引《萬泉、榮河縣誌》，六二六頁）案：喬宇（一四五七—一五二四年），明孝宗和武宗時的名臣，《明史》有傳，傳世文集有《喬莊簡公集》。

焚，只剩廢墟。[23]元明重建，最初仍叫「秋風亭」，後改稱「秋風樓」。[24]明萬曆年間，汾水沖岸，廟宇傾圮。[25]清代，黃河三決，廟亦三度被淹，不斷移地重建，最後落在廟前村北的今址。[26]城的移徙和祠的移徙，都能反映河道的變遷。河道變化，總趨勢是，汾水不斷從北向南擺動（或擴展），黃河不斷從西向東擺動（或擴展），[27]迫使城向南向東搬遷，但祠雖屢遷，並不遠徙，即使有所移動，也總在汾、河二水交會的那個夾角裡，否則也就失去了它原來的祭祀意義（這類祠址和它們依託的山川形勢有固定關係）。

（三）脽丘的位置

脽丘，也叫郟丘或葵丘。古人說后土祠是位於這個小丘之上，並把丘上之地稱為「脽上」或「脽壤」。「脽」的意思是人的尾椎。「脽丘」是一道土崗，好像人的尾椎。「郟丘」或「葵丘」，顏師古說，恐是當代方言的異稱。[28]脽丘這個地點，它的位置在哪裡？地形什麼樣？範圍有多大？古人只有簡短描述。第一是如淳說，第二是酈道元說，大體相同。他們都說這是貼著汾水南岸和河水東岸的一條土崗，南北長約四五里，東西寬約二里，高約十丈，如果按漢尺一尺長二十三・一公分計算，就是長約一千六百六十三至兩千零七十九公尺（約今三至四里），寬約八百三十二公尺（約今一・五里），高二十至三十公尺左右（原文「十餘丈」，十丈是二十三・一公尺，十五丈是三十四・六五公尺）。[29]

（四）孤山的形勢

孤山，古稱介山（也叫「汾山」）。一般理解，「孤」、「介」的意思，都是形容此山孤聳獨峙。這種說法比較有道理，因為它是峨嵋嶺以南，與稷山鄰近，拔地突起，不與它山相連的一座孤山，㉚但還有一個可能，它相當古人說的「介丘」，即禪地的小山，如古人常把社首叫「介丘」。

㉓ 宋金郊丘亭，後改名秋風亭。金曹之謙〈題秋風亭故基〉詩：「危亭冠雉堞，飛構何崔嵬。一夕墮劫火，變化成煙灰。頹基翳蓬蒿，壞道封苔莓。蕭條古城上，空有秋風來」（收入《全金詩》卷一三〇），他所看到的「秋風亭故基」，就是焚毀的秋風亭。

㉔ 元明清三代，不斷有人來此登臨賦詩，看來不久又重修。此亭，明人猶稱「秋風亭」（如明祝顥〈登秋風亭〉），但不久就改稱「秋風樓」。這一名稱一直延續到清代和民國。

㉕ 參看清戴儒珍〈遷建汾陰祠記〉（收入上引《萬泉、榮河縣誌》，六三八頁）。

㉖ 榮河東岸的黃河三決，一次是在順治十二年（一六五五年），一次是在康熙元年（一六六二年），一次是在同治元年（一八六二年）。今后土祠是同治九年（一八七〇年）知縣戴儒珍在閻村村北高阜上重建，見上引《萬泉、榮河縣誌》，四七〇頁。關於順治十二年的決口，可參看清潘國華〈重建汾陰后土祠記〉（收入上引《萬泉、榮河縣誌》，六二八—六二九頁）；關於康熙元年的決口，可參看清陳觀聖〈后土廟自康熙元年河決被沖修志有感〉詩（同上書，六六二頁），關於同治元年的決口，可參看清戴儒珍〈遷建汾陰祠記〉（同上書，六三八頁）。

㉗ 參看：水利部黃河水利委員會「黃河水利史述要」編寫組《黃河水利史述要》，北京：水利電力出版社，一九八四年，一七頁。

㉘ 《漢書・郊祀志》：「上遂立后土祠于汾陰脽上」，師古曰：『二說皆是也。脽者，以其形高起如人尻脽，故以名云。一說此臨汾水之上，地本名鄈，音與葵同，彼鄉人呼葵音如誰，故轉而為脽字耳，故《漢舊儀》云葵上。』」

㉙ 《漢書・武帝紀》「上遂立后土祠于汾陰脽上」，如淳曰：「脽者，河之東岸特堆掘，長四五里，廣（一）〔二〕里餘，高十餘丈。汾陰縣治脽之上。后土祠在縣西。汾在脽之北，西流與河合。」酈道元《水經注・汾水》「又西至汾陰縣北，西注于河」條曾描寫脽丘的位置和範圍，也說「水南有長阜，背汾帶河，阜長四五里，廣二里餘，高十丈。汾水歷其陰，西入河，《漢書》謂之汾陰脽」。

㉚ 《水經注・汾水》「又西過皮氏縣南」條：「文穎曰：介山在河東皮氏縣東南。其山特立。」《清史稿・地理志・山西》「萬泉」，注：「東：介山，其西峰孤山。城南山陰暖泉。……」《讀史方輿紀要》卷四一說「孤山在縣西南十里，一名介山，以亭然孤峙，不接他山也」。案：介山又名汾山，見《水經注・汾水》「又西過皮氏縣南」條；又名孤山，見《太平寰宇記》卷四六。

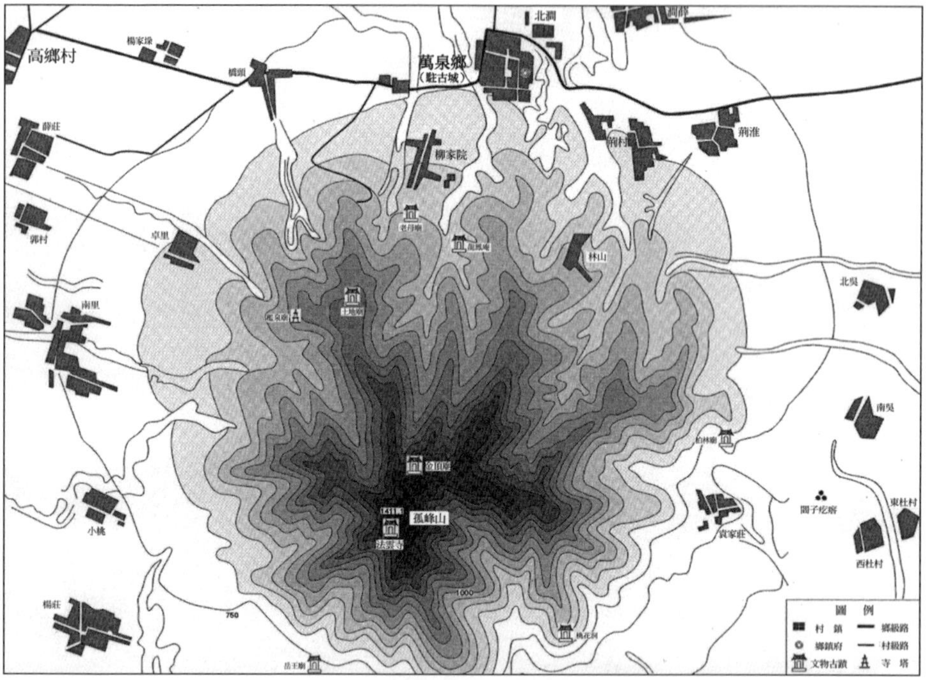

孤山

[31]《漢書．武帝紀》引漢武帝太初二年詔，曰「朕用事介山，祭后土」，「用事」是祭祀的意思。看來，武帝祭后土，也順便祭介山。兩者的確有關係。《漢書．揚雄傳》記漢成帝元延二年（前一一年）祠后土，[32]說「其三月，將祭后土，上乃帥群臣橫大河，湊汾陰。既祭，行遊介山，……」也是把汾陰和介山聯繫在一起。又文穎曰：「介山在河東皮氏縣東南。其山特立，周七十里，高三十里。」（《水經注．汾水》「又西過皮氏縣南」條引）他說的介山，從方位看，只能是漢汾陰縣的介山。《漢書．地理志》和《續漢書．郡國志》也說河東郡汾陰有介山。可見這個介山就是舊萬泉縣的介山，而與介休的綿山無關。[33]

三、歷代的祭祀活動

古代祭祀后土屬郊祀。郊祀，按先秦禮書記載，本來是在國都四郊，祭天圜丘在南郊，祭地方丘在北郊。漢初仍如此。但漢武帝的郊祀不一樣。它是一種與「五年一巡狩」的封禪活動相配，活動半徑達兩百公里，遠距離、大範圍的祭祀活動，祭天在甘泉，祭地在汾陰，祭五帝在雍，都遠離長安。[34]這三大祠，雍五畤是襲用周秦故祠（原有四畤，惟增北畤祭黑帝），甘泉泰畤是利用秦代宮苑而擴建，建於故「匈奴祭天處」，只有后土祠是前無古人的全新創造。

---

[31] 「介丘」，或說是大山，或說是小山（讀如「芥」），如《史記．司馬相如傳》：「欽哉，符瑞臻茲，猶以為薄，不敢道封禪。蓋周躍魚隕杭，休之以燎，微夫斯之為符也，以登介丘，不亦恧乎！」集解引《漢書音義》曰：「介，大；丘，山也。言周以白魚為瑞，登太山封禪，不亦慚乎！」就是以為大山；揚雄《法言．吾子》：「升東嶽而知眾山之峛崺也，況介丘乎！浮滄海而知江河之惡沱也，況枯澤乎！」宋咸注：「介，小也。」就是以為小山。古書常以「介丘」與「梁父」並舉，如《晉書．禮志下》：「登介丘，履梁父。」唐代封禪泰山，也把行禪禮的社首山稱為介丘，並把社首壇稱為介丘壇，見《舊唐書．禮儀志三》。介山或有這類含義。

[32] 揚雄〈河東賦〉是寫於漢成帝的哪一年，王先謙《漢書補注》曾有所討論，定為元延二年。《西漢會要》卷十也把《漢書．揚雄傳》的這段話編入元延二年。

[33] 《唐十道志》：「河東道名山曰介山，其山高三十里，周七十里，漢武帝用事介山，即此。後周保定初，韋孝寬築城於玉壁以北，齊人至境上，會夜，孝寬使汾水以南傍介山、稷山諸村皆縱火，齊人以為軍營，將兵自固。版築遂集。所謂介山，亦即此山也。或又訛為綿山。西半隅有檻泉，南麓有雙泉。又有桃花洞，其東谷有暖泉，流為東谷澗。」（《讀史方輿紀要．卷四十一》引文）

[34] 揚雄〈河東賦〉「謁汾陰於東郊」，師古曰：「京師之東，故曰東郊也。」可見當時是以汾陰比東郊。案：這三大祠，祭祀對象大體同於明清的天壇、地壇和歷代帝王廟。

（一）后土祠的興立

后土祠是用來祭地，也用來祭河。秦代祭河，本來在臨晉（在今陝西大荔縣東南朝邑鎮的西北），叫河水祠，後世也叫河瀆祠或河瀆廟。唐開元十五年（七二七年）遷河瀆祠於黃河對岸的蒲州（在今山西永濟縣西的蒲州鎮），仍在黃河轉彎處。[35]這是傳統的祭河地點。漢武帝選中汾陰作為祭祀地點，有兩個考慮，一是平水患，二是合祥瑞。他在汾陰正式立祠是在元鼎四年（前一一三年）。這以前，漢文帝十六年（前一六四年）已在此修廟，祠河求鼎。這些活動都和水患有關。文、武二帝時，黃河曾多次決口。[36]文帝治廟，是從新垣平議，其事在河決酸棗之後四年。漢初盛傳，秦亡而周鼎沒泗水，而汾陰多出鼎彝。新垣平，趙人，可能對此早有所聞，他說「周鼎亡在泗水中，今河溢通泗，臣望東北汾陰直有金寶氣，意周鼎其出乎？兆見不迎則不至」，以為河決是因鼎沒，鼎出才能河平，勸文帝治廟汾陰南，臨河求鼎。這是漢武帝立后土祠的先聲。但周鼎沒於泗，不可能逆流而上，汾陰所出者，乃魏墓所藏（詳下第六節）。新垣平的氣神之說（偽稱「寶玉氣」、「金寶氣」），當然是編造。平謀敗伏誅，但臨河求鼎之說卻深獲武帝之心。元光三年，河決瓠子，通於淮、泗，使他再次把求鼎與塞河聯繫到一起（這種說法在漢代影響很大，東漢畫像石上常見的泗水撈鼎圖，就是其反映）。前一一六年，武帝得鼎於汾水（應即脽上），視為祥瑞，因此改元，稱元鼎元年。這件事更刺激了武帝的想法。後三年，乃從司馬談和寬舒之議，在汾陰設后土祠，從此頻繁祭祀后土。上有此好，當年夏天，供事后土祠的巫錦就在祠外發現了一件大鼎，也被視為祥瑞（應是當地人為了迎合武帝而製造的祥瑞），送往甘泉宮，供人朝拜。可見立祠和出鼎有直接關係。

（二）漢代的祭祀活動

史載天子親祭十七次，包括：

1. 西漢

(1)武帝。凡五祭后土：元鼎四年（前一一三年）、元封四年（前一〇七年）、元封六年（前一〇五年）、太初二年（前一〇三年）和天漢元年（前一〇〇年）。其中元鼎四年和元封四年，中間隔五年；太初二年和天漢元年，中間隔兩年；其他只隔一年。

(2)昭帝。年幼，不親巡，無紀錄。

(3)宣帝。初即位，亦為幼主，非宗廟之祀不出，即位十二年，始祭后土，凡兩次：神爵元年（前六一年）和五鳳三年（前五五年），中間隔五年。

(4)元帝。遵舊儀，凡五祭后土：初元四年（前四五年）、永光元年（前四三年）、永光三年（前四一年）、永光五年（前三九年）和建昭二年（前三七年），都是隔年祭祀。

(5)成帝。初，從匡衡、張譚議，罷武帝諸祠，行長安南北郊之祭，即位十九年，以無繼嗣故，又復武帝諸祠，凡四祭后土：永始四年（前一三年）、元延二年（前一一年）、元延四年（前九

㉟ 黃河在蒲阪和朝邑之間經常擺動，蒲津渡（宋稱大慶關）時在河東，時在河西。參看《黃河水利史述要》，一七頁。

㊱ 如(1)文帝十二年（前一六八年），「（文帝）十二年冬十二月，河決東郡」（《漢書．文帝紀》），「孝文時，河決酸棗，東潰金堤」（《史記．河渠書》）；(2)武帝建元三年（前一三八年），「河水溢于平原，大饑，人相食」（《漢書．武帝紀》）；(3)武帝元光三年（前一三二年），「三年春，河水徙，從頓丘東南流入勃海」（《漢書．武帝紀》）；(4)武帝元光三年（前一三二年），「夏五月……河水決濮陽，氾郡十六」（《漢書．武帝紀》），「今天子元光之中，而河決于瓠子，東南注鉅野，通于淮、泗」（《史記．河渠書》）。

年）和綏和二年（前七年），也是隔年祭祀。

(6)哀帝。成帝崩，曾罷武帝諸祠，復長安南北郊之祭。但哀帝即位後不久，又罷長安南北郊之祭，盡復武帝諸祠。哀帝多病，不親祭，惟遣有司致祭。

(7)平帝。從王莽議，徹底廢除武帝諸祠，行長安南北郊之祭。

2. 東漢

惟光武帝建武十八年（四二年），進幸蒲阪，祠后土，推測也在汾陰。[37]

（三）唐代的祭祀活動

史載天子親祭三次，即唐玄宗開元十一年、十二年和二十年（七二三、七二四和七三二年）。祭祀地點在寶鼎縣。玄宗祭祀前，宮內原有后土像，作婦人塑像，武則天時還把河對岸梁山祠的神像移此，置於別室配焉。[38]

（四）宋代的祭祀活動

史書記載，宋代祭后土，天子遣官致祭，主要有三次，即宋太祖開寶九年（九七六年）一次，宋真宗景德四年（一〇〇七年）一次，宋真宗大中祥符元年（一〇〇八年）一次，這些祭祀是真宗親祭的準備。他祭后土，只有一次，是在大中祥符四年（一〇一一年），儀式非常隆重。宋代史料對這一活動有詳細記錄（可以精確到天）。活動醞釀於三年（一〇一〇年）的下半年，正式進行是在四年的正月到三月（儀式在二月十七日，但往返頗費時日）。是年，真宗改寶鼎縣為榮河縣，置

慶成軍，增葺宮室，宮內設后土聖母像。㊴

（五）宋以後的祭祀活動

宋以後，天子不親祭，但金章宗（一一九〇至一二〇八年）和元世祖（一二六〇至一二九四年）皆遣官致祭，㊵明清以來降為民祠，乃鄉社之所。㊶

【案】明喬宇〈汾陰祠記〉「登謁后皇，翠冠翟裳」（收入上引《萬泉、榮河縣誌》，六二六頁），曾提到明代的后土聖母像。今后土廟中仍供奉著類似的神像。

上述祭祀活動，自西漢中期到清代末年，歷時兩千多年，光是天子親祀，就有二十一次。㊷

㊲ 以上，見《史記．封禪書》，《漢書》的〈武帝紀〉、〈昭帝紀〉、〈宣帝紀〉、〈元帝紀〉、〈成帝紀〉、〈哀帝紀〉、〈平帝紀〉、〈地理志〉、〈郊祀志〉，《後漢書》的〈光武帝紀〉、〈文苑列傳〉。

㊳ 以上，十一年祭，見兩《唐書》的〈玄宗本紀〉和《舊唐書．禮儀志四》和《冊府元龜》卷三三；十二年祭，見《通典》卷四五和《文獻通考．郊社考九》。這也可能是同一次祭祀的兩種不同記載。

㊴ 以上，見《宋史》的〈真宗本紀〉、〈禮志七〉，以及《文獻通考．郊社考九》，《續資治通鑑》卷二六、二九，《廟圖碑》錄《通鑑綱目》、《文獻通考》。

㊵ 見上《萬泉、榮河縣鑑》，四七〇頁。

㊶ 后土廟附近的鄉民在廟中舉行祭祀活動，宋代就有記載。如《宋會要輯稿．禮二八》：「（大中祥符四年四月）五日，詔汾陰后土壇令官吏守奉，勿令人至其上。十六日，詔脽上后土廟宜令本殿周設欄楯，民庶祈賽，上拜於庭中，官吏非祠祭，亦勿升殿。」「六年四月六日，慶成軍言：『太寧宮請自清明至四月八日天慶節三元各五日，並聽士庶焚香。』從之。」案：今俗以農曆三月十八日和十月五日為廟會大祭日。

㊷ 下引《廟圖碑》「歷朝立廟致祭實跡」對歷代祭祀有撮述，王世仁〈記后土祠廟貌碑〉說它「除軒轅、二帝、三王之說係訛衍附會者外，餘文均見諸史乘無誤」，但經核實，其記事多誤，如：(1)以后土祠立於元狩二年冬十月「行幸雍，祠五畤」後；(2)誤增「漢武帝元封二年祀后土」；(3)誤增「太初元年十二月祀后土」；(4)「五鳳元年三月幸河東祀后土」是「五鳳三年三月幸河東祀后土」之誤；(5)誤增「甘露二年三月，幸河東，祀后土」；(6)漢元帝五祭后土，此碑漏掉永光三年和五年事；(7)漢成帝四祭后土，此碑漏掉元延二年、四年和綏和二年事；(8)誤增「哀帝建平三年冬十一月祀汾陰」；(9)漏唐玄宗開元十一年事。

四、歷代發現和金石銘刻（附：藝文著錄）

這類發現和金石銘刻有：

(1) 銅鼎。漢武帝元鼎元年（前一一六年），「得鼎汾水上」（《漢書．武帝紀》）。

【案】此鼎非當時之鼎（若當時之鼎，不會視為神異），據下第六節，當是戰國魏國墓地出土的銅鼎。

(2) 銅鼎。漢武帝元鼎四年（前一一三年），「其夏六月中，汾陰巫錦為民祠魏脽后土營旁，見地如鉤狀，掊視得鼎。鼎大異于眾鼎，文鏤無款識」（《史記．封禪書》）。「昔寶鼎之出于汾脽也，河東太守以聞，詔曰：『朕巡祭后土，祈為百姓蒙豐年，今穀嗛未報，鼎焉為出哉？』博問耆老，意舊藏與，誠欲考得事實也。有司驗脽上非舊臧處，鼎大八尺一寸，高三尺六寸，殊異于眾鼎。……」（《漢書．郊祀志下》）

【案】這是一件有花紋無銘文的大鼎，按漢尺一尺長二十三．一公分計算，徑約一百八十七公分，高約八十三公分，在出土發現中非常罕見，據下第六節，估計也是戰國魏國墓地出土的銅鼎。

(3) 銅鼎。唐玄宗開元十一年（七二三年），有兩種說法，一種是出了三件，一種是出了兩件。[43]

【案】有可能是戰國魏鼎，或秦漢魏晉時期的鼎。

(4) 漢磚。唐玄宗開元十一年，「又獲古磚，長九寸，篆書『千秋萬歲』字及『長樂未央』字」（《唐會要》卷十上）。

【案】「千秋萬歲」、「長樂未央」，都是漢宮磚瓦銘文的流行用語，不僅陝西出土，山西也出土。《三輔黃圖》卷三：「萬歲宮，武帝造。汾陰有萬歲宮。宣帝元康四年幸萬歲宮，神爵翔集，以元康五年為神爵紀元。」〈河水四〉「又南過汾陰縣西」條：「漢宣帝神爵元年，幸萬歲宮，東濟大河，而神魚舞矣。」這很明顯是漢代的宮室用磚，或許就是萬歲宮的用磚。

(5)張說〈后土神祠碑銘〉。碑銘很短，唐玄宗開元十一年，命兵部尚書張說撰（收入《全唐文》卷二二一），但前有御序（收入《全唐文》卷四一），很長。碑亡。

【案】《廟圖碑》於承天門外西側畫碑樓，上題「唐明皇碑」，疑即此碑。[44]

(6)宋《汾陰二聖配饗之銘碑》。宋真宗大中祥符四年（一〇一一年）刻，俗稱「蕭牆碑」。原在后土廟內，清順治十二年（一六五五年），黃河東侵，祠被水淹，曾移此碑，置之榮河縣城（在今寶井村）內察院東。一九三二年，黃河東侵，榮河縣城被淹，碑亦沉淪。一九五一年，榮河縣修建軋花廠，將碑帽砸碎作石料，留下中間的篆字碑額，使石碑遭到破壞。一九六三年，經勘探，始從泥沙中挖出，移入今后土祠內，收入碑廊保護。[45]

【案】《廟圖碑》於承天門外東側畫碑樓，上題「宋真宗碑」，疑即此碑。[46]或者樓中還有宋真宗《河瀆顯聖靈源公贊》、宋真宗〈西海廣潤王贊〉等碑（詳下）。

---

[43]《舊唐書．禮儀志四》：「先是，脽上有后土祠，嘗為婦人塑像，則天時移河西梁山神塑像，就祠中配焉。至是，有司送梁山神像於祠外之別室，內出錦繡衣服，以上后土之神，乃更加裝飾焉。又於祠堂院外設壇，如皇地祇之制。及所司起作，獲寶鼎三枚以獻，十一年二月，上親祠於壇上，亦如方丘儀。」《唐會要》卷十上：「初，有司奏修壇，掘地獲古銅鼎二，其大者容四升，小者容一升，色皆青。」

[44]參看：王世仁〈記后土祠廟貌碑〉。

[45]山西省考古研究所《山西碑碣》，太原：山西人民出版社，一九九七年，一七二—一八一頁。參看：樊晉寶〈〈汾陰二聖配饗銘〉碑文注釋〉（《后土》二〇〇一年第四期，四四—五〇頁），五〇頁：注二。

[46]王世仁〈記后土祠廟貌碑〉說此「宋真宗碑」是指大中祥符四年王欽若撰〈汾陰朝覲壇頌〉，恐非。

宋《汾陰二聖配饗之銘碑》（拓本）

(7)宋真宗祭后土玉冊。大中祥符四年刻銘瘞埋，埋藏地點應在《廟圖碑》所畫「坤柔之殿」前的柵欄內。文曰：「維大中祥符四年，歲次辛亥，二月乙巳朔，十七日辛酉，嗣天子臣某，敢昭告於后土地祇：恭惟位配穹旻。化敷品滙。瞻言分壤，是宅景靈。備禮親祠，抑惟令典。肇啟皇宋，混一方輿。祖禰紹隆，承平茲久。眇躬纘嗣，勵翼靡遑。厚德資生，緜區允穆。清寧孚佑，戴履蒙休。申錫寶符，震以珍物。虔遵時邁，已建天封。明察禮均，有所未答。櫛沐祇事，用致其恭。夷夏駿奔，瑄牲以薦，肅然郊上，對越坤元。式祈年豐，楙昭政本。兆民樂育，百福蕃滋。介祉無疆，敢忘祇畏。恭以琮幣、犧牲、粢盛、庶品，備茲瘞禮。皇伯考太祖皇帝、皇考太宗皇帝侑神作主。尚享。」（《宋史．禮志七》）

【案】冊文形式同於大中祥符元年（一〇〇八年）宋真宗禪社首玉冊，目前尚未發現。

(8)金《后土廟像圖碑》。[47]此碑是明天啟三年（一六二三年）翻刻嘉靖三十五年（一五五六年）碑，嘉靖三十五年碑又是據金天會十五年（一一三七年）碑

金《后土廟像圖碑》正面（拓本）

47 參看王世仁〈記后土祠廟貌碑〉。案：王文只有碑圖的拓本和摹本，碑陰的拓本，見山西省考古研究所《山西碑碣》，一八二—一八四頁。

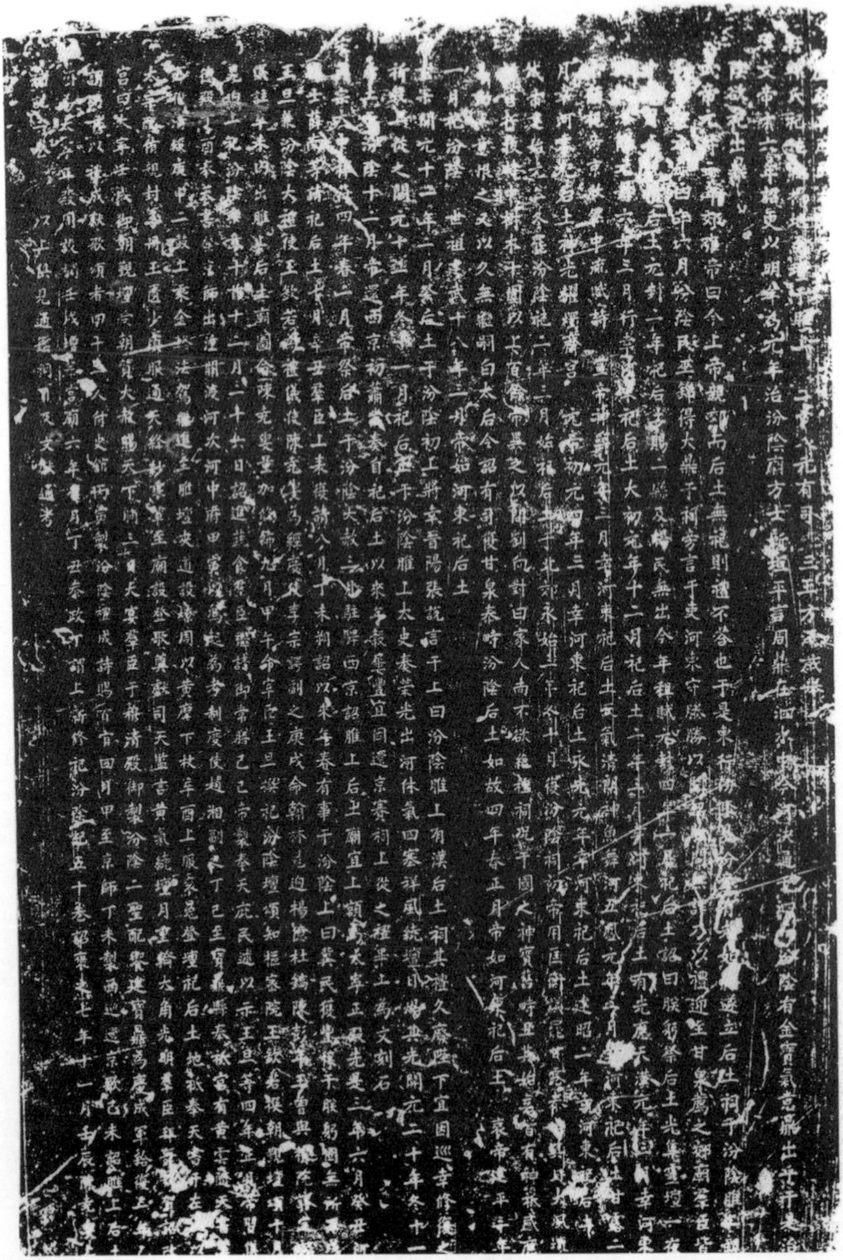

金《后土廟像圖碑》背面（拓本）

重刻，碑名全稱是「蒲州榮河縣創立承天效法厚德光大后土皇地祇廟像圖石」，「蒲州榮河縣創立承天效法厚德光大后土皇地祇廟」，是宋后土廟的原名，[48]碑的正面是廟像圖，背面是「歷朝立廟致祠實跡」。此圖有兩點值得注意。第一，它可以大致反映宋金后土廟的基本佈局；第二，它把廟的北端畫在汾、河二水交會處，這足以說明，宋金時期的廟址應在今廟前村以北，傳熹年先生的復原圖也表現出這一點。明代的后土廟，其實也離水邊很近。[49]故今后土廟反而是南移的結果。

【案】此碑，王世仁先生簡稱「后土祠廟貌碑」。他指出，「此圖與金承安五年重修中嶽廟圖碑中之中嶽廟極為類似」。王先生提到的「金承安五年重修中嶽廟圖碑」，碑額原名是「大金承安重修中嶽廟圖」。此碑碑陰所錄《通鑑綱目》、《文獻通考》提到大中祥符三年八月「辛未，內出《脽上后土廟圖》，命陳堯叟量加修飾」，也是稱為「脽上后土廟圖」。可見當時最普通的叫法是「廟圖」，本文簡稱「《廟圖碑》」。

(9)元代和清代的〈秋風辭〉刻石。有元大德十一年（一三〇七年）刻楷書〈秋風辭〉和清同治十三年刻篆書〈秋風辭〉兩種，現藏秋風樓的二層和三層。[50]

【案】我們推測，明清時期的「秋風樓」，前身即金元時期的「秋風亭」，而金元時期的「秋風亭」，前身即宋代的郛丘亭。明清時期的「秋風樓」，金元時期的「秋風亭」，都是取名於漢武

[48] 王世仁先生指出，今碑額所刻廟號全稱見於《宋大詔令集》卷一三七之政和六年詔，是宋代原來的名稱。見氏著〈記后土祠廟貌碑〉。

[49] 明喬宇〈汾陰祠記〉：「去祠三百步許，是為汾河，重湍駛濤，自河津而來。河之濱，見臥有崇碑，埋有穹龜，去流惟跬步，拂而觀之，乃宋真宗西封文也。相與惻感，遂鳩隸人培土而深，貫木而旋，繫繩而引，使依於祠所，庶幾不忘。」（收入上引《萬泉、榮河縣誌》，六二六頁）。案：「宋真宗西封文」，是記真宗祭華山事。真宗祭后土前曾西行祭華山。喬宇文說明，明后土祠仍距河口不遠。

[50] 山西省考古研究所《山西碑碣》，二七〇—二七一頁。

帝〈秋風辭〉，碑刻本身正與這一名稱相配。這可能是金元以來改名。我們推測，《廟圖碑》上的大亭就是宋代的郯丘亭或金元的秋風亭。今秋風樓在后土廟的最後，正與此亭相當。

(10)邵黛編鐘。據說「出山西榮河縣后土祠旁河岸中。同治初年，岸圮，出古器甚夥，長安賈人雷姓獲邵鐘大小十二器，皆同文」（《愙齋集古錄》卷一，七頁）。51

【案】同治元年（一八六二年），黃河於榮河東岸決口，淹后土廟。這套編鐘可能即出於其前後。「邵黛」，魏邵錡的後人。這套編鐘是春秋晚期的魏器，出土後，曾歸英蘭坡、潘祖蔭所有。「十二器」，現知有十三件，十件在上海博物館，一件在臺北故宮博物院，一件在大英博物館，一件只有拓片，下落不明。

(11)齊仲之子□鎛。舊稱齊子仲姜鎛、齊侯鎛、綸鎛等等。據說「同治庚午歲四月，山西榮河縣后土祠旁河岸圮出土」（《攀古樓彝器款識》卷二，一頁），「尋氏得之，後歸潘伯寅」（《綴遺齋彝器款識考釋》卷二，二七頁）。二十世紀五〇年代，此器由上海博物館調撥中國歷史博物館收藏。52

【案】這是一件春秋中晚期的齊器，葬於魏國。「同治庚午歲」為一八七〇年，即今后土廟落成之年。這是現存銘文最長的鐘鎛之一，銘文有一百七十二字（外加重文二，合文一），它與上邵黛鐘也有可能是一墓所出，猶曾侯乙編鐘與楚王酓章鎛同簴。

(12)古銅印。「初淳熙十四年春，有聶事願者獲古印，其文曰『皇帝車駕奉祀汾陰之寶』。吳琚以獻於朝，詔藏天章閣，下工部考核，乃銅也。按《汾陰記》：『封金匱石匱，用「受命寶」及「天下同文寶」。』此寶不見於記載，朝論疑之，卒不加賞云。」（《文獻通考・王禮考十一》）。

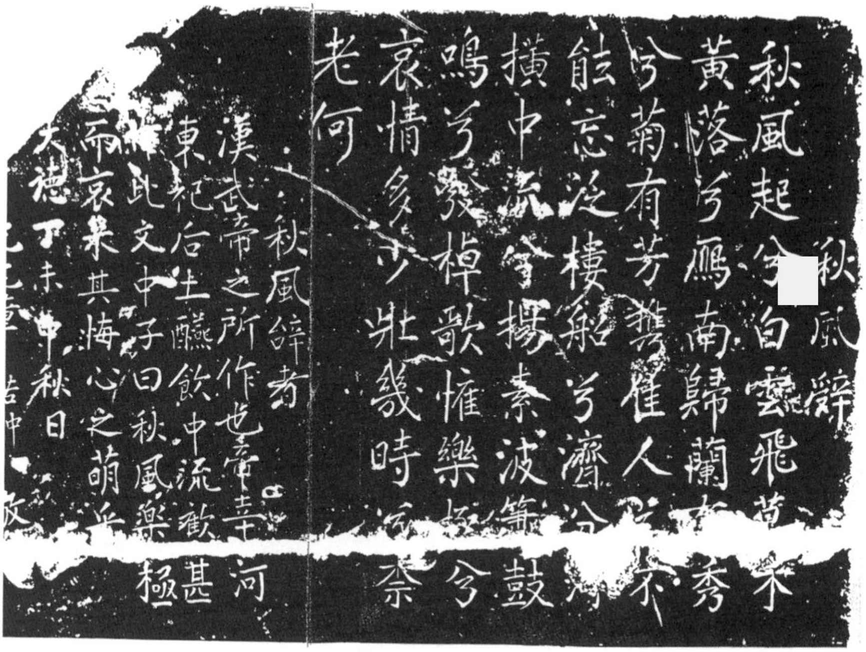

元代的《秋風辭》刻石（拓本）

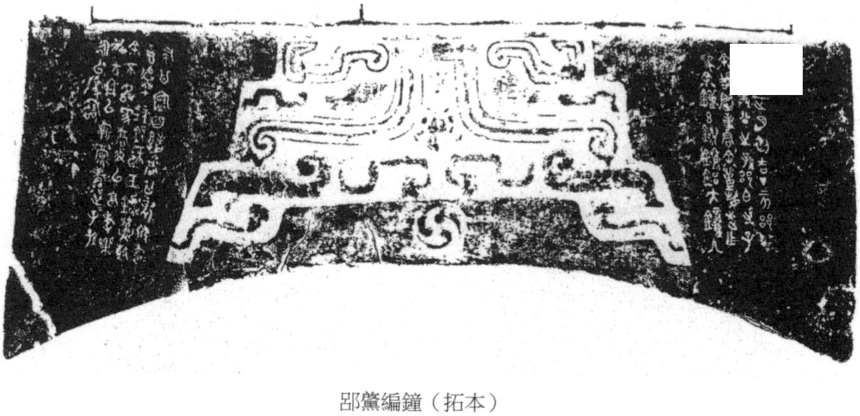

郘黛編鐘（拓本）

❺❶ 中國社會科學院考古研究所編《殷周金文集成》，第一冊，北京：中華書局，一九八四年，二五二—二六二頁：二二五—二三七。

❺❷ 同上，三〇一—三〇二頁：二七一。

齊仲之子□鎛（拓本）

【案】《汾陰記》，即下陳堯叟《汾陰奉祀記》。宋工部考核，疑點有二，一是此寶是天子用印，非金則玉，而此印是銅印；二是《汾陰記》沒有著錄這類印文。但《汾陰記》所記為宋印，此印也可能是唐印。當然，唐代是否真有此類銅印，還有待證實。

附：藝文著錄

(1)漢武帝《郊祀歌．景星》。見《漢書．禮樂志》等書，佚。《漢書．武帝紀》：「（元鼎四年夏）六月，得寶鼎后土祠旁。秋，馬生渥窪水中，作〈寶鼎〉、〈天馬之歌〉。」

(2)漢武帝〈秋風辭〉。見《文選》卷四五等書，存。或說出自《漢書》，或說出自《漢武故事》。序云：「上行幸河東，祠后土，顧視帝京，欣然中流，與群臣飲燕，上歡甚，乃自作〈秋風辭〉曰」。

【案】漢武帝親幸河東祭后土都在春三月，而不在秋，此詩或出依託。逯欽立先生說，元鼎四年夏六月巫錦獲鼎後，武帝或有汾陰之行，乃猜測之辭，無法證實，見氏著《先秦漢魏晉南北朝詩》（北京：中華書局，一九八三年，上冊），九四—九五頁。

(3)揚雄〈河東賦〉。見《漢書．揚雄傳》，存。

(4)《玄宗開元十一年祭皇地祇於汾陰樂章》。見《舊唐書．音樂志》，凡十一首，存。

(5)《汾陰后土故事》三卷（自漢至唐）。見《崇文總目》卷二、《宋史．藝文志》。《宋志》注「不知作者」，佚。

【案】《宋會要輯稿．禮二八》之四二至四三載大中祥符三年八月一日下宰臣詔，提到「先是召王旦等謂曰：『朕覽史書，見汾陰祠后土事，亦古禮也。』因勑陳彭年等檢討歷代祀汾陰及廢后土祠事」，其書或出陳彭年等人。

(6)宋真宗《汾陰二聖配饗銘》。見《宋會要輯稿．禮二八》之五二，《續資治通鑒》卷二九，《廟圖碑》錄《通鑑綱目》、《文獻通考》，即上《汾陰二聖配饗之銘碑》，存。

(7)宋真宗《河瀆顯聖靈源公贊》。見《宋會要輯稿．禮二八》之五二，佚。

(8)宋真宗《西海廣潤王贊》。見《宋會要輯稿．禮二八》之五二，佚。

(9)宋真宗〈汾陰禮成詩〉。見《廟圖碑》錄《通鑑綱目》、《文獻通考》，佚。

(10)宋真宗〈西巡還京歌〉。見《廟圖碑》錄《通鑑綱目》、《文獻通考》，佚。

(11)王旦〈祀汾陰壇頌〉。見《宋會要輯稿．禮二八》之四六、五二，為碑刻，文見上引《萬泉、榮河縣誌》，六一七—六二〇頁，存。

(12)宋王欽若〈朝覲壇頌〉。見《宋會要輯稿．禮二八》之四六、五二，亦碑刻，佚。

(13)宋陳堯叟〈親謁后土廟頌〉。見《宋會要輯稿．禮二八》之四六、五二，亦碑刻，佚。

【案】《宋史．陳堯叟傳》作〈親謁太寧廟頌〉，「太寧廟」即大中祥符四年四月十六日宋真宗為后土廟起的新名。

(14)宋陳堯叟《汾陰奉祀記》三卷。見《續資治通鑑》卷三十一，佚。

(15)宋陳堯叟《汾陰補記》三卷。見《廟圖碑〉錄《通鑑綱目》、《文獻通考》，佚。

(16)丁謂等《大中祥符祀汾陰記》五十卷。見《郡齋讀書志》卷八、《宋史．藝文志》、《文獻通考．經籍考十四》、《續資治通鑑》卷三一，佚。

【案】《郡齋讀書志》曰：「右皇朝丁謂撰。大中祥符三年八月，降祀汾陰御札，至明年春禮成。四年，詔與陳彭年編次事蹟儀注，逾二年，成書上之。」

(17) 宋丁謂《大中祥符祀汾陰祥瑞贊》五卷。見《宋史・藝文志》，佚。
(18) 宋楊照〈重修太寧廟記〉。文見上引《萬泉、榮河縣誌》，六二〇—六二一頁，存。
(19) 宋師德〈汾陰大禮頌〉。見《宋史・師德傳》，佚。
(20) 宋晁迥等撰〈祀汾陰十首〉。見《文獻通考・樂考》，佚。

五、讀衛聚賢〈漢汾陰后土祠遺址的發現〉和董光忠〈山西萬泉縣閻子疙瘩（即漢汾陰后土祠遺址）之發掘〉

西方考古學，最初往往與探險和尋寶有關。他們的探險和尋寶很多都是根據古典作品和《聖經》的描寫，按書上的記載去找，可能找到，可能找不到。有些著名發掘就是因此而起。比如英法和德國在土耳其、伊拉克、伊朗等地的發掘就是如此，典型代表是謝里曼的特洛伊發掘。我們的考古學比較年輕，二十世紀上半葉，也有類似經歷。比如，一九三〇年衛聚賢發起的山西萬泉縣閻子疙瘩漢代遺址的發掘就是如此。[53]

衛聚賢為什麼要發起和策劃這一發掘？而且是選擇在萬泉縣的孤山附近進行發掘？原因可能很多，但關鍵一條，他是舊萬泉縣北吳村人。其地在唐以前，一直屬於汾陰縣，即后土祠之所在。衛氏是在自己的家鄉，按照《史》、《漢》記載尋找后土祠，而且一找，還真的就發現了漢代的遺址。〈漢汾陰后土祠遺址的發現〉就是他尋找后土祠和發掘后土祠的設想和計劃，下簡稱〈發

[53] 一九五〇年，徐旭生先生在河南登封、禹縣、偃師尋找夏墟也帶有同樣的性質。

現〉。54

〈發現〉一文包括四部份：

(1)「介子推的隱地」。他先討論介子推。介子推是山西歷史上的名人，據說逃隱於介山。介山見於古書，向有二說，一說在介休，即綿山；一說即上面提到的萬泉孤山。他的結論是，漢武帝到過的介山肯定在萬泉，而不在介休，此山才是介子推隱居的介山。

(2)「漢汾陰后土祠的所在地」。是討論汾陰后土祠在什麼地方，即舊榮河縣還是舊萬泉縣，作者認為，古書所見脽丘應是一高起之地，而漢汾陰境內的最高處當屬介山，介山應即脽丘。他在「山西萬泉縣南吳村藥王廟西南柏林廟東南嚴子疙瘩」，即閻子疙瘩，發現斷崖上有不少漢代磚瓦，其中包括帶「千秋」銘文的漢磚和帶「宮宜子孫」、「長樂未央」銘文的瓦當，這更堅定了他的想法：漢汾陰后土祠肯定在舊萬泉縣的孤山。

(3)「后土祠即介子推祠」。作者又回到文章開頭的話題，他說介子推是死在三月，萬泉、稷山交界處的介廟有三月三日舉行迎神賽會的習俗，而漢祭后土也在三月，可見后土祠就是介子推祠。

(4)「發掘的計劃」。包括在山西萬泉、山西太原、河南洛陽、陝西咸陽四處發掘，共需經費九萬元，其中萬泉佔一萬元。衛氏設想，此次發現，除漢代磚瓦為「當然得物」，銅器石刻和其他漢代建築物為「預計所得」，還有「進一步希望」，是挖出春秋銅器，其中甚至包括「晉文公所埋五鼎之四」（此說近於幻想），以及這一時期的其他建築物。

文後有年款，是一九二九年六月十二日寫於南京古物保存所。

〈山西萬泉縣閻子疙瘩（即漢汾陰后土祠遺址）之發掘〉，是根據衛氏設想，於次年在山西萬泉縣閻子疙瘩進行發掘，嗣後寫成的發掘報告。報告用中英文雙語發表，中文從書口的右邊翻頁，

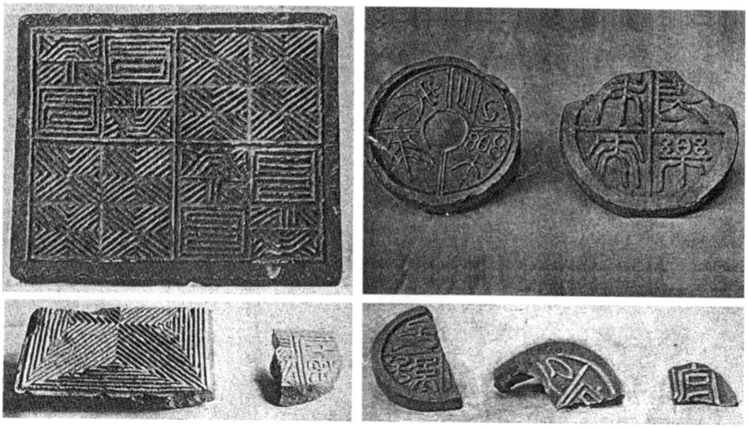

閻子疙瘩遺址出土的磚瓦（衛聚賢採集）

英文從書口的左邊翻頁，圖版按英文順序走。下簡稱〈發掘〉。[55]

中文部份，書前有山西省立（封面作「公立」）圖書館館長柯璜的序言。然後是著者的簡短聲明，說明這一發掘是由衛聚賢論證和策劃，請看〈發現〉一文云。

正文分四部份，第一至第三部份是由董光忠執筆，第四部份是由張蔚然執筆：

(1)「山西萬泉縣閻子疙瘩（即漢汾陰后土祠遺址）之發掘」。主要是講發掘之緣起和發掘之經過，甚短。發掘緣起，是一九三〇年衛聚賢從南京到北京與美國華盛頓弗利爾美術館陳列部主任畢士博（C. W. Bishop）商定，由弗利爾美術館出資，山西省立圖書館負責組織考古團進行發掘。雙方簽約，規定發掘標本歸山西省立圖書館，發掘報告由兩家署名，用中英文雙語發表，發掘經費和出版經費由美方負責。考古團由四人組成：董光忠（來自山西省立圖書館，畢士

[54] 衛聚賢〈漢汾陰后土祠遺址的發現——附發掘計劃〉，《東方雜誌》第二十六卷十九號（一九二九年），七一—八一頁。

[55] 董光忠〈山西萬泉縣閻子疙瘩（即漢汾陰后土祠遺址）之發掘〉，太原山西公立圖書館和美國華盛頓福利爾藝術陳列館合刊，上海，一九三二年。案：「美國華盛頓福利爾藝術陳列館」，即 Freer Gallery of Art of Washington, D.C.，今多譯為「華盛頓弗利爾美術館」。

博在中國的代理人）、張蔚然（來自中央研究院歷史語言研究所考古組）、聶光甫（來自山西省立圖書館）和衛聚賢（來自南京古物保存所），萬泉縣長魏日靖、西杜村村長吳克明協助。發掘始於一九三〇年十月三十日，終於同年十一月八日，共挖探溝十條，其中包括南北縱溝五條、東西橫溝四條、斜溝一條，以及探溝旁出的探坑四個，屬試掘性質。

(2)「掘獲物門類」。是對出土物的說明，主要包括漢磚、漢瓦、陶器等大件器物，以及銅、鐵、蚌、骨、琉璃等不同材質的小件器物。其中「銅器類」為耳環和五銖錢，沒有圖版或插圖。漢磚有「千秋」、「口歲」銘，瓦當有「長生無極」、「宮宜子孫」和「長樂未央」銘。

(3)「各坑掘獲物器物數目統計表（附統計表例言）」。即出土器物登記表，只有一頁。

(4)「遺址附近之地形及地質」。是對孤山地理、地質的描述，並附「圖三」即地圖三的說明。作者說，此山周長六十里，山高三百公尺（兩句中間，英文還多出一句：and it occupies an area of some 300 square li (thirty-five square miles)，即「佔地約三百平方里（三十五平方英里）」），[56]西南峭突，東北坡緩，特別是東南一隅，山勢平緩，為山尾，按堪輿家的說法，是宜於修建宮殿和祭壇的地點。[57]遺址即位於此處的多層臺地上。

英文部份，與中文略同，但前面多出一篇長達二十頁的介紹：Prefatory Note on the Worship of Earth in Ancient China（〈序說：中國古代的土地崇拜〉），是畢士博寫給英文讀者看的。上述四節的順序也不一樣，張文（第四節）在前，董文（第一至第三節）在後。

全書包括圖版十九幅（十四幅是黑白照片，五幅是線圖），地圖三幅，遺址（發掘部份）平面圖一幅，插圖一幅。

這次發掘的出土物，後歸山西省立圖書館。山西省立圖書館，一九三三年改為民眾教育館，後

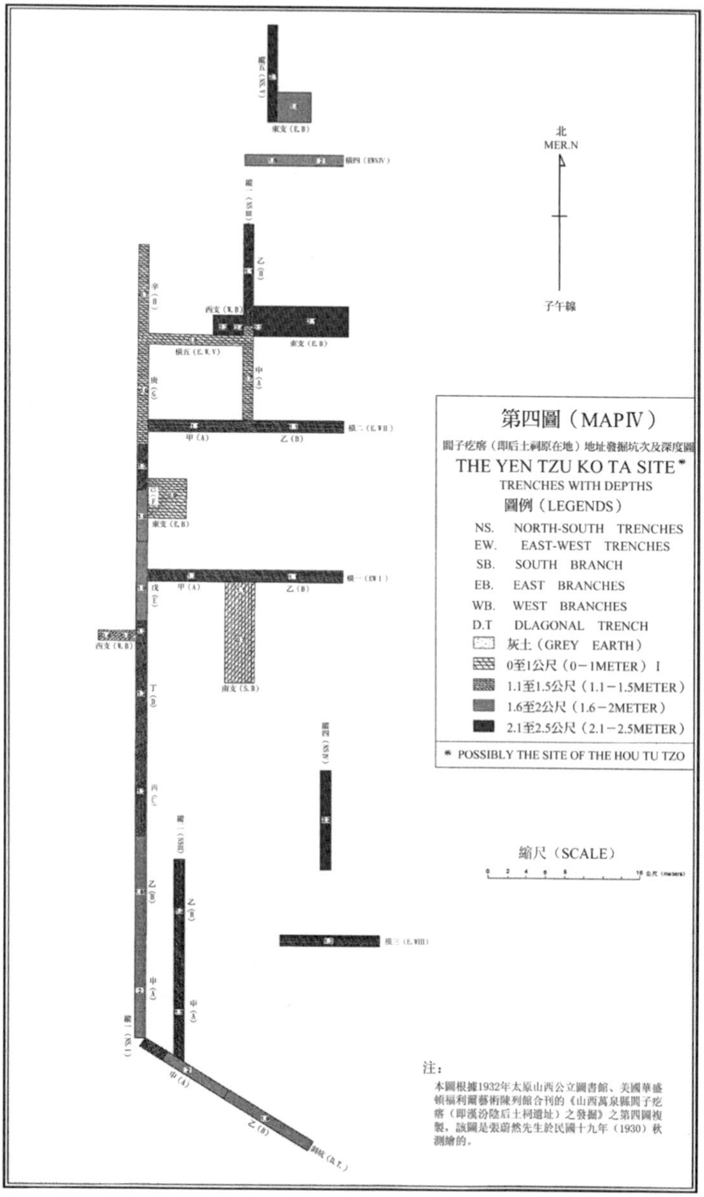

一九三〇年發掘的探溝和探坑

56 《水經注·汾水》「又西過皮氏縣南」條曾描寫此山：「文穎曰：介山在河東皮氏縣東南。其山特立，周七十里，高三十里。穎言在皮氏縣東南則可，高三十里，乃非也。今准此山，可高十餘里。」案：「周七十里」，與此說相近，但「高三十里」或「高十餘里」則不合。疑所記或為上山路程，非高度也。

57 地圖三上標有大片新石器遺址。它們主要位於孤山東北（藥王廟的西北和東南）和正南（水母廟南）的山麓。這次發掘後，一九三一年四月，由國立北平大學女子師範研究所、山西省立圖書館和美國弗利爾美術館合作，衛聚賢（代表國立北平大學女子師範研究所）和董光忠（代表弗利爾美術館）還在孤山東北的荊村瓦渣斜進行過考古發掘。參看：董光忠〈本校與山西圖書館、美國福利爾藝術陳列館發掘山西萬泉石器時代遺址之經過〉，《師大月刊》一九三三年第三期，九九—一一一頁。案：一九九三年李零在華盛頓弗利爾—賽克勒美術館的圖書館曾發現董氏的報告手稿。

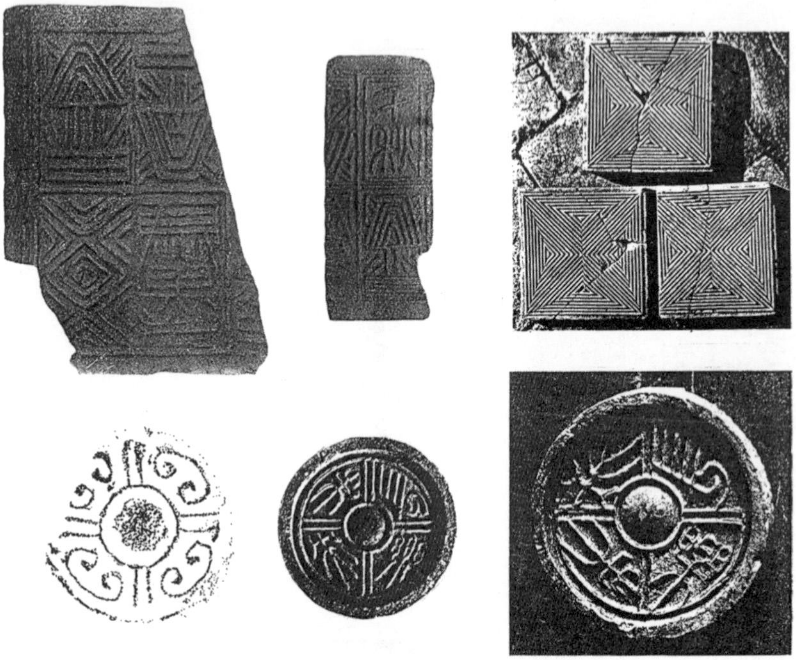

閻子疙瘩遺址出土的磚瓦（一九三〇年發掘）

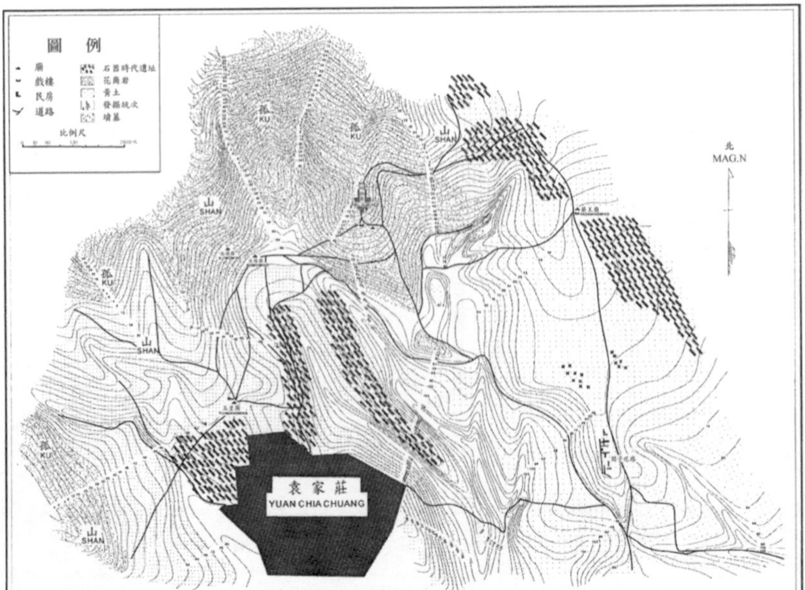

閻子疙瘩遺址附近的地形圖

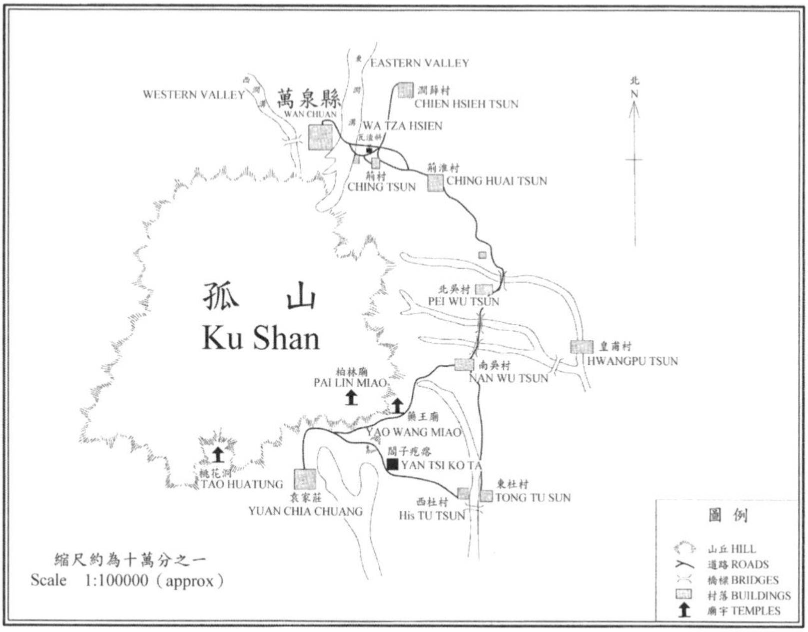

閻子疙瘩遺址周圍的村落

閻子疙瘩遺址所在的臺地

來又改稱山西省立太原博物館，即山西省博物館的前身。當年，這批文物曾於該館的文廟陳列室展出。58

上述作品，〈發現〉的最大可取之處，就是它對與汾陰后土祠有關的介山給予了極大關注。其貢獻主要有兩點，一是論定漢武帝所到介山非介休介山而是萬泉介山，二是指出閻子疙瘩遺址是漢代的宮殿遺址。但此文把萬泉介山說成是脽丘和后土祠所在，把后土祠說成是介子推祠，據下所論，並不可信。〈發掘〉一書記錄的發掘，是在衛氏的設想下進行，它對遺址性質的判定也不可取，但發掘對象與漢武帝祭后土有關，這對我們的研究仍有參考價值。

六、汾陰古城之調查和廟前村魏國墓地的發掘

探索汾陰后土祠，關鍵有三，一是確定古汾陰城的位置，二是確定古脽丘的位置，三是尋找漢后土祠本身的遺物。

(1)先說第一點。首先，我們可以肯定，歷代文獻講后土祠都是說它在汾陰。上面說過，汾陰古城，戰國秦漢也好，魏晉南北朝也好，隋代和唐初也好，肯定是在汾、河二水交會處；唐代的寶鼎縣和宋元明清的榮河縣也都在黃河岸邊。現在，據山西省考古工作者調查，汾陰古城在今后土廟和廟前村的西側，只有東牆的北段和東北角還留在岸上，北、西、南三面均已沒入水中，保留面積還有三千至四千平方公尺。東牆殘長約七百五十公尺，北段高十五至四十二公尺、寬約七至九公尺不等，夯層厚八公分，夯窩直徑五．五公分；東南角「看去不很明顯」。城址遺物有陶片、磚瓦、瓦當、箭頭等物，年代在戰國到西漢。其中有西漢典型的雲紋瓦當和帶「長生無極」銘文的瓦當（注

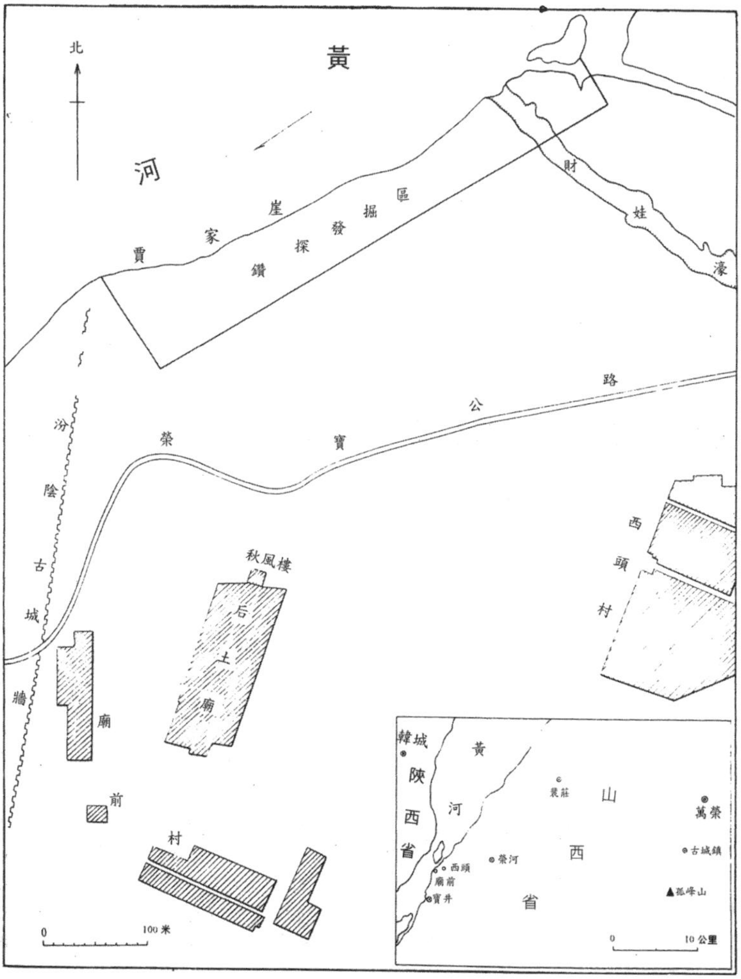

汾陰古城和廟前墓地

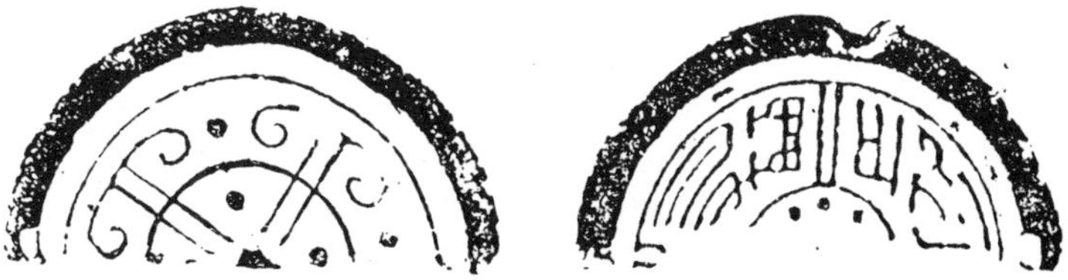

汾陰古城出土的瓦當

㊽ 水野清一、日比野丈夫《山西古跡志》，孫安邦等譯，太原：山西古籍出版社，一九九三年，一一、一六—一八頁。

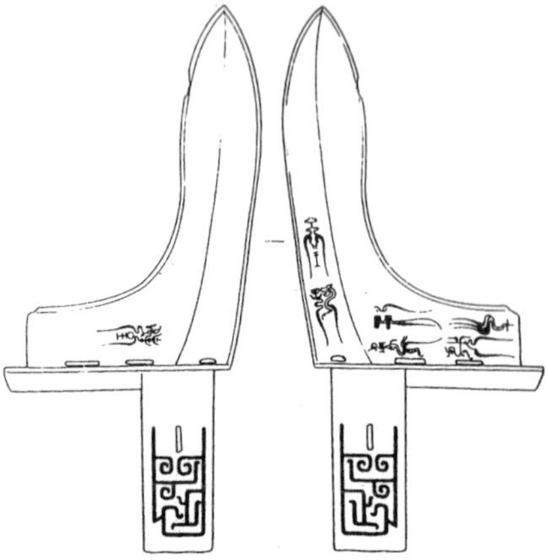
王子于戈

意：這種銘文也見於一九三〇年萬泉閻子疙瘩漢宮殿遺址出土的瓦當）。[59]也有學者認為，古城可以早到春秋時期，[60]即與廟前村的魏國墓地大致為同一時期。其上下限的時間範圍還可以討論。但憑這一發現，我們可以肯定，早期的汾陰肯定在這一帶。

(2)脽丘，按古書記載，是在汾、河二水交會處，今已沒入水中。二十世紀五〇年代，考古工作者到當地調查，以當時黃河東岸的一道土崗當之，高約三十公尺。村民說，三十至四十年前，它東西長約五至六里，南北寬約二至三里，後來因河道東移，南段約三至四里已沒入水中，剩下的部份只有二里長。[61]我們在第二節提到，按漢代標準計算，脽丘的大小是：長約今三至四里，寬約今一．五里，高約今二十至三十多公尺。它比村民所說二十世紀一〇至二〇年代人們看到的土崗要小一點，但比五〇年代看到的土崗要大一點。古之土崗，漢代叫「魏脽」（《史記．封禪書》），當與它在魏汾陰城附近有關。我們要想確定漢后土祠在什麼地方，有一點不能忘記，就是這一地點是個歷代多出鼎彝的地方，漢武帝、唐玄宗祭后土，都是迎合這種祥瑞。

脽丘為什麼多出鼎彝？請參看上文第四節。[62]它們很多都是因河水沖刷暴露於斷崖，顯然和脽丘所在的地形有關。一九五八年三月，當地船工在黃河邊距河底三十多公尺高的斷崖（賈家崖）發現有銅器露出，當時撿到銅鼎、罍、鬲等二十餘件。山西省文物管理委員會獲知這一情況後，派人清理了殘餘部份，證實這是一座墓葬，編號為58M1。它就是後來廟前墓地發掘的先聲。[63]另外，一九六一年，因河水沖刷，賈家崖被河水沖塌，這裡還出土過錯金鳥書的吳國銅器：王子于戈。64

廟前墓地，二十世紀五〇至六〇年代，山西省文物管理委員會做過全面調查、鑽探，並有三次發掘（一九五八、一九六一和一九六二年）。他們發現，遺址的地勢是東北高亢，西南低緩，墓地分佈其上，略小於這道土崗，面積有二十五萬平方公尺，賈家崖一帶，斷崖上暴露墓葬甚多，就是歷代多出鼎彝的地方。整個墓地，墓地中部和斜口村西北，墓葬最密集。這批墓葬主要是春秋戰國墓，年代最早是上面提到的58M1。它們早可早到春秋晚期之初，晚可晚到戰國中期，戰國中期以後一度廢棄，西漢中期又被利用，多數是春秋戰國墓，少數是漢墓。65

上述發現說明，汾陰這個地方，城、墓、祠三者之間有密切關係。春秋戰國時期，汾陰古城和廟前墓地彼此相鄰，城裡是住活人的地方，墓地是埋死人的地方，兩者一左一右，相互匹配。而西漢中期，大約正好在武帝前後，這裡的居民似乎突然增加，城邑是利用原來的城邑，墓地是利用原來的墓地。當時的人在這一帶興屋起墳，很容易發現銅器。漢代的后土祠是和出鼎有關，它的位置

59 楊富斗〈山西萬榮縣發現古城遺址〉。

60 陶正剛〈山西境內東周古城址調查〉，《晉文化研究座談會紀要》，太原：山西人民出版社，一九八五年，三二—三六頁。

61 楊富斗〈山西萬榮縣發現古城遺址〉。

62 關於汾陰出鼎和廟前墓地的關係，李零已有所討論，見所著《中國方術續考》，北京：中華書局，二〇〇六年，一三四—一三六頁。

63 楊富斗〈山西萬榮縣廟前村的戰國墓〉，《文物參考資料》一九五八年第十二期，三四—三五頁。

64 張頷〈萬榮出土錯金鳥書戈銘文考釋〉，《文物》一九六二年第四、五期，三五—三六頁。

65 正式報告尚未發表，目前比較詳細的介紹，見山西省考古研究所〈萬榮廟前東周墓發掘收穫〉，《三晉考古》第一輯，太原：山西人民出版社，一九九四年，二一八—二五〇頁。

應該就在這一帶，廟前墓地是間接證明。

(3)漢代的汾陰城是沿襲秦代和戰國時期的汾陰城，但后土祠的正式建立卻是在漢武帝元鼎四年，大致與廟前墓地中的漢墓是同一時期。漢汾陰城在什麼地方？漢后土祠在什麼地方？現在還沒有直接證據。但我們在第四節中提到唐玄宗開元十一年祭后土，「又獲古磚，長九寸，篆書『千秋萬歲』字及『長樂未央』字」（《文獻通考．郊社考九》），漢汾陰城也出土過帶「長生無極」銘文的西漢瓦當。這些都是尋找漢代宮殿的重要線索。

總結上述發現，我們認為，既然汾陰古城在黃河岸邊，唐寶鼎縣和宋榮河縣皆沿其地而易其名，仍在附近，唐宋以來的后土祠，與城相隨，一脈相承，也在這一帶，我們相信，漢代的后土祠不可能在其他地方，也一定就在附近。

七、我們的調查

我們的調查，是由國家社會科學基金委員會、山西省文物局大力支持，太原師範學院派車，該校網絡中心主任董靖保陪同，同行有中國社會科學院文學所的趙麗雅先生，以及北京大學城市環境系的兩位研究生，馬保春和王輝，連同司機，一共七人。

下面摘自李零的調查日記。

五月十六日夜，同趙麗雅乘火車去太原。十七日晨到達，與先到太原師範學院的唐曉峰會合，他的兩個學生已在身邊。上午，去山西省考古所座談，參觀所內的發掘標本。然後，去山西省博物館，除院裡有一點石刻，沒有文物展覽。下午，上路，先去平遙古城，再去鎮國寺，最後到霍州，宿霍州市財政局招待所。十八日，參觀霍州署、興唐寺和霍山中鎮廟，繼往洪洞，參觀廣聖寺，看水神廟壁畫，訪永凝堡和坊堆的西周遺址，宿臨汾市；十九日，經臨汾、襄汾、新絳，到稷山和河津一遊。稷山，參觀金墓博物館，看青龍寺壁畫。河津，看禹門口。然後去萬榮，本來打算沿黃河東岸走，因為堵車，被迫繞道從柴家、里望走。下午到達萬榮，住商貿大廈，旅館對面是飛雲樓。參觀飛雲樓，見萬榮縣文物旅遊局局長孫養幸，聽他介紹情況，得《萬泉、榮河縣誌》和后土祠《廟圖碑》拓片，以及后土祠和秋風樓的說明書。

二十日，早起，天陰下雨，再到飛雲樓會孫局長。孫局長在開會，暫時無法談話。先在院內參觀，看薛儆墓石槨。然後登樓照相。飛雲樓的匾額是一九五二年所書，落款仍作「萬泉縣」。會後，孫局長派小賈、小孫為嚮導，南行，一同去孤山。

先到萬泉鄉，尋找「西社村」。因為在北京準備不夠，很多地理方位都不清楚，只好臨時打聽。趙麗雅在孫局長寫的〈衛氏故里考〉中讀到，閻子疙瘩是在一個叫「西社村」的地方。我們就先打聽「西社村」。萬泉鄉在孤山的北面。小賈、小孫說，你們要了解「西社村」在哪裡，最好找當地老人而且是有知識的老人問。經介紹，我們拜訪了一位退休老師。此人名叫屈殿魁。他給我們講孤山的形勢，介紹孤山周圍的村落分佈。經他指點，衛聚賢的故里是在孤山東側的北吳村，北吳村的南面還有南吳村；我們找的「西社村」，其實是「西杜村」之誤，和吳村分南北相似，它也分東西，我們要找西杜村，先要找到東杜村。謝過屈老師，我們往外走，南望孤山，灰灰濛濛，天公不作美，雨中攝孤山，很不理想。照相後，去荊村，路旁有小屋，小屋旁立有保護標誌，旁邊是個土疙瘩，村人謂即瓦渣斜，當年董光忠等人在此發掘，在考古學史上有紀念意義。出荊村，再往東南走，至皇甫鄉。問路，謂向南走，不意走錯，又返回皇甫鄉，再問路，才知應走另一條路。路

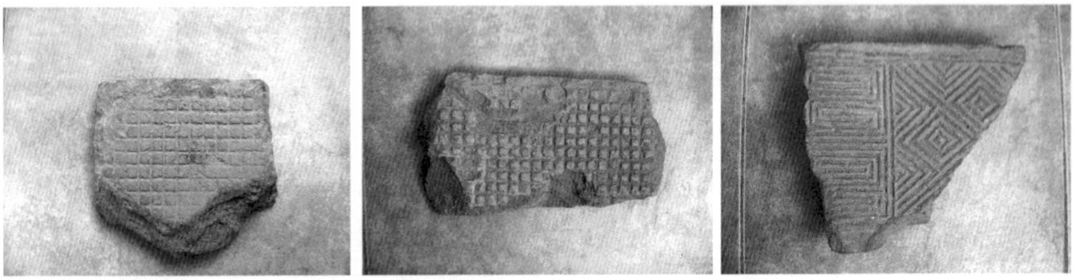

閻子疙瘩遺址出土的磚瓦（筆者採集）

上，黃色的麥田和綠色的樹叢相間，風景很好。左繞右繞，終於到達東杜村。東杜村與西杜村，中間有一道南北向的壕溝，連接兩村的路是一道土樑，比較窄，剛剛下過雨，司機擔心塌陷，眾遂下車而行。進西杜村，被村民圍觀。問閻子疙瘩在什麼地方，都說不知道，沒人聽說過。我們問，村裡還有沒有老人知道，誰聽說過吳村的衛聚賢，也沒人知道。這個村是以吳姓為大姓。有人說，村裡最有知識的是尹老師。於是，找尹老師。我們進一個院子打聽，說不是尹老師家，唐曉峰和趙麗雅扭頭就走。我在院中解手，留在後面，出門前，順便打聽，女主人靠窗而立，說不知道，但問話間，有人在屋裡搭訕，不斷駁斥女主人，原來是此家的男主人。他說他知道這些事。唐曉峰和趙麗雅問尹老師，無功而返，他們沒有想到，反而是這個農民知道情況。此人叫吳振江，自告奮勇，願意給我們帶路。我們從村西頭出村，先西行，再北折，路邊到處可見漢代的磚瓦。最後爬上一座高原。他說，到了，你們說的「閻子疙瘩」，我們叫「閻疙瘩」，現在是村裡的墓地，俗名「陵園」，還有一種叫法是「上甘嶺」（當是二十世紀五〇年代以來的新名），並指著北面的另一個原說，那座原上有個「祖先碑」，有一個叫吳璋的人埋在那裡。當年，衛聚賢到此發掘，是一九三〇年，即七十二年前。那時，即便是十歲的小孩，活到現在也八十二歲，老人是見不到了。吳振江也是耳聞於先人。

遺址在孤山的東南角，西北遙對孤山上的柏林廟，所見磚瓦與一九三

○年的發現相符，紋飾同於未央宮和甘泉宮所出。

我們終於找到了閻子疙瘩。登臨四望，細雨綿綿，大家都很激動。唐曉峰望氣，斬釘截鐵說，此遺址必非后土祠，而是漢武帝祭后土臨時歇腳的行宮（或可稱為「介山宮」）。大家都贊同這一看法。看來，這個遺址還沒有引起考古學界的足夠重視，今後，還應做進一步調查，遺址保護的問題也應呼籲一下。

從閻子疙瘩回來，時間緊，放棄去北吳村調查（老人都已作古，估計很難訪到當年的情況），返回萬榮縣吃午飯。然後去廟前村看后土祠。路上有不少水坑，顛顛簸簸。

后土祠，東依黃河，北帶汾水，人還沒到，遠遠已見秋風樓。車開到廟垣東北隅，有小門正對秋風樓的右側。大家從此小門入。接待者十分熱心，售當地出版的《后土》雜誌和碑刻拓片，入庫看《秋風辭刻石》和《后土廟像圖碑》，然後在院內拍攝。

今后土廟是一長院，北門不開，只能從門縫向外窺看。前院有樹，地面有點潮濕，後院比較敞亮，也比較乾燥。正殿和秋風樓間是一大空場，有一群小孩正在跳舞，秋風樓有三層，第一層，一進門，可見「掃地壇」三字，下面有放供物的石龕，左右兩旁是樓梯。登樓，觀〈秋風辭〉刻石，極目遠眺，左前河灘十分寬闊，遠處有星星點點的白色，是羊在吃草。黃河的河道很遠，汾水蜿蜒，流入其中。整個顏色，或黃或綠，昏昏濛濛。左側是韓城縣，據說可見司馬遷祠，但睜大眼睛看，還是看不清。

出秋風樓，繼續顛簸，經臨猗，去永濟。晚上到永濟，宿黃河賓館（原名鸑鷟飯店）。

二十一日，上午參觀萬固寺和普救寺。然後，去蒲州城和蒲津渡，看黃河鐵牛。下午去運城，看關帝廟、運城市博物館、鹽池博物館。最後到夏縣，宿國貿賓館，名字很闊，條件極差（被褥、

后土廟西的黃河渡口，對面是韓城

掃地壇

毛巾都很髒）。二十二日，上午去夏縣博物館，找不到拿庫房鑰匙的人。然後，去東下馮遺址。然後去侯馬，住凱悅賓館。下午去山西省考古所的信息中心，看陶寺文物。二十三日，同夏商周斷代工程的人一起參觀曲村車馬坑、陶寺城址和侯馬工作站。下午四點半，乘火車回北京。

上述調查，時間過於倉促，資料準備很不充分，但沿途所過，山川形勢，多所觀察，歸而讀書，還是很有收穫。

現在，對照二十世紀九〇年代后土廟的平面圖和剖面圖，回想我們看到的建築，講一點粗糙的印象：

(1) 大門。前有月臺，後有戲臺，大體相當《廟圖碑》的櫺星門或「太寧廟」門。

(2) 道院。左右並列，大體相當《廟圖碑》的「西道院」和「東道院」。但《廟圖碑》的這兩個院子是在外垣中點的兩側，這裡則前置。

(3) 旗竿。在院門內，《廟圖碑》是放在「太寧廟」門後，位置大體對應。

(4) 戲臺。在旗竿後，左右並列，相當《廟圖碑》的露臺，兩旁有廊廡。這一空間大體相當《廟圖碑》主殿區內院的前庭。

(5) 鼓樓和鐘樓。在獻殿前。《廟圖碑》的鐘樓和對面的建築也在主殿的前方，但位置更為靠前，其實是在主殿區內院的前方，按此廟的位置講，等於是在戲臺的前面。

(6)獻殿和正殿。它們大體相當《廟圖碑》的「坤柔之殿」。

(7)獻殿、正殿兩旁的建築。左右有東西相對的兩個配殿，左前和右前還有二祠，或即說明書上的「東西五虎配殿」。它們大體相當《廟圖碑》的「□王」、「六丁殿」、「五嶽殿」和「五道殿」、「六甲殿」、「真武殿」。

(8)正殿後的空場和秋風樓。大體相當《廟圖碑》的「寢殿」、「舊軒轅掃地壇」和我們推測為郊丘亭的建築。

總體印象，今后土廟，主要是放大和突出了《廟圖碑》的主殿區，而大大簡化了它前面的院子。它在一定程度上保留了《廟圖碑》的某些成份，但佈局變化很大。

八、初步總結

(1)汾陰后土祠是漢代「三大祠」中碩果僅存，惟一保持祭祀的地點，唐宋時期的祭祀帶有復古意味，延續了這一傳統。其地位很高，從建築設計看，要高出一般的嶽鎮海瀆廟，只有封禪泰山，才能與之相比。歷史上，光天子親祠就有二十一次。其中西漢最盛，有十七次，唐代有三次，宋代有一次。天子派臣致祭或民間奉享，還不在其內。其著名天子，如漢武帝和漢光武帝，唐玄宗和宋真宗，都是歷史上舉行過封禪大典的皇帝。它的歷史價值和考古價值是毋庸置疑的。

(2)汾陰后土祠在今萬榮縣西黃河、汾水交匯處，即在舊榮河縣的西南，地點與漢汾陰縣城、唐寶鼎縣城、宋榮河縣城相鄰，而不可能在其東面舊萬泉縣的孤山。

(3)漢代的汾、河二水，汾水的南岸較今靠北，河水的東岸較今靠西。我們應根據當地的地理形

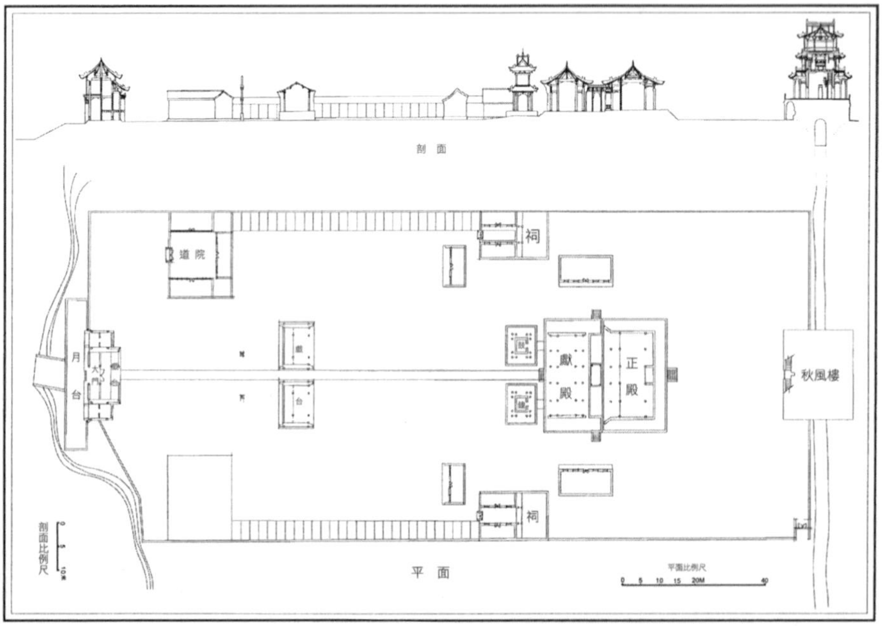

上世紀九十年代后土廟的佈局

勢和歷史上的水患紀錄，進行地質和水文方面的調查。這會有助於了解上述城址和祠址的位置，以及其遷徙移動的規律。

(4)戰國和漢代的汾陰古城是在今萬榮縣黃河東岸、汾水南岸的廟前村一帶，確切地點是廟前村的西北，即今榮河鎮的西南。這座古城，除東牆還殘存在岸上，大部份都已沒入黃河之中。唐寶鼎縣和宋榮河縣在廟前村南的寶井村，它們都在廟前村附近。唐萬泉縣在廟前村以東的萬泉鄉，即舊萬泉縣縣城的位置，與歷代的后土祠相距較遠。一九三〇年衛聚賢和董光忠等人在舊萬泉縣東南的閻子疙瘩發掘，他們發現的是另一處漢代遺址，而不是漢代的汾陰后土祠。

(5)漢后土祠在脽丘，脽丘在廟前村一帶。這裡是春秋戰國魏國的汾陰城所在，城東有魏國墓地，歷代多出鼎彝。漢武帝和唐玄宗獲鼎，清代出土郘黛編鐘、齊仲之子□鏄，多半都是因汾、河二水沖刷河岸，因此露頭。漢祠的位置在什麼地方，還有待調查，或已沒入水中，或仍壓在今后土祠下，還有可能在附近的其他地方。唐玄宗祭后土，曾在這一帶發現過「千秋萬歲」磚和「長樂未央」磚，可以證明這一帶確有漢代宮室。唐祠的位置，可能較漢祠偏南，具體位置也有待調查。宋祠則更在唐祠以南。金元和明清時期的后土祠是在廟前村的北面，位置也經常移動。

(6)衛聚賢、董光忠等人發掘的萬泉縣閻子疙瘩遺址不是汾陰后土祠，而是漢武帝祭祀汾陰臨時歇腳的行宮，即介山宮，情況類似蒲阪的首山宮。這個遺址，雖然不是后土祠本身，但與后土祠有關，是屬於同一時期的漢代建築，而且從過去的調查和試掘看，規模可能比后土祠還大，今後應該進行深入調查，摸清其遺址範圍和地層內涵，以便採取適當的保護措施，為將來的發掘作準備。

二〇〇四年七月十七日寫於北京藍旗營小區

附錄一：汾陰后土祠的祭祀活動

一、漢代

（一）漢文帝

漢文帝十六年（前一六四年）

平（新垣平）言曰：「周鼎亡在泗水中，今河溢通泗，臣望東北汾陰直有金寶氣，意周鼎其出乎？兆見不迎則不至。」于是上使使治廟汾陰南，臨河，欲祠出周鼎。（《史記．封禪書》、《漢書．郊祀志》有類似記載）

【案】新垣平，趙人。汾陰城西為魏國墓地，因黃河沖刷河岸，歷代多出鼎彝，而趙地又與魏地相近，蓋預有所聞。周鼎沒於泗水，是秦漢時期的流行傳說（漢畫像石常見泗水撈鼎圖）。新垣平說「周鼎亡在泗水中」是導致「河溢通泗」的原因，預言汾陰會出周鼎，想用鼎出則河平來打動文帝。漢文帝十二年（前一六八年），即四年以前，曾有河決酸棗的大水災：「十二年冬十二月，河決東郡」（《漢書．文帝紀》），「孝文時，河決酸棗，東潰金堤」（《史記．河渠書》），但未聞「河溢通泗」。史載河溢通泗，是在武帝元光三年（前一三二年），「夏五月，河水決濮陽，氾郡十六」（《漢書．武帝紀》），「今天子元光之中，河決于瓠子，東南注鉅野，通于淮、泗」（《史記．河渠書》），即三十二年以後。新垣平編造神氣之說，被人揭發而伏誅，但河溢通泗和獲鼎汾陰，後來卻成為事實。這是武帝立后土祠的背景。

（二）漢武帝

1. 元鼎元年（前一一六年）

（元鼎元年）夏五月，赦天下，大酺五日。得鼎汾水上。（《漢書．武帝紀》）

【案】這是武帝首次獲鼎，元鼎年號即以此而得。

2. 元鼎四年（前一一三年）

其明年冬，天子郊雍，議曰：「今上帝朕親郊，而后土無祀，則禮不答也。」有司與太史公、祠官寬舒議：「天地牲角繭栗。今陛下親祠后土，后土宜于澤中圜丘為五壇，壇一黃犢太牢具，已祠盡瘞，而從祠衣上黃。」于是天子遂東，始立后土祠汾陰脽丘，如寬舒等議。上親拜望，如上帝禮。……

是時上方憂河決，……

其夏六月中，汾陰巫錦為民祠魏脽后土營旁，見地如鉤狀，掊視得鼎。鼎大異于眾鼎，文鏤無款識，怪之，言吏。吏告河東太守勝，勝以聞。天子使使驗問巫得鼎無姦詐，乃以禮祠，迎鼎至甘泉，從行，上薦之。至中山，曣嗢，有黃雲蓋焉。有麃過，上自射之，因以祭云。至長安，公卿大夫皆議請尊寶鼎。天子曰：「間者河溢，歲數不登，故巡祭后土，祈為百姓育穀。今歲豐廡未報，鼎曷為出哉？」有司皆曰：「聞昔泰帝興神鼎一，一者壹統，天地萬物所繫終也。黃帝作寶鼎三，象天地人。禹收九牧之金，鑄九鼎。皆嘗亨鬺上帝鬼神。遭聖則興，鼎遷于夏商。周德衰，宋之社亡，鼎乃淪沒，伏而不見。〈頌〉云『自堂徂基，自羊徂牛；鼐鼎及鼒，不吳不驁，胡考之休』。今鼎至甘泉，光潤龍變，承休無疆。合茲中山，有黃雲降蓋，若獸為符，路弓乘矢，集獲壇下，報祠大享。唯受命而帝者心知其意而合德焉。鼎宜見于祖禰，藏于帝廷，以合明應。」制曰：「可。」（《史記．孝武本紀》、《史記．封禪書》、《漢書．郊祀志上》有類似記載）

……昔寶鼎之出于汾脽也，河東太守以聞，詔曰：「朕巡祭后土，祈為百姓蒙豐年，今穀嗛未報，鼎焉為出哉？」博問耆老，意舊臧與，誠欲考得事實也。有司驗脽上非舊臧處，鼎大八尺一寸，高三尺六寸，殊異于眾鼎。今此鼎細小，又有款識，不宜薦見于宗廟。制曰：「京兆尹議是。」（《漢書．郊祀志下》）

【案】據下《漢書．武帝紀》，武帝「郊雍」在元鼎四年冬十月，「始立后土祠」在冬十一月甲子，事出司馬談、寬舒之議，非以獲鼎而立，獲鼎是在其後的夏六月。「其明年」節，原文接在

「文成死明年……世莫知也」節和「後三年……今郊得一角獸曰『狩』云」節後，《廟圖碑》「歷朝立廟致祠實跡」誤讀，以為后土祠始立於元狩二年冬十月「行幸雍，祠五時」之後，應糾正。「于是天子遂東，始立后土祠汾陰脽丘，如寬舒等議」，《漢書·郊祀志》作「于是天子東幸汾陰。汾陰男子公孫滂洋等見汾旁有光如絳，上遂立后土祠于汾陰脽上，如寬舒等議」。「脽上」，蘇林曰：「脽音誰。」如淳曰：「脽者，河之東岸特堆掘，長四五里，廣(一)〔二〕里餘，高十餘丈。汾陰縣治脽之上。后土祠在縣西。汾在脽之北，西流與河合。」師古曰：「二說皆是也。脽者，以其形高起如人尻脽，故以名云。一說此臨汾水之上，地本名鄈，音與葵同，彼鄉人呼葵音如誰，故轉而為脽字耳，故《漢舊儀》云葵上。」此記武帝始立后土祠，事在河決濮陽之後十九年。當時，漢武帝「遂東，始立后土祠汾陰脽丘」，估計是東出長安，從蒲阪渡河，直接到汾陰祠后土。「汾陰巫錦為民祠魏脽后土營旁」，我們理解，意思是說有巫名錦者（疑即后土祠中的巫者）為當地人民禱求，地點在故魏脽之地新建后土祠的圍牆之外，而不是說巫錦在后土祠外另外修了一所「民祠」（以別於官祠）。這是武帝的第二次獲鼎，鼎大異於前，遷於甘泉。

（元鼎）四年冬十月，行幸雍，祠五時。賜民爵一級，女子百戶牛酒。行自夏陽，東幸汾陰。十一月甲子，立后土祠于汾陰脽上。……

……

（夏）六月，得寶鼎后土祠旁。秋，馬生渥窪水中，作〈寶鼎〉、〈天馬之歌〉。

（《漢書·武帝紀》）

【案】這是漢武帝第一次祭后土。《史記·封禪書》只記武帝元鼎四年立后土祠。其後發生之事，詳《漢書》之〈武帝紀〉、〈郊祀志〉。

3. 元鼎五年（前一一二年）

（元鼎五年）十一月辛巳朔旦，冬至。立泰畤于甘泉。天子親郊見，朝日夕月。詔曰：「朕以眇身托于王侯之上，德未能綏民，民或饑寒，故巡祭后土以祈豐年。冀州脽壤乃顯文鼎，獲（祭）〔薦〕于廟。渥窪水出馬，朕其御焉。戰戰兢兢，懼不克任，思昭天地，內惟自新。《詩》云『四牡翼翼，以征不服』。親省邊垂，用事所極。望見泰一，修天文禮。辛卯夜，若景光十有二明。《易》曰：『先甲三日，後甲三日。』朕甚念年歲未咸登，飭躬齋戒，丁酉，拜況于郊。」（《漢書．武帝紀》）

【案】此五年追記之辭。「脽壤」即脽上之地，「文鼎」即「文鏤無款識」之鼎。

4. 元封四年（前一〇七年）

（元封）四年冬十月，行幸雍，祠五畤。通回中道，遂北出蕭關，歷獨鹿、鳴澤，自代而還，幸河東。春三月，祠后土。詔曰：「朕躬祭后土地祇，見光集于靈壇，一夜三燭。幸中都宮，殿上見光。其赦汾陰、夏陽、中都死罪以下，賜三縣及楊氏皆無出今年租賦。」（《漢書．武帝紀》，其事又見〈郊祀志〉）

【案】這是漢武帝第二次祭后土。他是從西北巡遊，繞一個大圈子，從代地南下，到河東祠后土。《廟圖碑》「歷朝立廟致祠實跡」記「元封二年祀后土，賜二縣及楊民無出今年租賦。四年三月祀后土，詔曰：『朕躬祭后土，光集靈壇，一夜三燭。』」其實是把四年事一分為二，誤增二年。

5. 元封六年（前一〇五年）

（元封）六年冬，行幸回中。春，作首山宮。三月，行幸河東，祠后土。詔曰：「朕禮首山，昆田出珍物，化或為黃金。祭后土，神光三燭。其赦汾陰殊死以下，賜天下貧民布帛，人一匹。」（《漢書．武帝紀》，其事又見〈郊祀志〉）

【案】這是漢武帝第三次祭后土。「首山宮」，是蒲阪之宮。應劭曰：「首山在上郡，于其下立廟也。」文穎曰：「在河東蒲阪界。」師古曰：「尋此下詔文及依〈地理志〉，文說是。」《漢書．地理志》「河東郡……蒲反」，注：「有堯山、首山祠。雷首山在南。故曰蒲，秦更名。」「行幸河東，祠后土」，大概都是東出長安，直接渡河，經蒲阪，前往汾陰，下同。

6. 太初二年（前一〇三年）

（太初二年春）三月，行幸河東，祠后土。……夏四月，詔曰：「朕用事介山，祭后土，皆有光應。其赦汾陰、安邑殊死以下。」（《漢書．武帝紀》）

【案】這是漢武帝第四次祭后土。文穎曰：「介山在河東皮氏縣東南。其山特立，周七十里，高三十里。」《漢書．地理志》「河東郡……汾陰」，注：「介山在南。」《廟圖碑》「歷朝立廟致祠實跡」記「太初元年十二月祀后土」，誤。又〈武帝紀〉「（太初元年）十二月，襢高里，祠后土」，是說在蒿里祠后土，而非於汾陰祠后土，不錄。

7. 天漢元年（前一〇〇年）

（天漢元年春）三月，行幸河東，祠后土。（《漢書．武帝紀》）

【案】這是漢武帝第五次祭后土。《史記．封禪書》於結尾說「今天子所興祠，太一、后土，三年親郊祠，建漢家封禪，五年一修封」，規定太一、后土，皆三年一祀（即每隔一年祭祀一次），但元鼎四年至元封四年，中間隔五年，太初二年至天漢元年，中間隔二年，則有所不同。

（三）漢宣帝

1. 神爵元年（前六一年）

（神爵元年春）三月，行幸河東，祠后土。詔曰：「朕承宗廟，戰戰栗栗，惟萬事統，未燭厥理。乃元康四年嘉穀玄稷降于郡國，神爵仍集，金芝九莖產于函德殿銅池中，九真獻奇獸，南郡獲白虎威鳳為寶。朕之不明，震于珍物，飭躬齋精，祈為百姓。東濟大河，天氣清靜，神魚舞河。幸萬歲宮，神爵翔集。朕之不德，懼不能任。其以五年為神爵元年。賜天下勤事吏爵二級，民一級，女子百戶牛酒，鰥寡孤獨高年帛。所振貸物勿收。行所過毋出田租。」（《漢書．宣帝紀》，其事又見〈郊祀志〉）

【案】《漢書．郊祀志》說「昭帝即位，富于春秋，未嘗親巡祭云」，是因為八歲即位，年紀太小，由大將軍霍光輔政，又很短命。宣帝即位，情況類似，「時，大將軍霍光輔政，上共己正南面，非宗廟之祀不出」（《漢書．郊祀志》）。他是十二年以後，才親巡出祭。這是漢宣帝第一次祭后土。「幸萬歲宮」，服虔曰：「萬歲宮在東郡平陽縣，今有津。」晉灼曰：「《黃圖》汾陰有萬歲宮，是時幸河東。」師古曰：「晉說是。」《黃圖》即《三輔黃圖》，其書記甘泉宮有萬歲宮，而汾陰亦有萬歲宮，此平陽萬歲宮是另一萬歲宮，非汾陰萬歲宮。

2. 五鳳三年（前五五年）

（五鳳三年春）三月，行幸河東，祠后土。（《漢書．宣帝紀》，其事又見〈郊祀志〉）

【案】這是漢宣帝第二次祭后土。《廟圖碑》「歷朝立廟致祠實跡」誤隸此事於五鳳元年，並記「甘露二年三月，幸河東，祀后土」，亦無據。甘露二年為前五二年。

（四）漢元帝

1. 初元四年（前四五年）

（初元四年春）三月，行幸河東，祠后土。赦汾陰徒。賜民爵一級，女子百戶牛酒，鰥寡高年帛。行所過無出租賦。（《漢書．元帝紀》，其事又見〈郊祀志〉）

【案】這是漢元帝第一次祭后土。《廟圖碑》「歷朝立廟致祠實跡」於此條下記「永光元年，幸河東，祀后土」，據下引〈郊祀志〉，可信。永光元年為前四三年。

2. 建昭二年（前三七年）

（二年春）三月，行幸河東，祠后土。（《漢書．元帝紀》），其事又見〈郊祀志〉）

【案】這是漢元帝第五次祭后土。元帝祭后土，最合乎武帝所立「三年一祀」（即每隔一年祭祀一次）的祭祀規定。《漢書．郊祀志》說「元帝即位，遵舊儀，間歲正月，一幸甘泉郊泰畤，又東至河東祠后土，西至雍祠五畤。凡五奉泰畤、后土之祠」，史缺其三，疑在永光元年、三年和五年（前四三年、前四一年、前三九年）。

（五）漢成帝

1. 建始二年（前三一年）

（建始）二年春正月，罷雍五畤。辛巳，上始郊祀長安南郊。詔曰：「乃者徙泰畤、后土于南郊、北郊，朕親飭躬，郊祀上帝。皇天報應，神光並見。三輔長無共張繇役之勞，赦奉郊縣長安、長陵及中都官耐罪徒。減天下賦錢，筭四十。」……辛丑，上始祠后土于北郊。（《漢書．成帝紀》）

【案】成帝初即位，匡衡、張譚議罷甘泉泰畤、汾陰后土祠和雍五畤，改行長安南北郊之祭。

建始元年（前三三年），罷甘泉泰畤、汾陰后土祠。二年（前三二年），罷雍五畤。至此始行長安南北郊之祭。參看《漢書·郊祀志》載衡、譚奏議。

2. 永始三年（前一四年）

> （永始三年）冬十月庚辰，皇太后詔有司復甘泉泰畤、汾陰后土、雍五畤、陳倉陳寶祠。語在〈郊祀志〉。（《漢書·成帝紀》）

【案】漢成帝從匡衡、張譚議，罷甘泉泰畤、汾陰后土祠和雍五畤，行長安南北郊之祭，事在建始元年和二年。三年，衡、譚坐事免，眾多非議之，以為不當變動舊制，尤以劉向反對最力，上有悔意。後以無繼嗣故，乃令皇太后詔有司復甘泉泰畤、汾陰后土祠和雍五畤，以及舊祠著明者。其時上距建始元年已有十八年。參看《漢書·郊祀志》載劉向對上問。

3. 永始四年（前一三年）

> （永始四年春）三月，行幸河東，祠后土，賜吏民如雲陽，行所管無出田租。（《漢書·成帝紀》）。

【案】這是漢成帝第一次祭后土。成帝復后土之祀，議在三年，行在四年。

4. 元延二年（前一一年）

> （元延二年春）三月，行幸河東，祠后土。（《漢書·成帝紀》）

【案】這是漢成帝第二次祭后土。揚雄〈河東賦〉記漢成帝祭后土，說「其三月，將祭后土，上乃帥群臣橫大河，湊汾陰。既祭，行遊介山……」此事應繫於漢成帝哪一年，王先謙《漢書補注》曾有所討論，最後定為元延二年。《西漢會要》卷一〇也把〈河東賦〉定在這一年。

5. 元延四年（前九年）

（元延四年春）三月，行幸河東，祠后土。（《漢書．成帝紀》）

【案】這是漢成帝第三次祭后土。

6. 綏和二年（前七年）

（綏和二年春）三月，行幸河東，祠后土。（《漢書．成帝紀》）

【案】這是漢成帝第四次祭后土。成帝初，從匡衡、張譚議，罷武帝諸祠，行南郊之祭（在長安南郊祭天），後以無繼嗣故，復武帝諸祠，凡四祭后土：成帝遵舊儀，仍作三年一祀。《廟圖碑》「歷朝立廟致祠實跡」只記永始四年之祀，不記元延二年、四年和綏和二年之祀。

（六）漢哀帝

後數年，成帝崩，皇太后詔有司曰：「皇帝即位，思順天心，遵經義，天下說憙。懼未有皇孫，故復甘泉泰畤、汾陰后土，庶幾獲福。皇帝恨難之，卒未得其佑。其復南北郊長安如故，以順皇帝之義也。」

哀帝即位，寢疾。博徵方術士，京師諸縣皆有侍祠使者，盡復前世所常興諸神祠官，凡七百餘所，一歲三萬七千祠云。

明年，復令太皇太后詔有司曰：「皇帝孝順，奉承聖業，靡有解怠，而久疾未瘳。夙夜唯思，殆繼體之君不宜改作。其復甘泉泰畤、汾陰后土祠如故。」上亦不能親至，遣有司行事而禮祠焉。後三年，哀帝崩。（《漢書．郊祀志》）

（建平三年）冬十一月壬子，復甘泉泰畤、汾陰后土祠，罷南北郊。（《漢書．哀帝紀》）

【案】哀帝盡復武帝諸祠，但體弱多病，不親巡，惟遣官致祭。平帝元始五年（公元五年），王莽奏罷哀帝所復，頗改祭禮，再定南北郊之祭，配五帝、五佐於五位，集大小神祠一千七百餘所於長安。至此，武帝之祀盡除。

二、東漢

漢光武帝

建武十八年（四二年）

（十八年春）三月壬午，祠高廟，遂有事十一陵。歷馮翊界，進幸蒲阪，祠后土。

（《後漢書．光武帝紀》，事又見〈文苑列傳〉）

【案】金《廟圖碑》「歷朝立廟致祠實跡」錄此，以為漢光武帝祠后土在汾陰。

三、唐代

唐玄宗

1. 開元十一年（七二三年）

（十一年春二月）壬子，祠后土於汾陰之脽上，升壇行事官三品已上加一爵，四品已上加一階，陪位官賜勳一轉。改汾陰為寶鼎縣。癸亥，兵部尚書張說兼中書令。三月庚午，車駕至京師，制所經州、府、縣無出今年地稅，京城見禁囚徒並原免之。（《舊唐書．玄宗本紀》）

汾陰后土之祀，自漢武帝後廢而不行。玄宗開元十年，將自東都北巡，幸太原，便還京，乃下制曰：「王者承事天地以為主，郊享泰尊以通神。蓋燔柴泰壇，定天位也；瘞埋泰折，就陰位也。將以昭報靈祇，克崇嚴配。爰逮秦、漢，稽諸祀典，立甘泉於雍時，定后土於汾陰，遺廟嶷然，靈光可燭。朕觀風唐、晉，望秩山川，肅恭明神，因致禋敬，將欲為人求福，以輔升平。今此神符，應於嘉德。行幸至汾陰，宜以來年二月十六日祠后土，所司准式。」

先是，脽上有后土祠，嘗為婦人塑像，則天時移河西梁山神塑像，就祠中配焉。至是，有司送梁山神像於祠外之別室，內出錦繡衣服，以上后土之神，乃更加裝飾焉。又於祠堂院外設壇，如皇地祇之制。及所司起作，獲寶鼎三枚以獻，十一年二月，上親祠於壇上，亦如方丘儀。禮畢，詔改汾陰為寶鼎。亞獻邠王守禮、終獻寧王憲已，頒賜各有差。（《舊唐書．禮儀志四》）

（十一年正月）壬子，如汾陰，祠后土，賜文武官階、勳、爵、帛。癸亥，張說兼中書令。三月辛未，至自汾陰，免所過今歲稅，赦京城。（《新唐書．玄宗本紀》）

開元十年十二月壬寅，將北巡，詔曰：『王者承事天地以為主，郊享泰尊以通神。蓋燔柴大壇，定天位也；瘞埋太折，就陰位也。將以昭報靈祇，克崇嚴配。爰迨秦漢，稽諸祀典，立甘泉於雍畤，定后土於汾陰，遺廟巍然，靈光可燭。朕觀風唐晉，秩望山川，肅恭明神，思致祇敬，將欲為人求福，以輔升平。今此神符，應於嘉德。宜以來年正月北巡狩，行幸至汾陰，以二月祠后土，所司准式。』（注：先是，脽上有后土祠，嘗為婦人素像，則天時移河西梁山神塑〔像〕，就祠中配焉。）至是，有司送梁山神像於祠外之別室，內出錦繡衣服，以上后土之神，乃更加裝飾焉。又於祠堂院外設壇，如皇地

祇之制。及所司起作，獲寶鼎三枚以獻。（《冊府元龜》卷三三）

【案】這是玄宗第一次祭后土。玄宗北巡在開元十年十二月五日。兩《唐書》記玄宗祭后土只有十一、二十年祭，無十二年祭。十一年祭的時間，為開元十一年二月十六日。

2. 開元十二年（七二四年）

開元十一年，玄宗自東都將還西京，便幸并州。至十二年二月二十二日，祠后土於汾陰脽上。太史奏：「榮光出河，休氣四塞，祥風繞壇，日揚其光（注：舊祠堂為婦人褄像。武太后時，移河西梁山神褄像，就祠中配焉）。」（《通典》卷四五）

開元十一年，上將還西京，便幸并州，兵部尚書張說進言曰：「陛下今因行幸，路由河東，有漢武后土之祠，此禮久闕，歷代莫能行之。願陛下紹斯墜典，以為三農祈穀，此誠萬姓之福。」至十二年二月二十二日，祠后土於汾陰脽上，太史奏：『榮光出河，休氣四塞，祥風繞壇，日揚其光（初，有司奏：「修壇掘地，獲古銅鼎二，其大者容四升，小者容一升，色皆青。又獲古磚，長九寸，有篆書『千秋萬歲』字及『長樂未央』字。又有赤兔見於壇側。」舊祠堂為婦人褄像，則天時，移河西梁山神褄像，就祠中配焉。至十一年，有司還梁山神像於祠外之別室焉。兼以中書令張嘉貞為壇場使，將作少監張景為壇場副使，張說為禮儀使）。』（《文獻通考·郊社考九》）

【案】這是玄宗第二次祭后土。但也有可能是第一次祭后土的異說，其時間是開元十二年二月二十二日。

3. 開元二十年（七三二年）

（開元二十年）十一月庚午，祀后土於脽上，大赦天下，左降官量移近處。內外文武官加一階，開元勳臣盡假紫及緋。大酺三日。十二月壬申，至京師。（《舊唐書．玄宗本紀》）

（開元）二十年，車駕又從東都幸太原，還京。中書令蕭嵩上言：「去十一年親祠后土，為祈穀，自是神明昭格，累年豐登。有祈必報，禮之大者。且漢武親祠脽上，前後數四，伏請准舊祀后土，行賽之禮。」上從之。其年十一月至寶鼎，又親祠以申賽謝。禮畢，大赦。仍令所司刊石祠所，上自為其文。（《舊唐書．禮儀志四》）

（開元二十年十一月）庚申，如汾陰，祠后土，大赦。免供頓州今歲稅。賜文武官階、勳、爵，諸州侍老帛，武德以來功臣後及唐隆功臣三品以上一子官。民酺三日。十二月辛未，至自汾陰。（《新唐書．玄宗本紀》）

（開元）二十年，車駕欲幸太原，中書令蕭嵩上言云：「十一年親祠后土，為蒼生祈穀。自是神明昭佑，累年豐登。有祈必報，禮之大者。且漢武親祠脽上，前後數四。伏請准舊事，至后土行報賽之禮。」從之。至十一月二十一日，祀后土於脽上。其文曰：「恭惟坤元，道昭品物，廣大茂育，暢於生成，庶憑休和，惠及黎獻。博厚之位，粵在汾陰，肅恭時巡，用昭舊典。敬以琮璧犧牲，粢盛庶品，備茲瘞禮，式展誠慤。睿宗皇帝，配神作主。」禮畢，令所司刊石於祠所。（《通典》卷四五）

【案】這是玄宗第二次祭后土。祭祀時間當從《新唐書．玄宗本紀》，作「（開元二十年十一月）庚申」，庚申是二十一日，正與《通典》卷四五作「二十一日」合。該年十一月無庚午日，《舊唐書．玄宗本紀》作「十一月庚午」誤。漢以後，天子封禪泰山、祭汾陰后土只有唐玄宗和宋真宗。唐玄宗封禪泰山在開元十三年（七二五年）十一月。

附：

1. 唐玄宗〈后土神祠碑序〉

古之王者，皆受天命，禮樂有權，神祇是主。郊兆所設，雖定於厥居；精靈所感，則通乎其變。大抵歸正，旁行不流，惟創制者為能之，亦安在守文而已。脽上祠者，本魏地郟丘之舊，而漢家后土之宮。汾水合河，梁山對麓，地形堆阜，天然詭異。隆崛岉而特起，忽盤紆而斗絕，景象相傳，肸蚃如在。有物不可以終否，有典不可以遂廢，故推而行之，神而明之，歲在癸亥，始有事於茲焉。

在昔後王，時邁省方，柴燎告至，幽隱胥洎。大舜則五載一巡，武帝則三歲一祭，古今代變，人神禮煩，朕就為損益，折以法度，一紀再駕，亦無閑焉。二十年冬，勒兵三十萬，旌旗亙千里，校獵上黨，至於太原。赫威戎於朔陲，沛展義於南夏。肆覲群後，道有以大備；懷柔百神，文無而咸秩。先是有司宿設，恪敬乃事。己未師次於齋宮，庚申親祀於后祇。聖考在天，侑而作主，何禮不舉，靡神不遍。往者漢氏之祠也，牲以養牛，五歲繭栗，所以貴其誠；藉以采席，六重槁秸，所以尚其質。事與古反，義不經見。朕因其地而不因其儀，取其得而不取其失。凡牲幣法物之事，歌舞接神之類，諮故實于方澤。不遂過於元鼎。此皆公卿大夫，鴻生鉅儒，獻其方聞，匡於不逮，朕何有也。且王者事天明，事地察，示有本，教以孝，奈何郊丘之禮，猶獨以祈穀為名者耶？於戲！享於至誠，錫以繁祉。黃雲蓋於神鼎，降光燭于靈壇。自昔已然，乃今復見。斯固陰精有所寓，寶氣為不誣，雖寂寥而不動，亦動之而斯應。顧朕之不德，靈感何從？賴累聖儲祉，福流所致。乃眚災肆赦，與物更始，大賚天下，有慶兆人。山川鬼神，鳥獸魚鱉，莫不允若，莫不咸寧。此所以承覆載，報生植，資元元，盡翼翼，豈與夫封禪有牒，專在求仙，秘祝有辭，密於移過而已！（《全唐文》卷四一）

2. 張說〈后土神祠碑銘〉

至哉坤元！萬物資生。王者母事，德合天明。義有大報，用協永貞。茫茫九土，思索其精。因天事天，因地事地。彼汾之曲，高脽傑異。景象遺光，壇場舊位。寂寥千祀，精靈永閟。誣神不祥，復古維祺。文所無者，秩而祭之。矧曰后土，昔載明祠。何必因陰，迺為我師。意多漢武，跡在横汾。風流可接，簫鼓如聞。壽宮創制，神鼎勒勳。古往今來，豈無斯文？（《全唐文》卷二三〇）

【案】此碑立於二十年祭後。

四、宋代

（一）宋太祖

開寶九年（九七六年）

汾陰后土，漢武帝元鼎中所立脽上祠，宣帝、元帝、成帝、後漢光武、唐元宗皆親祭。是後，曠其禮。開寶九年，徙廟稍南，是年，始遣使致祭。其後，又詔：「自今凡告天地，仍詣祠告祭，命禮官考定衣冠制度，令有司修制，遣使奉上。」（《文獻通考·郊社考九》）

【案】「開寶九年，徙廟稍南」，說明宋廟在唐廟南。

（二）宋真宗

1. 景德四年（一〇〇七年）

（真宗景德）四年正月十七日，以朝拜諸陵，遣工部尚書王化基乘驛詣后土廟致祭，用大祀禮。其祭服、祭器並自京齎送。（《宋會要輯稿．禮二八》之四〇）

真宗景德三年八月九日，詳定所又請造正座玉冊玉匱一副，配座玉冊金匱二副，及金繩金泥，如禪祭社首之制。其配座金匱，通禮藏於太廟埳室，欲依東封例，更不鑿動壁廟，只依尊謚冊寶，置神座之側。又祀禮畢，封玉冊匱於廟中，伏緣前代，封禪之外，別無祠宇內封玉冊制度。今詳所用石匱，並蓋三層，方廣五尺，下層高二尺，上開牙縫一周，闊四寸，深五寸；中容玉匱處，長一尺六寸，闊一尺。又南北刻金繩道三周，各相去五寸。每勒金繩處，闊一寸，深五分。上層厚一尺，仍於上面四角，更刻牙縫，長八寸，深四寸。每繫金繩處，深四寸，方三寸五分，容「天下同文之寶」。先就廟庭規度為埳，深五尺，闊容石匱及封固之人，先以金繩三道，南北絡石匱。候祀畢，封玉匱訖，中書侍郎奉匱至廟，與太尉同置匱石中。將作監加上層蓋訖，繫金繩三道畢，各填以石泥，印以「天下同文之寶」。印畢，皇帝省事後，將作監率執事更加蓋頂石蓋，然後以土封固如法，上為小壇如方丘狀，詔可，仍命直史館劉鍇攝將作監，與入內殿頭郝昭信同領其事，又命三曾押當玉冊金玉匱朱允中援護入內，供奉官楊懷玉與判門下省官押當「授命寶」。

初，命制置史定置石匱方位。堯叟等据翰林天文邢中和等議置前殿西間近北壬地吉，或從殿內西間午地安置亦吉。既而禮儀使王欽若請依儀注，於前殿欄楯之下，皇帝板位之西，奉安石匱，以藏玉冊。詔堯叟覆議，請依欽若所定，禮官詳定亦請如堯叟議，於正殿直南安置，仍別設欄檻遮護。劉鍇又請依東封例，增差石匠二十人。又言封固石匱，將作監率執事者更加盝頂石蓋，然後用土封固，上為壇，如方丘之狀。若只用土，恐未如法。欲先用磚砌，後以土封固。又小壇元無方廣制度，請廣厚皆五尺，飾如丘壇。

（《宋會要輯稿．禮二五》之六〇至六一）

【案】景德四年祭屬於遣官致祭，但其三年所議，卻為五年後真宗親祭定下制度。《文獻通考．王禮考二十一》載大中祥符三年詔：「將來祀汾陰，還時朝拜諸陵，大略如景德四年之禮。」就是證明。

2. 大中祥符元年（一〇〇八年）

大中祥符元年九月五日，以將東封，議同日遣官致祭汾陰后土。詳定所上言：「按西漢祭天於甘泉泰畤，祭地於汾陰后土，後漢始定南北郊。然則今之汾陰后土，本漢祀地之所也。將來既禪社首，祀皇地祇，則后土不當同日更祭。又按唐開元十二年、二十年祀后土於汾陰脽上，十三年封禪不別祀望，欲車駕將行，遣官告祭封禪日，即罷祭」。從

之。乃命給事中馮起致祭。及禮成，又遣右諫議大夫薛映祭謝。（《宋會要輯稿．禮二八》之四〇至四一）

【案】此亦遣官致祭。

3. 大中祥符四年（一〇一一年）

〔記載一〕

（大中祥符三年）六月庚戌，邊臣言契丹饑，來市糴，詔雄州糴粟二萬石振之。河中府父老千餘人請祀后土，不許。……

……（秋七月）辛丑，文武官、將校等三上表請祠汾陰后土。

……

八月丁未朔，詔明年春有事於汾陰，州府長吏勿以修貢助祭煩民。戊申，陳堯叟為祀汾陰經度制置使。己酉，王旦為祀汾陰大禮使，王欽若為禮儀使。庚戌，詔汾陰路禁弋獵，不得侵佔民田，如東封之制。……乙亥，河中府父老千七百人來迎，上勞問之，賜以縉帛。

……

四年春正月辛巳，詔執事汾陰懈怠者，罪勿原。乙酉，習祀后土儀。丁亥，將祀汾陰，謁啟聖院太宗神御殿、普安院元德皇后聖容。丙申，詔以六月六日天書再降日為天貺節。丁酉，奉天書發京師。日上有黃氣如匹素，五色雲如蓋，紫氣翼仗。……

……（二月）癸丑，次河中府。丁巳，黃雲隨天書輦。次寶鼎縣奉祇宮。戊午，登後圃延慶亭。己未，瀵泉湧，有光如燭。辛酉，祀后土地祇。是夜，月重輪，還奉祇宮，紫氣四塞。幸開元寺，作大寧宮。……（《宋史・真宗本紀》）

【案】「奉祇宮」，是真宗在寶鼎縣祭后土的行宮，前殿叫穆清殿，前亭叫望雲亭，後亭叫「延慶亭」、「延信亭」。《宋會要輯稿・禮二八》之四七：「（大中祥符三年十月）五日，賜寶鼎縣行宮名曰奉祇，前殿曰穆清殿，後亭曰嚴慶、嚴信，行宮前亭曰望雲，渭河橋曰省方，洛河橋曰迎蹕。」「嚴慶」就是這裡的「後圃延慶亭」，「嚴信」也應當是「延信」之誤。二亭皆在奉祇宮的後院，即所謂「後圃」。這是大中祥符三年宋真宗定的一套名稱。次年則改奉祇宮為太寧宮，詳下。

〔記載二〕

汾陰后土。真宗東封之又明年，河中府言：「進士薛南及父老、僧道千二百人列狀乞赴闕，請親祠后土。」詔不允。已而南又請，河南尹寧王元偓亦表請，文武百僚詣東上閤門三表以請。詔明年春有事於汾陰后土，命知樞密院陳堯叟為祀汾陰經度制置使，翰林學士李宗諤副之，樞密直學士戚綸、昭宣使劉承珪計度發運，河北轉運使李士衡、鹽鐵副使林特計度糧草，龍圖閣待制王曙、西京左藏庫使張景宗、供備庫使藍繼宗修治行宮、道路，宰臣王旦為大禮使，知樞密院王欽若為禮儀使，參知政事馮拯為儀仗使，趙安仁為鹵簿使，陳堯叟為橋道頓遞使。又以旦為天書儀衛使，欽若、安仁副之，丁謂為扶侍使，藍繼宗為扶侍都監，內侍周懷政、皇甫繼明為夾侍。發陝西、河東兵五千人赴汾陰給役，出廄馬，增傳置，命翰林、禮院詳定儀注，造玉冊、祭器。先令堯叟詣后土祠祭告，分遣常參官告天地、廟社、嶽鎮、海瀆。

詳定所言：「祀汾陰后土，請如封禪，以太祖、太宗並配。其方丘之制，八角，三成，每等高四尺，上闊十六步。八陛，上陛廣八尺，中廣一丈，下廣一丈二尺。三重壝，四面開門。為瘞坎於壇之壬地外壝之內，方深取足容物。其后土壇別無方色。正坐玉冊，玉匱一副；配坐玉冊，金匱二副；金泥，金繩。所用石匱並蓋三層，方廣五尺，下層高二尺，上開牙縫一周，闊四寸，深五寸，中容玉匱，其闊一尺，長一尺六寸。匱刻金繩道三周，各相去五寸，每纏繩處，闊一寸，深五分。上層厚一尺，仍於上四角更刻牙縫，長八寸，深四寸。每纏金繩處深四寸，方三寸五分，取容封寶。先即廟庭規地為坎，深五尺，闊容石匱及封固者。先以金繩三道南北絡石匱，候祀畢封匱訖，中書侍郎奉匱至廟，與太尉同置石匱中，將作監加蓋，繫金繩畢，各填以石泥，印以『天下同文之寶』，如社首封礪制。帝省視後，將作監率執事更加盝頂石蓋，然後封固如法。上為小壇，如方丘狀，廣厚皆五尺。」

經度制置使詣脽上築壇如方丘，廟北古雙柏旁有堆阜，即其地為之。有司請祭前七日遣祀河中府境內伏羲、神農、帝舜、成湯、周文武、漢文帝、周公廟及於脽下祭漢、唐六帝。

四年正月，帝習儀於崇德殿。丁酉，法駕發京師。二月丙辰，至寶鼎縣奉祇宮。戊午，致齋。己未，遣入內都知鄧永遷詣祠上衣服、供具。庚申，百官宿祀所。是夜一鼓，扶侍使奉天書升玉輅，先至脽上。二鼓，帝乘金輅，法駕詣壇，夾路設燎火，盤道回曲，周以黃麾仗。初，路出廟南，帝以未修謁，不欲乘輿輦過其前，令鑿路由廟後至壇次。翼日，帝服袞冕登壇，祀后土地祇，備三獻，奉天書於神坐之左次，以太祖、太宗配侑。

冊文曰：「維大中祥符四年，歲次辛亥，二月乙巳朔，十七日辛酉，嗣天子臣某，敢昭告於后土地祇：恭惟位配穹旻，化敷品匯。瞻言分壤，是宅景靈。備禮親祠，抑惟令典。肇啟皇宋，混一方輿，祖禰紹隆，承平茲久。眇躬纘嗣，勵翼靡遑，厚德資生，綿區允穆，清寧孚佑，戴履蒙休。申錫寶符，震以珍物，虔遵時邁，已建天封。明察禮均，有所未答，櫛沐祇事，用致其恭。夷夏駿奔，瑄牲以薦，肅然郊上，對越坤元。式祈年豐，楙昭政本，兆民樂育，百福蕃滋，介祉無疆，敢忘祇畏。恭以琮幣、犧牲、粢盛、庶品，備茲瘞禮。皇伯考太祖皇帝、皇考太宗皇帝侑神作主。尚享。」親封玉冊，正坐於玉匱，配坐於金匱，攝太尉奉之以降，置於石匱，將作監封固之。

帝還次，改服通天冠、絳紗袍，乘輦謁后土廟，設登歌奠獻，遣官分奠諸神。至庭中，視所封石匱。還奉祇宮，鈞容樂、太常鼓吹始振作。是日，詔改奉祇曰太寧宮。壬戌，御朝覲壇受朝賀，肆赦，宴群臣於穆清殿、父老於宮門。穆清殿，奉祇宮之前殿也。詔五使、從臣刻名碑陰。謁西嶽廟，從官皆刻名廟中，仗衛儀物大略如東封之制。命薛南試將作監主簿，以首請祠汾陰故也。（《宋史．禮志七》）

【案】真宗祭后土是在祭泰山之後，議在三年，祭在四年。「真宗東封」指宋真宗大中祥符元年（一〇〇八年）封禪泰山，「之後明年」是大中祥符三年（一〇一〇年）。「祀汾陰后土，請如封禪」，請看《宋史・禮志七》的「封禪」條，該條提到「太平興國中，有得唐玄宗社首玉冊、蒼璧，至是令瘞於舊所」。真宗所埋「唐玄宗社首玉冊」，即馬鴻逵獲於泰安，今藏於臺北故宮博物院之唐玄宗玉冊，同出還有宋真宗玉冊。其四年祭后土的玉冊，據《宋會要輯稿・禮二八》之四四「（大中祥符三年八月）十七日，命王旦撰后土地祇冊文，趙安仁撰太祖、太宗配座冊文」，冊文是出自王旦之手。《宋會要輯稿・禮二五》之六三載之，略同。其格式同於宋真宗祭泰山的玉冊，可以對照參看。宋制，祭地埋冊是在「前殿欄楯之下，皇帝板位之西」，「於正殿直南安置，仍別設欄檻遮護」（《宋會要輯稿・禮二五》之六〇至六一）。「至庭中，視所封石匱」，是儀式完畢後，檢查冊文的埋藏情況。《宋會要輯稿・禮二八》之四九和五一提到祭前開石匱瘞坎，祭後埋冊庭中，一條是大中祥符四年正月八日，「詳定所言：『后土廟開石匱瘞坎，望令於祀前七日內擇日穿土。』從之」，一條是同年二月十七日，「帝服袞冕，登壇祀后土地祇，奉天書於右次，以太祖、太宗配侑，親封玉冊正座於玉匱，配座於金匱，攝太尉奉之以降，置玉匱於殿庭石匱，將作監領徒封固」。「穆清殿」，是奉祇宮的前殿，見上條案語。

〔記載三二〕

大中祥符三年，河中府言：「進士薛南率耆老、僧道千二百九十人列狀求詣闕，請親祠。」詔不允，仍止其來。七月，復上表固請，群臣亦詣東上閤門陳請。八月，詔以來年春，有事於汾陰后土。

有司定制：「玉冊、金玉匱，度廟庭擇地為坎，中置石匱，匱方五尺，厚二尺，中容玉匱，刻金繩道三，闊一寸，深五分，繫繩處刻深四寸，方三寸五分，容『天下同文』寶。俟祀畢，太尉奉玉匱置其中，將作監領徒舉石覆之，石厚一尺，繫繩、填泥、印寶，悉如社首封祀之制。皇帝省視訖，加蓋其上，封固，為小壇，廣厚五尺。」從之。九月，經度制置使詣脽上築壇如方丘之制，廟北古雙柏旁有堆阜，即就其地焉。十月，禮儀使王欽若言：「准儀注，祀畢，太尉封玉冊於廟庭石匱，百官班於庭中。皇帝謁廟禮畢，至石匱南，北向省視。」

四年正月丁酉，備鑾駕出京師。二月丙辰，至奉祇宮。戊午，致齋，召近臣登延慶亭，南望仙掌，北瞰龍門，自宮至脽丘，列植嘉樹，六師環宿行闕，旌旗帟幕照耀郊次，眺覽久之。己未，遣入內都知鄧永遷詣祠上衣服、供具。庚申，群臣宿祠所。辛酉，具法駕詣脽壇，夾路設燎火，其光如晝。盤道紆屈，周以黃麾仗。至壇次，服袞冕登壇，祀后土地祇，備三獻，奉天書於神座之左，以太祖、太宗並配，悉如封禪之禮。先是，脽上多風，及行禮，頓止，黃氣繞壇，月重輪，眾星不見，惟大角光明。少頃，改服通天冠、絳紗袍，乘輦詣廟，設登歌，奠獻，省封石匱，遣官分奠諸神。登鄈邱亭望河汾。還行宮，鼓吹振作，紫氣四塞，觀者溢路，民有扶老攜幼，不遠千里而至者。壬戌，御朝覲壇肆赦。是行，塗中屢有甘澍之應，皆夕降晨霽，從官、衛兵無霑服之患；又農事方興，耕民歡忭相屬。三月，駐蹕西京。四月，詔脽上后土廟宜上額為太寧正殿。

（《文獻通考．郊社考九》）

【案】「詔脽上后土廟宜上額為太寧正殿。」《續資治通鑑》卷三〇作「詔恭上汾陰后土廟額曰太寧」，《宋大詔令集》卷一一七作「詔脽上后土廟宜上額為太寧宮」，這三種記載，應以《續資治通鑑》為是，「宮」、「正殿」並是衍文。

〔記載四〕

（大中祥符三年）六月，庚戌，……

知河中府楊舉正言本府父老僧道千二百九十人狀請車駕親祀后土，詔不許。

……

（七月）辛丑，文武官、將校、耆艾、道釋三萬餘人詣闕請祀汾陰后土，不允。表三上，八月，丁未朔，詔以來年春有事於汾陰。

戊申，以知樞密院事陳堯叟為祀汾陰經度制置使，翰林學士李宗諤副之。

河北轉運使李士衡獻錢帛三十萬以佐用度，詔褒之。

己酉，發陝西、河東兵五千人赴汾陰給役，置急腳遞鋪，出廄馬，增驛傳遞鋪卒至八千餘人。

庚戌，命翰林學士晁迥、楊億等與太常禮院詳定祀汾陰儀注。

詔：「汾陰路禁弋獵，不得侵佔民田，如東封之制。」

……

丁巳，詔：「寶鼎縣不得答箠人，有罪並送府驅遣。」

……

辛未，命曹利用祭汾河。

有司定祀后土儀，度廟庭，擇地為埳，其玉冊、玉匱、石匱、石㦸、印寶，悉如社首之制，從之。

乙亥，河中府父老千七百人詣闕迎駕，帝勞問之，賜以繒帛。

九月，戊寅，詔：「西路行營，宜令儀鸞司止用油幕為屋，以備宿衛，不須覆以蘆竹。」

辛巳，河東轉運使、兵部郎中陳若拙請以所部緡錢芻粟十萬轉輸河中以助經費，許之。

癸未，陳堯叟言：「築壇於脽上，如方丘之制。廟北古雙柏旁起堆阜，即就用其地焉。」

……

初，有司議：「祀宇之旁難行覲禮，欲俟還至河中，朝會，肆赦。」於是陳堯叟等言：「『寶鼎行宮之前，可以設壇壝，如東封之制。』」詔如堯叟等奏。

……

冬，十月，庚戌，陳堯叟言解州父老欲詣闕奉迎車駕，詔堯叟諭止之。

戊午，命三司使丁謂赴汾陰路計度糧草。

……

（十二月）乙卯，告太廟，奉天書，如東封之制。

……

龍圖閣待制孫奭，由經術進，守道自處，即有所言，未嘗阿附取悅。帝嘗問以天書，對曰：「臣愚所聞：『天何言戰！』豈有書也！」帝知奭樸忠，每優容之。是歲，特命向敏中諭奭，令陳朝廷得失。奭上納諫、恕直、輕徭、薄賦四事，頗施用其言。及將有汾陰之役，會歲旱，京師近郡穀價翔貴，奭遂奏疏曰：「（略）。」帝遣內侍皇甫繼明諭以具條再上，於是奭又上疏曰：「（略）。」時群臣數奏祥瑞，奭又上疏言：「（略）。」疏入，不報。

……

（四年）春，正月，乙亥朔，……

……

詔：「執事汾陰懈怠者，罪勿原。」

……

乙酉，親習祀后土儀於崇德殿。

丁亥，謁啟聖院太宗神御殿、普安院元德皇后聖容，告將行也。

……

丁酉，車駕奉天書發京師。群臣言日上有黃氣如匹素，五色雲如蓋。是夕，次中牟縣。

戊戌，次鄭州。命陳彭年、王曙同詳定邀駕詞狀。

庚子，次鞏縣。判河陽張齊賢見於汜水頓，侍食畢，即還任。

辛丑，過訾邨，設幄殿，奉置山陵神坐，帝鞾袍拜哭奠獻。是日，有白霧起陵上，俄覆神幄，群臣以為帝哀慘所感。夕，次偃師縣。

壬寅，至西京。

甲辰，發西京，至慈澗頓，大官始進素膳。夕，次新安縣。

二月，乙巳朔，次澠池縣。

……

壬子，出潼關，渡渭河，次嚴信倉，遣近臣祀西嶽。

丙辰，次永安鎮，遣近臣祀河瀆。

丁巳，發永安鎮，群臣言有黃雲隨天書輦。法駕入寶鼎縣奉祇宮。

戊午，致齋。召近臣登延慶亭，南望仙掌，北瞰龍門，自宮至脽，列植嘉樹，六師環宿，行闕旌旗帟幕照耀郊次，眺覽久之。

己未，寶鼎縣守臣言瀵泉湧，有光如燭。庚申，群官宿祀所。

辛酉，具法駕詣脽壇，夾路燎火，其光如晝，甬道盤屈，周以黃麾仗。至壇次，服袞冕，登壇，祀后土地祇，備三獻，奉天書於神坐之左，以太祖、太宗並配，悉如封禪禮。司天奏言黃氣繞壇，月重輪，眾星不見，惟大角光明。少頃，改服通天冠、絳紗袍，乘輦詣廟，登歌奠獻，省封石匱，遣官分奠諸神。登鄈丘亭，視汾河，望梁山，顧左右曰：「此漢武帝泛樓船處也。」即日，還奉祇宮。詔以奉祇宮為太寧宮，增葺殿室，設后土聖母像，又遣官祭告河瀆。

壬戌，御朝覲壇，受群臣朝賀。大赦天下，恩賜如東封例。建寶鼎縣為慶成軍，給復二年，賜天下酺三日。大宴穆清殿，賜父老酒食衣帛。帝作〈汾陰二聖配饗〉、〈河瀆〉、〈西海〉等贊。

癸亥，發慶成軍，觀瀵泉。夕，次永安鎮。

甲子，次河中府，幸舜廟，賜舜井名廣孝泉。度河橋，觀鐵牛。又幸河瀆廟，登後亭，見民有操舟而漁，秉耒而耕者，帝曰：「百姓作業其樂乎！使吏無侵擾，則日用而不知矣。」

……

乙丑，御宣恩樓觀酺。

加號西嶽金天王曰順聖金天王，遣鴻臚少卿裴莊祭告。又詔葺夷、齊廟。

丙寅，賜親王、輔臣、百官酺宴於行在尚書省，凡二日。

戊辰，發河中府。己巳，次華陰縣，幸雲臺觀觀陳摶畫像，除其觀田租。庚午，謁順聖金天王廟，群臣陪位，遣官分奠廟內諸神。又幸巨靈真君觀，並除其田租，宴從官父老於行宮之宣澤樓。召見華山隱士鄭隱、敷水隱士李寧，賜隱號曰貞晦先生。

辛未，次閿鄉縣，召承天觀道士柴通玄，賜坐，問以無為之要，除其觀田租。通玄年百餘歲，善服氣，語無文飾，多以修身謹行為說云。

壬申，次湖城縣，宴虢州父老於行宮門。

三月，甲戌朔，次陝州，召草澤魏野，辭疾不至。

……

乙亥，幸順正王廟，宴從官父老於霈澤惠民樓。又登北樓，望大河，賜運河卒時服。是日，雨，石普請駐蹕城中，勿涉泥濘，因令扈從至西京。

戊寅，次新安縣。帝之還也，以道遠，閔衛士肩輿執蓋之勞，多乘車馬，御烏藤帽。翼日，入西京，以知河南府薛映有治狀，賜詩嘉獎。癸未，張齊賢來河陽來朝，召之也。

甲申，幸太子太師呂蒙正第，慰撫之，賜賚有加。問蒙正：「諸子孰可用？」對曰：「臣之子豚犬耳；臣侄夷簡，宰相才也。」

陳堯叟、李宗諤自河中府來朝，言初經度祀事至禮畢，凡土木工三百九十萬餘，止役軍士輦送糧草，供應頓遞亦未嘗差擾編民，帝稱善。

戊子，丁謂言有鶴二百餘翔天書殿上，又有五百餘飛集太清殿。

乙丑，御五鳳樓觀酺。

車駕將朝陵，甲午，發西京。

乙未，帝素服乘馬至永安縣，齋於行宮。丙申，謁安陵、永昌、永熙、元德皇太后陵。帝奠獻悲泣，感動左右。又遍詣諸后陵、諸王墳致奠。命中使遍祭皇親諸墳及詣汝州祭秦王墳。

丁酉，次鞏縣，張齊賢辭歸河陽，賜衣帶、器幣如侍祀例。

戊戌，至汜水縣。虎牢關路險，命執炬火以警行者。河陽結采為樓，備樂奏，帝以太宗忌辰甫近，亟止之。夕，至滎陽縣。改虎牢關為行慶關。

己亥，次鄭州。庚子，召從官宴於回鑾慶賜樓，宴父老於樓下，不作樂。

癸卯，次瓊林苑，賜部署鈐轄羊酒，犒設將士。

……

夏，四月，甲辰朔，駕至自汾陰。

……

己未，詔恭上汾陰后土廟額曰太寧。

以河中府進士薛南為試將作監主簿，首詣闕請祀汾陰者也。

……

（五年秋，七月）癸未，慶成軍大寧宮、廟成，總六百四十六區。

……

（六年，八月）辛酉，以參知政事丁謂為奉祀經度制置史，翰林學士陳彭年副之，謂仍判亳州，增置官署，如汾陰之制。

……

丁丑，參知政事丁謂上《新修祀汾陰記》五十卷。

……

（七年，十一月壬辰），戶部尚書陳堯叟上《汾陰奉祀記》三卷。

……

（《續資治通鑑》卷二九至三一）

【案】宋真宗祭后土，是從河南到陝西，再從陝西渡河，往河中。《宋會要輯稿．禮二八》之四五：「先是，往河中有二路，一由陝州浮梁，歷白徑嶺，一由三亭渡黃河。司天保章正賈周言：『二路岩險湍迅，不如出潼關，過渭、洛二水趨蒲津，地頗平坦，雖興工不過十數里，事下堯叟等，請如周議。』」「〈河瀆〉、〈西海〉等贊」，即《河瀆顯聖靈源公贊》、《西海廣潤王贊》，見《宋會要輯稿．禮二八》之五一之五二。「（五年秋，七月）癸未，慶成軍大寧宮、廟成」，癸未是十七日，《宋會要輯稿．禮二八》之五二至五三作「五年七月十四日，慶成軍言：『太寧宮、廟成。』」

〔記載五〕

宋真宗大中祥符四年春二月，帝祭后土於汾陰，大赦三月，駐蹕西京，詔脽上后土廟宜上額為太寧正殿。

先是三年六月癸丑，河中府進士薛南等請祀后土。

七月辛丑，群臣上表復請。

八月丁未朔，詔以來年春有事於汾陰。上曰：「冀民獲豐穰於朕躬固無所憚。」

戊申，以王旦兼汾陰大禮使，王欽若為禮儀使，陳堯叟為經度使，李宗諤副之。庚戌，命翰林晁迥、楊億、杜鎬、陳朋年、王曾與詳定祀汾陰儀注。

辛未，內出《脽上后土廟圖》，命陳堯叟量加修飾。

九月甲午，令宰臣王旦撰〈汾陰壇頌〉，知樞密院王欽若撰〈朝覲壇頌〉。

十月甲子，晁迥上〈祀汾陰樂章〉十首。

十二月二十六日，詔進蔬食，群臣繼請御常膳。

己巳，帝制〈奉天庇民述〉以示王旦等。

四年正月，帝習儀於崇德殿。

丁酉，奉天書發京師，出潼關，渡河，次河中府。

甲寅，以馮起為考制度使，趙湘副之。

丁巳，至寶鼎縣奉祇宮，有黃雲隨天書輦。

戊午，齋穆清殿。

庚申二鼓，上乘金輅法駕，進至脽壇，夾道設燎，周以黃麾下仗。

辛酉，上服衮冕，登壇祀后土地祇，奉天書於左次，以太祖、太宗配侑，親封玉冊、玉匱。少頃，服通天絳紗，乘輦至廟，設登歌奠獻。司天監言黃氣繞壇，月重輪，大角光明，群臣拜舞稱賀，詔改奉祇宮曰太寧。

壬戌，御朝覲壇，受朝賀，大赦，賜天下脯三日，大宴群臣於穆清殿，御製〈汾陰二聖配饗〉，建寶鼎為慶成軍，給復三年。

乙丑，丁謂而下以禮成獻歌頌者四十二人，付史館。

丙寅，制〈汾陰禮成詩〉賜百官。

四月甲午，至京師。

丁未，制〈西巡還京歌〉。

己未，詔脽上后土廟上額為太寧正殿，周設欄。

壬戌，增葺宮、廟。

六年八月丁丑，參政丁謂上《新修祀汾陰記》五十卷，詔褒之。

七年十一月壬辰，陳堯叟上《汾陰補記》三卷。（《廟圖碑》錄《通鑑綱目》、《文獻通考》）

【案】「四月甲午，至京師」，「甲午」當作「甲辰」。「壬戌，增葺宮、廟」，「壬戌」是該月十九日。參看：《宋會要輯稿．禮二八》之五二：「（大中祥符四年四月）十九日，命內供奉官郝昭信、趙履信增葺太寧宮、廟，並依修會真宮例，仍令周起一月一至檢校。」

歸納上述記載，宋真宗祭祀后土的過程，大體是像下面這樣：

正月丁酉　發京師。

二月丁巳　入寶鼎，次奉祇宮。

戊午　在奉祇宮，齋穆清殿，登延慶亭。

辛酉　自奉祇宮，詣廟祭后土，登鄈丘亭，還奉祇宮，改奉祇宮為太寧宮。

壬戌　在太寧宮，御朝覲壇，詔改寶鼎縣為榮河縣，置慶成軍。

四月甲辰　至京師。

己未　改后土廟正殿為太寧正殿。

壬戌　增葺宮、室。

宋真宗祭后土在祭泰山之後。祭泰山在大中祥符元年（一〇〇八年），祭后土在四年（一〇一一年）。四年正月丁酉是二十三日，二月丙辰是十二日，丁巳是十三日。真宗至寶鼎有丁巳、丙辰二說，《宋會要輯稿·禮二八》之五〇作「十三日」，《宋史·真宗本紀》、《續資治通鑑》卷二九作「丁巳」，《宋史·禮志七》、《文獻通考·郊社考九》作「丙辰」。今採用「丁巳」說。二月戊午是十四日，辛酉是十七日，壬戌是十八日。其祭祀活動主要在丁巳至壬戌六天裡。四月甲辰是一日，己未是十六日，壬戌是十九日。宋代以後，皇帝不親祀后土，皆遣官致祭，下不備述。

附錄二：汾陰后土祠和孤山的地理位置

一、滎河縣

(1)《漢舊儀》的記載（參看：《漢官六種》，周天遊點校，北京：中華書局，一九九〇年，九九頁）

祭地，河東汾陰后土宮，宮曲入河，古之祭地澤中方丘也。禮儀如祭天，名曰汾葵，一曰葵丘也。

(2)《說文解字》的記載

鄈，河東臨汾地，即漢之所祭后土處，從邑癸聲。

(3)《三輔黃圖》的記載（參看：《三輔黃圖校注》，何清谷校注，西安：三秦出版社，一九九八年，二〇三、三〇七頁）

萬歲宮，武帝造。汾陰有萬歲宮。宣帝元康四年幸萬歲宮，神爵翔集，以元康五年為神

爵紀元。（卷三〈甘泉宮．萬歲宮〉）

武帝定郊祀之事，祀太乙於甘泉圜丘，取象天形，就陽位也；祀后土於汾陰澤中方丘，取象地形，就陰位也。至成帝徙泰畤后土於京師，始祀上帝於長安南郊，祀后土於長安北郊。（卷五〈南北郊〉）

(4)《水經注》的記載

河水東際汾陰脽，縣故城在脽側。漢高帝六年，封周昌為侯國。《魏土地記》曰：河東郡北八十里有汾陰城，北去汾水三里。城西北隅曰脽丘，上有后土祠。〈封禪書〉曰：「元鼎四年，始立后土祠于汾陰脽丘是也。又有萬歲宮。漢宣帝神爵元年，幸萬歲宮，東濟大河，而神魚舞河矣。」（〈河水四〉「又南過汾陰縣西」）

汾水西逕郊丘北，故漢氏之方澤也。賈逵……謂之方澤，丘即葵丘也。許慎《說文》稱從邑癸聲，河東臨汾地名矣，在介山北，山即汾山也。……文穎曰：介山在河東皮氏縣東南。其山特立，周七十里，高三十里。穎言在皮氏縣東南則可，高三十里，乃非也。今準此山，可高十餘里。山上有神廟，廟側有靈泉，祈祭之日，周而不耗。世亦謂之子推祠。揚雄〈河東賦〉曰：靈輿安步，周流容與，以覽于介山。嗟文公而湣推兮，勤大禹于龍門。《晉太康記》及《地道記》與《永初記》，並言子推所逃，隱于是山，即實非也。餘按介推所隱者，綿山也。文公環而封之，為介推田，號其山為介山。杜預曰：在河西界休縣者是也。

汾水又西，逕耿鄉城北，故殷都也。……漢武帝行幸河東，濟汾河，作〈秋風辭〉于斯水之上。（〈汾水〉「又西過皮氏縣南」）

水南有長阜，背汾帶河，阜長四五里，廣二里餘，高十丈。汾水歷其陰，西入河，《漢書》謂之汾陰脽。應劭曰：脽，丘類也。汾陰男子公孫祥望氣，寶物之精上見，祥言之于武帝，武帝于水獲寶鼎焉，遷于甘泉宮，改其年曰元鼎，即此處也。（〈汾水〉「又西至汾陰縣北，西注于河」）

(5)《括地志》的記載（參看：《括地志輯校》，賀次君輯校，北京：中華書局，一九八〇年，六〇頁）

汾陰故城俗名殷湯城，在（蒲）〔泰〕州汾陰縣北。（《史記．秦本紀》「渡河取汾陰、皮氏」正義引。又《通鑑》卷二〈周顯王紀〉「取汾陰、皮氏」注引作「汾陰故城在蒲州汾陰縣北九里」）

(6)《元和郡縣圖志》的記載

寶鼎縣，次畿。西南至府一百一十里，本漢汾陰也，屬河東郡。劉元海時廢汾陰縣入蒲阪縣。後魏孝文帝復置汾陰縣。開元十一年，改為寶鼎縣。

黃河，在縣北十一里。趙簡子沉佞臣欒激之所也。

汾水，北去縣二十五里。

后土祠，在縣西北一十一里。

殷湯陵，在縣北四十三里。

(7)《元豐九域志》卷三的記載

次府，河中府，河東郡，護國軍節度。（唐河中節度。皇朝太平興國七年改護國軍。治河東縣。

……

縣七。（大中祥符四年改寶鼎縣為榮河，隸慶成軍。熙寧元年廢軍，以榮河縣隸府，即縣治置軍使；三年省河西縣，六年省永樂縣併入河東）

……

次畿，榮河。（府北一百里。二鄉。北鄉、胡壁堡二鎮。有黃河、汾水、睢水）

(8)《讀史方輿紀要》卷七的記載

河中府（唐末護國軍治。宋仍曰河中府，亦曰護國軍，領河東等縣七。又大中祥符五年，置慶成軍，領榮河縣一，今蒲州榮河縣也）。

(9)《讀史方輿紀要》卷四一的記載

榮河縣（在州北百二十里。東北至河津縣九十里，西至陝西韓城縣三十里，東南至臨晉縣六十里。古鄃地，夏后少康所邑也。戰國時為魏汾陰地。漢置汾陰縣，屬河東郡。後漢及魏、晉因之。晉亂，劉淵省汾陰入蒲阪縣，後魏時復置，兼置北鄉郡治焉。後周改為汾陰郡。隋初郡廢，縣屬蒲州。義寧元年，復置汾陰郡。唐初改屬泰州。貞觀十七年，還屬蒲州。開元十一年，獲寶鼎，因改縣曰寶鼎。宋祥符三年，又改為榮河縣，又置慶成軍。熙寧初軍廢。金貞祐三年，升為榮州。元仍曰榮河縣。今城周九里，編戶三十二里）。

二、萬泉縣

(1)《漢書．武帝紀》的記載

（太初二年春）三月，行幸河東，祠后土。……

夏四月，詔曰：「朕用事介山，祭后土，皆有光應。其赦汾陰、安邑殊死以下。」

(2)《漢書．地理志》的記載

河東郡……汾陰（注：「介山在南」）。

(3)《漢書．揚雄傳上》的記載

孝成帝時，客有薦雄文似相如者，上方郊祠甘泉泰畤、汾陰后土，以求繼嗣，召雄待詔承明之庭。正月，從上甘泉，還奏〈甘泉賦〉以風。其辭曰：

……（略）

其三月，將祭后土，上乃帥群臣橫大河，湊汾陰。既祭，行遊介山，回安邑，顧龍門，覽鹽池，登歷觀，陟西嶽以望八荒，跡殷、周之虛，眇然以思唐、虞之風。雄以為臨川羨魚不如歸而結網，還，上〈河東賦〉以勸。其辭曰：

伊年暮春，將瘞后土，禮靈祇，謁汾陰于東郊，……遂臻陰宮，穆穆肅肅，蹲蹲如也。靈祇既鄉，五位時敘，絪緼玄黃，將紹厥後。于是靈輿安步，周流容與，以覽虖介山。嗟文公而湣推兮，勤大禹于龍門，灑沉災于谿瀆兮，播九河于東瀕。……

【案】揚雄作〈甘泉〉、〈河東〉、〈羽獵〉三賦同在元延二年（前十一年），而非永始三年（前十四年），詳王先謙《漢書補注》考證。文中「介山」，師古曰「介山在汾陰東北」，當指萬泉介山。但下文說「嗟文公而湣推兮」，則又以介山指靈石、介休的綿山，蓋介推隱地早有歧說，古人已有混淆。「靈祇」，指地祇。「謁汾陰于東郊」，師古曰：「京師之東故曰東郊也。」可見武帝時是以汾陰比東郊。「河靈」，蘇林曰：「河靈，巨靈也。」乃辟開華山的河神。「陰宮」，師古曰：「陰宮，汾陰之宮也。」

(4)《續漢書．郡國志》的記載

汾陰，有介山。

(5)《水經注．汾水》「又西過皮氏縣南」的記載

汾水西逕鄈丘北，故漢氏之方澤也。賈逵……謂之方澤，丘即葵丘也。許慎《說文》稱從邑癸聲，河東臨汾地名矣，在介山北，山即汾山也。……文穎曰：介山在河東皮氏縣東南。其山特立，周七十里，高三十里。穎言在皮氏縣東南則可，高三十里，乃非也。今准此山，可高十餘里。山上有神廟，廟側有靈泉，祈祭之日，周而不耗。世亦謂之子推祠。揚雄〈河東賦〉曰：靈輿安步，周流容與，以覽于介山。嗟文公而湣推兮，勤大禹于龍門。《晉太康記》及《地道記》與《永初記》，並言子推所逃，隱于是山，其實非也。余按介推所隱者，綿山也。文公環而封之，為介推田，號其山為介山。杜預曰：在河西界休縣者是也。

【案】《周書》和《北史》的〈韋孝寬傳〉也提到汾水以南有「介山、稷山」。

(6)（晉）《太康地記》佚文（王謨《漢唐地理書鈔》，北京：中華書局，一九六一年，一六九頁）

介山一名孤山，在萬泉縣南一里，晉文公臣介之推從文公逃難，返國，賞不及，怨而匿此山，文公求之，推不出，乃封三百里之地，又號為介山。

(7)《新唐書．地理志三》的記載

萬泉（注：「上。本隸泰州，武德三年析稷山、安邑、猗氏、汾陰、龍門置，州廢隸絳州，大順二年來屬，有介山」）。

(8)《元和郡縣圖志》卷一二的記載

萬泉縣（上。東北至州一百二十里），本漢汾陰縣地，屬河東郡。又薛通城者，後魏道武帝天賜元年，赫連勃勃僭號夏，侵河外，於時有縣人薛通，率宗族千餘家，西去漢汾陰縣城八十里築城自固，因名之。武德三年，於薛通故城置萬泉縣，屬泰州。縣東谷中有井泉百餘區，因名萬泉。

(9)《唐十道志》的記載（《讀史方輿紀要》卷四一引）

河東道名山曰介山，其山高三十里，周七十里，漢武帝用事介山，即此。後周保定初，韋孝寬築城於玉壁以北，齊人至境上，會夜，孝寬使汾水以南傍介山、稷山諸村皆縱火，齊人以為軍營，將兵自固。版築遂集。所謂介山，亦即此山也。或又訛為綿山。西半隅有檻泉，南麓有雙泉。又有桃花洞，其東谷有暖泉，流為東谷澗。

(10)《太平寰宇記》卷四六的記載

介山一名孤山。

(11)《元豐九域志》卷三的記載

萬泉（注：「府東北一百五十里。二鄉。有介山」）。

(12)《明史・地理志》的記載

萬泉（注：「州東北。南有介山」）。

(13)《清史稿・地理志》的記載

萬泉（注：「難。府東北百六十里。東：介山，其西峰孤山。城南山陰暖泉。又東澗。解店鎮」）。

附錄三：金《后土廟像圖碑》的佈局和榜題

金《后土廟像圖碑》，碑額原名是「蒲州榮河縣創立承天效法厚德光大后土皇地祇廟像圖石」，下簡稱《廟圖碑》。此碑是研究宋后土廟的重要參考資料，並與金承安五年（一二〇〇年）《重修中嶽廟圖碑》可以相互比較，[66]王世仁、車文明和傅熹年先生已有所討論。[67]這裡圍繞廟圖的佈局和榜題，在前賢研究的基礎上，試作訂正和補充。

研究宋后土廟，此圖之前，有宋大中祥符四年（一〇一一年）陳堯叟據內府舊藏《脽上后土廟圖》（估計是開寶九年或景德四年祭祀后土畫的廟圖）修訂的廟圖，[68]惜已失傳。此圖雖出金刻，仍

[66] 參看：張家泰〈《大金承安重修中嶽廟圖》碑試析〉，《中原文物》一九八三年第一期，四〇—五〇頁，張文對金《中嶽廟圖碑》的榜題有全面論述。

[67] 參看：王世仁〈記后土祠廟貌碑〉（下簡稱「王世仁文」），《考古》一九六三年第五期，二七三—二七七頁（附三張插頁：拓本、摹本和傅熹年先生復原的鳥瞰圖）；車文明〈后土祠廟貌碑中兩方臺的考釋〉（下簡稱「車文明文」），《考古》二〇〇一年第六期，七〇—七三頁；傅熹年《中國古代城市規劃建築群佈局及建築設計方法研究》（下簡稱「傅熹年書」），北京：中國建築工業出版社，二〇〇一年，上冊，四二—四四頁。案：王世仁文發表的拓本和摹本比例比較小，有些榜題看不清，摹本缺釋，我們核對原拓（孫養幸局長贈本），有所訂補。凡碑圖所見榜題，下文引用，一律加引號。

[68] 見《廟圖碑》錄《通鑑綱目》、《文獻通考》。

可反映宋廟的規劃設計。[69]

《廟圖碑》上的碑圖是平面圖。其廟域輪廓，粗看是長方形，但北端為圓弧形，屬於所謂「南方北圓」式。整個建築分三部份。主體部份，外垣近乎正方，四角建角樓。[70]其南，圍以方牆，伸出一個外院；其北，圍以圓牆，也伸出一個外院。兩個外院，下稱「外接前院」和「外接後院」，圍牆、隔牆皆樹堞。主體部份，圍牆、隔牆皆覆瓦，這是基本區別。

內部結構，三部份也不同：

(1)主體部份。是由四牆四門劃分空間，第一道牆，即通常說的「下三門」，是以「太寧廟」門居中，旁開二門；第二道牆，即通常說的「中三門」，是以「承天門」居中，也旁開二門；第三道牆，為增出的一道牆，是以「延禧門」居中，也旁開二門；第四道牆，是主殿區的內垣，即通常說的「上三門」，則以「坤柔之門」居中，旁接側牆，也各開一門。[71]它們把廟垣以內分為前後兩半：前半略小，是由三道橫牆隔出的日字形前院。後半較大，分內外兩層，作回字形，則是主殿區。主

[69] 王世仁文說此圖與金承安五年《重修中嶽廟圖碑》中之中嶽廟極為類似（二七七頁），非常正確。承安五年為一二〇〇年，比此圖略晚。這兩幅圖都是根據金刻，但實際反映的是宋廟的規制。傅熹年書指出，宋代宮觀之制，特點是「皆南開三門，二重，東西兩廊，中建正殿，連接擁殿。又置道院、齋坊」（《續資治通鑑長編》卷七九），《中嶽廟圖碑》是「南面開三門，三重」，但《廟圖碑》是南面開三門，四重，比嶽廟的等級要高，「中建正殿，連接擁殿」，則是二圖所見「工字殿」，前面是正殿，後面是寢殿。案：「東西兩廊」即此圖主殿區的廊廡。「道院」即此圖的六配殿，以及「二郎殿」、「判官殿」、「西道院」、「東道院」四殿。「齋坊」即此圖的八個不知名小殿（「太寧廟」門前有二，「承天門」前有四，「坤柔之殿」前有二），正合上清太平宮的「八小殿」（見王世仁文引《宋朝事實》卷七）。《中嶽廟圖碑》與此相比，有四點顯著不同，一是沒有圓形後院；二是只有三牆，少一道牆也少一重院；三是沒有埋冊之壇；四是沒有旁出的「道院」。此外，其他「道院」和「齋坊」，數目和佈局也不一樣。

[70] 金《重修中嶽廟圖碑》榜題稱之為「角樓」。

[71] 「下三門」、「中三門」、「上三門」，見金《重修中嶽廟圖碑》榜題。

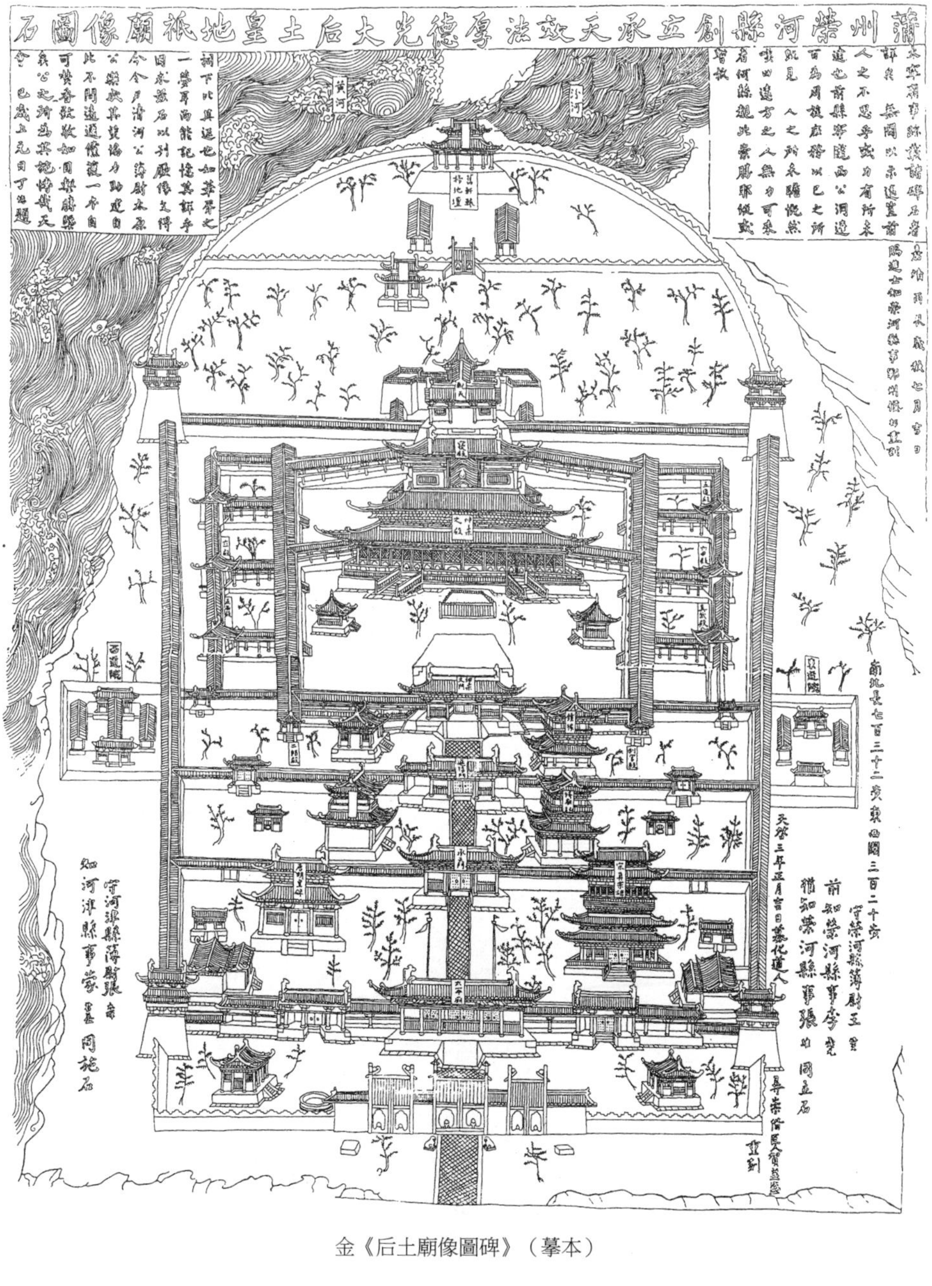

金《后土廟像圖碑》（摹本）

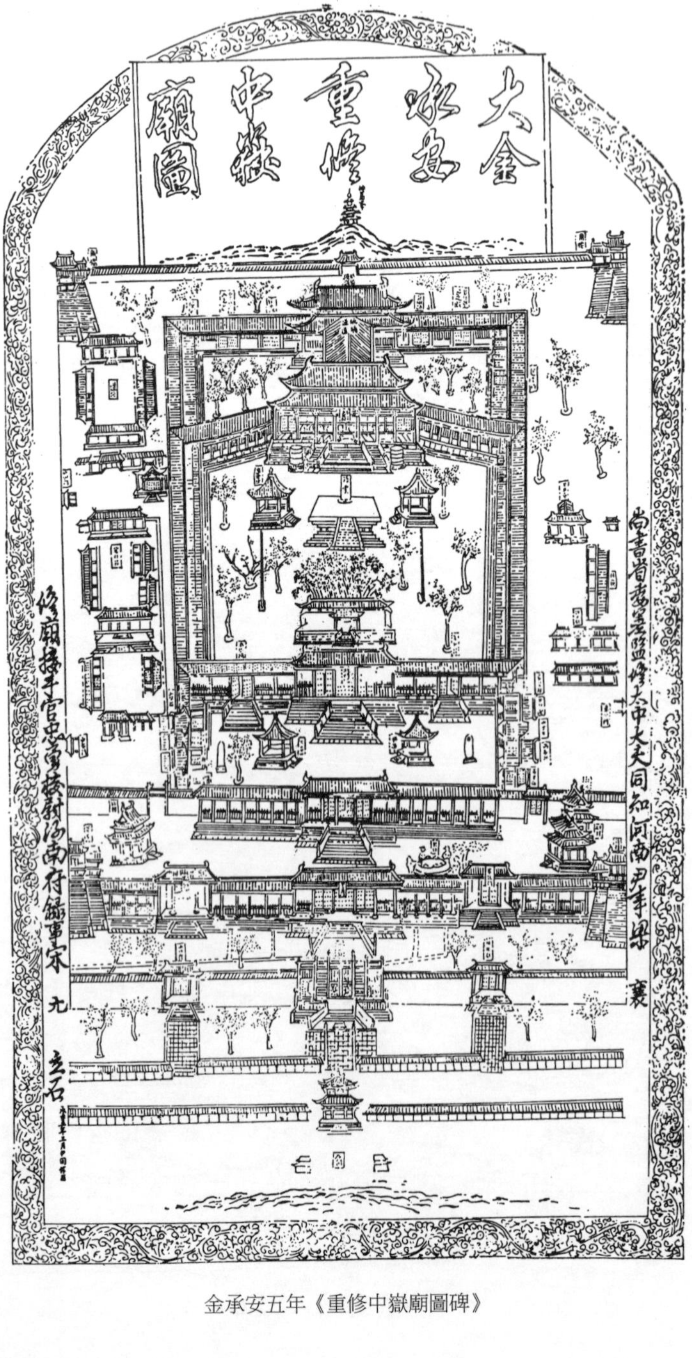

金承安五年《重修中嶽廟圖碑》

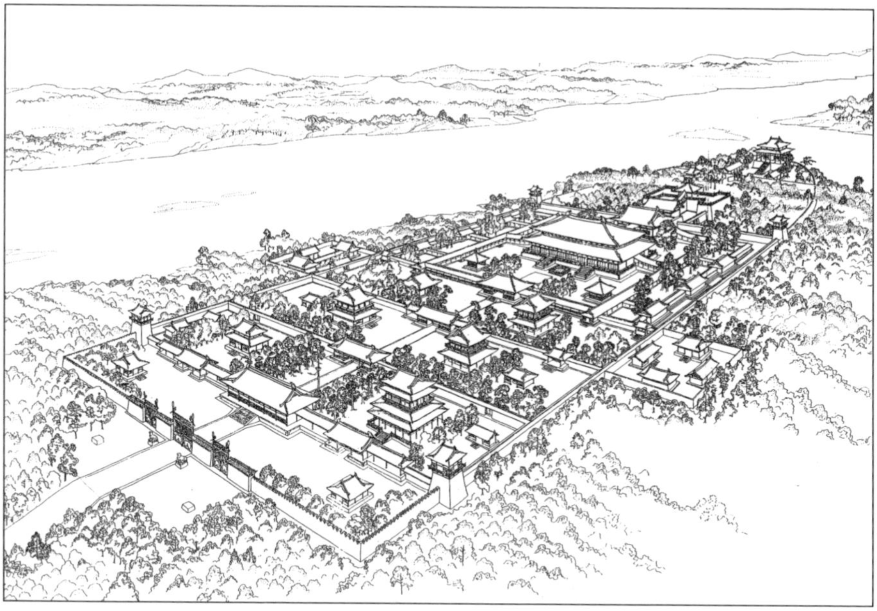

傅熹年先生據金《后土廟像圖碑》畫的復原圖

殿區的內院是由廊廡四圍和中分，也隔出兩重院，作日字形；外院，左右各有三個配殿，作目字形。配殿前端的短牆，連接主殿區內垣的南牆，形成上述第四道牆。第三道牆和第四道牆之間，即「坤柔門」前、「延禧門」後的空間，是銜接前後的中間地帶。它的兩側，外垣左右還有兩個道院。

(2)外接前院。比較簡單，只有四面的圍牆。

(3)外接後院。還有一道橫牆，也分前後院。

下面，從南到北，我們講一下廟圖的佈局和題榜。

(1)外接前院。南牆正中有三個櫺星門，門前有下馬石（？）和獅子，各一對。入櫺星門，北面是廟垣的南牆，上開三門，上題「太寧廟」的建築居中，是正式的廟門，周設欄楯（後面三道門也如此），[72]門後樹

[72]《廟圖碑》錄《通鑑綱目》、《文獻通考》引大中祥符四年四月己未詔，作「詔脽上后土廟上額為太寧正殿，周設欄」，正提到「周設欄」。但此詔，他書所載，互有不同，「正殿」當是衍文。

旗竿二。此門題「太寧廟」，廟名與太寧宮同，但太寧廟是太寧廟，太寧宮是太寧宮，兩者不容混淆。王世仁先生已指出，太寧宮是宋真宗祭后土的行宮，原來叫奉祇宮，[73]在寶鼎縣城（祭后土前叫寶鼎縣，祭后土後改名榮河縣），距后土廟還有九里（應作「八里」）。真宗祭后土是在大中祥符四年（一〇一一年）的二月辛酉（十七日）。他是禮成返回奉祇宮才詔改奉祇宮為太寧宮，時間在同一天。這是太寧宮。太寧廟是另一建築，即后土廟。這裡的「太寧廟」，過去沒有確解，王世仁先生曾猜測，廟圖「太寧廟」三字「或係明代重刻時原字模糊而刻工以意為之，或另有緣故」。其實，「太寧廟」就是后土廟的廟額，廟額掛在廟門上，還是保留真宗時的名稱。史載真宗到河中祭后土，四月甲辰（一日）返回京師，己未（十六日）下詔，「詔恭上汾陰后土廟額曰太寧」（《續資治通鑑》卷二九）。此詔原義不過是說，真宗把后土廟改名為「太寧廟」，本來很簡單。但他書互有不同，誤衍「宮」、「正殿」等字，使人誤以為是改宮殿之名。[74]現在，我想指出的是，后土廟改叫「太寧廟」，這個新名在史料上出現不多，後來也不太流行（新名雖定，舊名不廢），但在史籍中還是留下痕跡。如《宋史・五行志・二上》提到「慶成軍大寧廟聖制碑閣」，「慶成軍大寧廟」，顯然就是這裡的「太寧廟」。又《宋史・陳堯叟傳》記陳堯叟作〈親謁太寧廟頌〉，《宋會要輯稿・禮二八》之四六、五二作〈親謁后土廟頌〉，也是后土廟亦名「太寧廟」的有力證據。另外，當時還有一個習慣，就是把太寧宮和太寧廟並稱為「大寧宮、廟」（多作「大寧宮廟」），以為同一建築，其實宮是宮，廟是廟，兩者應分讀），如真宗下己未詔，改后土廟額為「太寧」，後三日，馬上「增葺宮、廟」（《廟圖碑》錄《通鑑綱目》、《文獻通考》），就是對太寧宮和后土廟都進行翻修和擴建。這個工程一直持續到來年七月，花了十五個月。《續資治通鑑》卷二九說，次年七月十七日（癸未），「大寧宮、廟成，總六百四十六區」。《宋史・劉綜傳》也提到「真宗以太寧宮、廟長吏奉祠」。它們都是以太寧宮與太寧廟並舉，類似《宋史·禮志五》說「河中之后土廟、太寧宮」。這幾處提到的太寧廟（或大寧廟），顯然都是指后土廟。真宗改后土廟為太寧廟，是為了與太寧宮相配。王先生可能沒有考慮這一層，所以有上述猜測。現在做一點補充，問題就清楚多了。這個前院，只有左右相向的兩個小殿，以及位於門左，相當後世燎爐的「火池」（傅熹年先生的復原圖遺之）。[75]

(2)主體部份的前半。有三道橫牆，各三門。第一道牆，是廟垣的南牆，正中是題「太寧廟」的廟門，兩旁有側門。第二道牆，正中是「承天門」，[76]兩旁也有掖門。「承天門」門前，左右並列，是放「唐明皇碑」和「宋真宗碑」的碑樓，這是第一進。「唐明皇碑」，疑即張說撰〈后土神祠碑銘〉，前有唐玄宗御序。「宋真宗碑」，則是《汾陰二聖配饗之銘碑》。《宋史·五行志》提到「慶成軍大寧廟聖制碑閣」，應即後一建築。碑樓兩旁，還有左右並列的兩個小殿，西南和東南

---

[73] 王世仁文。案：據《宋會要輯稿·禮二八》之四七：「（大中祥符三年十月）五日，賜寶鼎縣行宮名曰奉祇，前殿曰穆清殿，後亭曰嚴慶、嚴信，行宮前亭曰望雲……」，奉祇宮也是真宗在祭祀后土前不久才剛剛改名。「奉祇」，是供奉地祇的意思，與祭祀后土有關。

[74] 此詔見於他書，或有不同，《宋大詔令集》卷一一七作「脽上后土廟宜上額為太寧宮」，《廟圖碑》引《通鑑綱目》、《文獻通考》作「詔脽上后土廟上額為太寧正殿，周設欄」。案：這兩種異文，「脽上后土廟宜上額為太寧宮」，「宮」字當是衍文，王世仁文指出，太寧宮是由奉祇宮改名，與后土廟無關，很對；「詔脽上后土廟上額為太寧正殿」，「正殿」也是衍文，因為正殿都是在後面，不可能用作廟額題名。王世仁文說，此碑的廟號全稱見於《宋大詔令集》卷一三七之政和六年詔，「坤柔之殿」也許是政和間改名，原來是叫「太寧正殿」，這完全是推測。其實，這兩種記載都有問題。他沒有注意到，宋代當時確有以「太寧廟」指后土廟的例子，己未詔只是改廟名而已。

[75] 金《中嶽廟圖碑》有之，名「火池」。王世仁文以為可能是「燎爐之類」，但又說位置不同（金《中嶽廟圖碑》在第二進的右邊），懷疑是「瘞坎」。案：前說更為合理。

[76] 宋東京宮城也有承天門，見《宋史·地理志一》。

兩隅，還有左右相向的兩個小殿，皆不知名。出「承天門」，是第二進，前面是第三道牆，正中是「延禧門」，兩旁有小門。「延禧門」前，也有兩個碑樓，左右相向，是放「□□□□」（榜題磨損，摹本缺）和「修廟記」二碑。[77]前者不詳所指，後者當是宋金重修此廟的碑記，其中包括楊照〈重修太寧廟記〉（收入上引《萬泉、滎河縣誌》，六二〇—六二一頁）。此外，碑樓側後，還有兩個井亭。

(3)主體部份的後半（主殿區）。從「延禧門」入，是第三進，即正殿所在的回字形套院。外院前區，是以「坤柔之門」居中。門前左右相向，是一不知名建築（無榜題，從側門可見，內陳一扁圓形物，摹本缺）和「鐘樓」，其後，內垣南牆的兩端，還有題為「二郎殿」和「判官殿」的兩個小殿；小殿兩旁，配殿前端，各有牆，上開側門，可通外院左右區和後區的永巷。配殿有六座，左區三殿坐西朝東，為「□王」（榜題磨損，摹本缺，「王」下疑脫「殿」字）、「六丁殿」和「五嶽殿」，[78]右區三殿坐東朝西，為「五道殿」、「六甲殿」和「真武殿」。院門開在內院的東西兩廡。外院前區，圍牆以外，還有兩個小院，是「西道院」和「東道院」。內院，四周為廊廡，也分前後兩區。前區較大，自「坤柔之門」入，

碑樓：題「□□□□」

北面正中為「坤柔之殿」，是后土廟的正殿，在所有各殿中，規模最大。此殿，從名稱考慮，當是供奉后土聖母的地方，地位相當北京地壇位於方澤壇後的皇祇室。它的庭院比較開闊，殿前有用柵欄圍起的一塊地方，王世仁先生推測，可能是封石匱之壇，疑不能定，[79]車文明先生認為，此說確無可疑。[80]車說是。據《宋會要輯稿．禮二五》之六〇至六一，宋代埋冊之制，是用玉匱或金匱封存玉冊，放入瘞坎中的石匱內，以土封固，上為小壇。埋冊地點，在「前殿欄楯之下，皇帝板位之西」。圖中柵欄，即「於正殿直南安置，仍別設欄檻遮護」的「欄檻」。此壇以南的平臺，王世仁先生推測，可能是拜臺或舞基（上無覆屋的露天舞臺），[81]車文明先生考證，應即《大金承安重修中嶽廟圖》碑中的「路臺」，也就是宋元祠廟中表演歌舞，兼陳供品，習慣上叫「露臺」的露天戲臺。[82]這種理解也很對。但這類戲臺的前身，恐怕還是祭壇。[83]此外，值得注意的是，東西兩廡的前面，還有左右相向的兩個小殿，皆不知名，王世仁先生推測，可能是奏樂之所。[84]這是內院前區。內

---

[77] 舊作懷疑第一字是「花」，仍以缺釋為好——李零補記。

[78] 舊作「主」是「王」之誤，「六一」是「六丁」之誤——李零補記。

[79] 王世仁文。

[80] 車文明文。案：金《中嶽廟圖碑》沒有這一部份。

[81] 王世仁文。

[82] 車文明文。

[83] 唐宋禮儀，祭祀后土是仿封禪泰山的禪地之禮。祭泰山，有三類壇。一類是封祀壇，一類是社首壇，一類是朝覲壇。封祀壇是封祀泰山的壇，仿祭天圜丘，為圓壇，籠統說，叫封祀壇，具體講，山下的壇叫封祀壇，山上的壇叫登封壇。社首壇是禪祭社首的壇，仿祭地方丘，為八角方壇，籠統說，叫社首壇，具體講，山上的壇叫禪祭壇或介丘壇，山下的壇叫降禪壇。朝覲壇是設於行宮之前的壇，也是方壇。三者皆設鐘鼓，有登歌獻舞。壇也叫臺，如封祀壇也叫舞鶴臺，介丘壇也叫萬歲臺，降禪壇也叫景雲臺。參看：《舊唐書．禮儀志三》和《宋史．禮志七》。

[84] 王世仁文。

配殿：題「□王」

院後區，還有「寢殿」。「寢殿」與「坤柔之殿」，中間有穿廊相連，形成所謂「工字殿」。這兩個殿，後面的廊廡都是鈍角形斜廊，與其他三面不同。

(4)外接後院。上述主體部份，廟垣北牆只有一門。出此門，有半圓形的兩重院，當是臨河而祭的行禮之地。其輪廓有點像明清陵寢後面的寶城。明清陵寢都是前方後圓，前面是長方形的寢園，後面是半圓形的寶城，寶城圍繞圓形的寶頂，即陵墓，寶頂和寢園交接處是明樓。北京的天壇和先農壇也是這種輪廓，它們都是體現天地相配。[85]王世仁先生已指出這種相似，對我們很有啟發。但他認為，這些南方北圓的設計都是以北方屬陰，故以半圓像月代表之，汾陰后土屬坤（陰），也是以半月象之，卻值得商榷。其實，南方北圓和外方內圓，都是體現天地相配，它也是一種方圓相含，只不過不是以方套圓，而是以方形的北端與圓形的南半疊壓。特別是陵墓，寶頂都是圓形，可以看得很清楚。它們都不是代表月亮。這兩重院落，第一進，與廟垣北門相接，是題為「配天」的門樓，乃登臨眺望的佳處。王世仁先生以為，樓上之亭可能就是宋真宗登臨過的「鄈丘

後院小亭：題「高□」

後院大亭：題「□□亭」

亭」，我的想法不太一樣。我理解，此樓題為「配天」，當指以地配天（「履地戴天」），這一部份做成半圓，就是體現這種含義。上面說過，此後院酷似明清陵寢的寶城，如果這種比喻可以成立，這裡的「配天」樓就相當它的明樓。這一進，院中多植樹木，比較空曠，除去南面的「配天」樓，只有一座小亭，偏於門左，而面向南（三面開放，只有後牆），題為「高□」（榜題磨損，摹本缺）。[86]小亭以北，有橫牆為隔。橫牆正中有一櫺星門。出櫺星門，是第二進。北面正中，有一大亭（亦三面開放，只有後牆），亦面南，題為「□□亭」（榜題磨損，第三字影影綽綽，似為「亭」字）。[87]此亭下有高臺，則題為「舊軒轅掃地壇」，它和前面兩個壇不一樣，是臨河而祭專門禪地的壇場，而且同樣可以登臨眺望。王世仁先生說，宋后土壇是利用「廟北古雙柏旁」的土堆築為方壇，有如北郊祭地的方丘，就是這個

[85] 傅熹年書，四九—五三頁，六一—六六頁。

[86] 舊作未能認出「高」——李零補記。

[87] 缺文可能是「葵丘亭」或「秋風亭」——李零補記。

壇。[88]壇前，還有兩個小屋，可能是存放祭物的地方，皆無榜題。這一進也很空曠，不但建築少，樹木也少（只有左三右三，共六株）。[89]我很懷疑，這個亭子才是宋代的「郯丘亭」。[90]理由有三條，第一，金元后土廟有「秋風亭」，明清后土廟有「秋風樓」，[91]顯然是一脈相承，今秋風樓，原來叫亭，正在后土廟的最後；第二，今秋風樓下，於入門處題刻「掃地壇」三字，也與此亭下有「舊軒轅掃地壇」對應。這裡的「掃地壇」很有意思，它是先在場上築壇，再在壇上起亭，壇只是建築的一部份。我們可以籠統說，這也是一種「壇場」，但嚴格講，「壇」和「場」還不太一樣。古人所謂「壇」，是指隆起的檯子；「場」，是指平坦的空地。如古代祭泰山，山上祭天叫「封」，是堆土為壇而祭；山下祭地叫「禪」，是掃地為場而祭，兩者就不太一樣。禪地之禮，本來就和「掃地而祭」的概念直接有關。「場」，古人也叫「墠」，就是和「禪」相對應。[92]它是最原始的祭地方式：一不起壇，二不覆屋。[93]此亭平地起臺，臺上覆屋，已經讓人看不出「掃地而祭」的意義，但屋下有臺，臺下有場，還是可以反映壇與場、壇與廟的關係。[94]今秋風樓下有「掃地壇」，大家不知壇在哪裡。其實，它就是樓下的地基和地面。這一部份，垣牆以外，北、西兩面臨水，分別標注「黃河」、「汾河」，說明當時的北牆和西牆都是緊貼河道。

（原載《九州》第四輯，北京：商務印書館，二〇〇七年）

88 《宋史‧禮志七》：「經度制置使詣脽上築壇如方丘，廟北古雙柏旁有堆阜，即其地為之。有司請祭前七日遣祀河中府境內伏羲、神農、帝舜、成湯、周文武、漢文帝、周公廟及於脽下祭漢、唐六帝。」

89 王世仁先生以為亭右二樹就是《宋史‧禮志七》的「廟北古雙柏」。

90 鄈丘亭，宋太宗時已有，如《宋史‧鎮王元偓傳》：「（至道）三年，文武官詣闕請祠后土，……至河中，與判府陳堯叟分道乘輿渡蒲津橋，上登鄈丘亭……」。宋真宗祭后土，也登過鄈丘亭，如《續資治通鑑》卷二九載，宋真宗於大中祥符四年二月，「辛酉，具法駕詣脽壇，……登鄈丘亭，視汾河，望梁山，顧左右曰：『此漢武帝泛樓船處也。』」（又見《文獻通考‧郊社考九》）登亭是在祭后土的當天，而且是在儀式結束之後。

91 如金曹之謙〈秋風亭故基〉（收入《全金詩》卷一三〇）、元王惲〈浣溪沙〉「至元九年秋九月，登秋風亭觀雨，賦呈曹參軍、周幹臣」（收入《全金元詞》），均稱「秋風亭」。明祝顥〈登秋風亭〉（收入《萬泉、榮河縣誌》，六六〇頁）也稱「秋風亭」。但明侯祁〈秋風樓〉（同上，六六〇頁）、李嵾〈登秋風樓見菊有感〉（同上，六六二頁）則稱「秋風樓」。

92 參看：李零〈說「祭壇」和「祭祀坑」〉，收入所著《入山與出塞》，北京：文物出版社，二〇〇四年，三—三八頁。

93 《禮記‧郊特牲》：「掃地而祭，于其質也。」《禮記‧禮器》「有以高為貴者」，釋文：「有以下為貴者。至敬不壇，掃地而祭。」《後漢書‧肅宗孝章帝紀》：「不起寢廟，掃地而祭。」這都說明，「掃地而祭」的本義是沒有壇，也不起屋。

94 明、清天壇的祈年殿，也是在祈穀壇上修建。

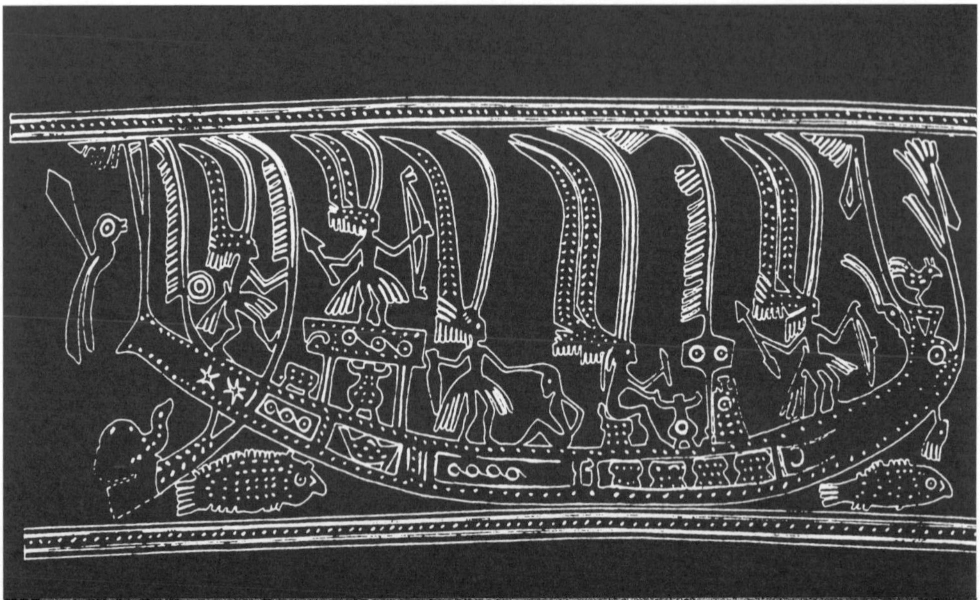

西漢南越王墓出土船紋銅提筒

從船想到的歷史

——以東周、秦漢時期的考古發現為例

在這篇短文裡，我想回顧和總結一下，和東周、秦漢時期的船文化有關，有哪些考古發現最值得注意，最值得研究。

一、四海十港

今日的中國版圖是個歷史形成的範圍。幾千年，它的疆界不斷改變，但地理大環境沒有變，崇山峻嶺和黃土高原主要在西部，戈壁、沙漠、草原和森林主要在北部，平原和丘陵主要在東部和南部，百川朝宗於海，主要是朝東朝南流。《淮南子．天文》已用「共工怒觸不周山」的神話故事描繪過這塊傾斜的大地。

過去，童恩正先生提出，中國從東北到西南，有個「半月形文化傳播帶」，[95]這是講它的北部和

[95] 童恩正〈試論我國從東北至西南的邊地半月形文化傳播帶〉，收入氏著《中國西南民族考古論文集》，北京：文物出版社，一九九〇年，二五二—二七八頁。

西部，講它的山。其實，它的另一半也有一個「半月形文化傳播帶」，是海，是東南沿海。中國的船文化和後者關係更大。

早在新石器時代，中國的環渤海地區和長三角地區就很發達。古人有「四海」，東、南、西、北四海。「海」字和「晦」字有關，本義是舉目四望，朦朧朧，看不到邊。看不到邊的地方，都可以叫「海」。但他們說的「巨海」，可以航行其上的「海」，只在東邊和南邊。

中國的海岸線很長，大陸海岸線有一萬八千公里，可以長江口為界，分為南北兩段。北段，渤海灣以內，秦漢叫北海；渤海灣以外，秦漢叫東海，現在叫黃海。南段，現在分兩段，一般把臺灣海峽以南叫南海，以北叫東海。東海指浙江、福建的海，南海指廣東、廣西的海。古代，概念不一樣。秦漢時期，南北是畫江為界，東海主要指長江口以北。長江口以南，今天所謂的東海和南海，古人並無明確劃分，都可以叫南海（詳下第二節）。西海，古代也泛指不一。王莽立西海郡。西海不是真正的海，只是個大湖：青海湖。

中國沿海，近代開埠，大連、天津、煙台、青島、上海、寧波、福州、廈門、廣州最有名，但年代更早，情況不完全一樣。

早期港口，有十個地點，以考古發現看，最值得注意：[96]

(1) 河北秦皇島市（古臨渝）；

(2) 山東龍口市（古黃縣）；

(3) 山東煙台市（古腄縣）；

(4) 山東榮成市（古不夜）；

(5) 山東膠南市（古琅邪）；

(6) 江蘇連雲港市（古朐縣）；

(7) 浙江寧波市（古句章）；

(8) 浙江臺州市（古東甌）；

(9) 福建福州市（古東冶）；

(10) 廣東廣州市（古番禺）。

這些地點有什麼發現，下面做一點介紹。

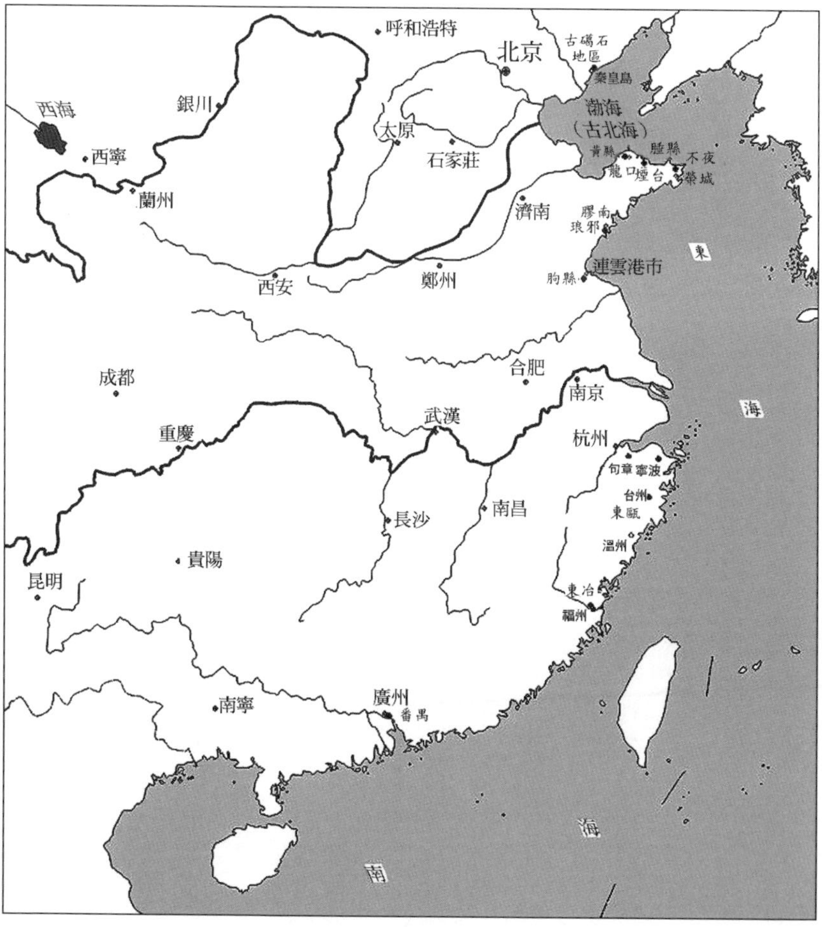

古代四海十港（馬保春　繪）

96 這十個地點外，山東萊州市（古曲成）也很重要。西漢，當地有陰主祠、參山萬里沙祠和海水祠；宋代，也有東海神廟。這裡，因考古材料不足，暫付闕如。又泉州，是唐以來的海港，也很重要。

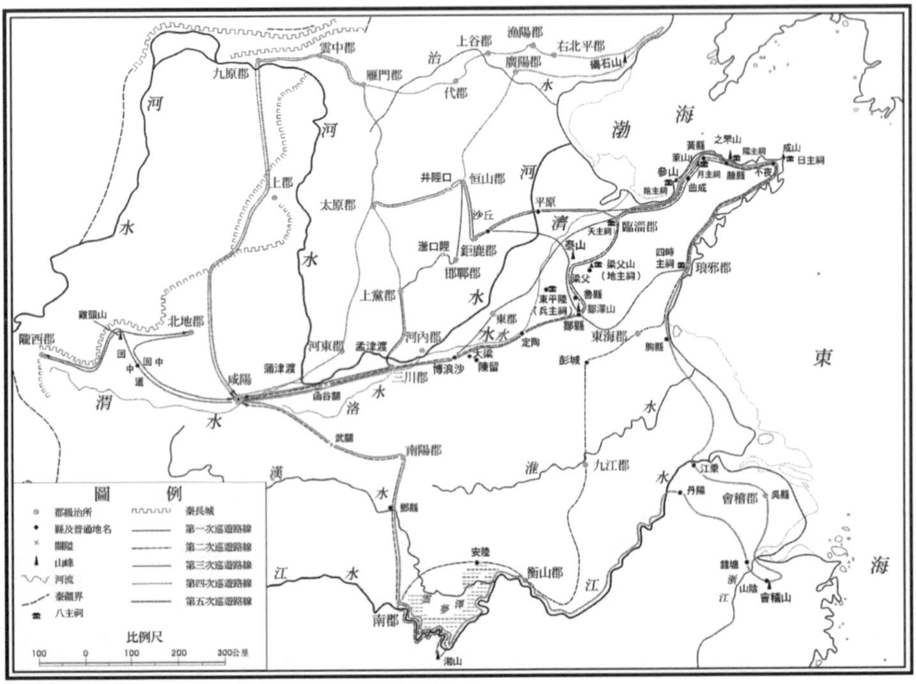

秦始皇巡狩及八主祠（馬保春　繪）

二、八主祠遺址和「秦皇島—綏中遺址群」

秦始皇是中國的第一個皇帝，第一個囊括四海、併吞八荒的征服者和統治者。只是從他開始，中國才第一次真正有了「四海為家」的世界概念。他在亞洲的歷史地位，就像亞歷山大在歐洲一樣。

他喜歡跑路。跑路，不是為了玩，而是為了控制他剛剛造就的「天下」：檢查政務，檢查軍事，考察宗教和學術。

秦統一後，他曾五次出巡。第一次是西巡（前二二〇年），第二次是東巡加南巡（前二一九年），第三次是東巡（前二一八年），第四次是北巡（前二一五年），第五次是南巡加東巡（前二一〇年）。除第一次，每次都巡海。

(一)始皇西巡（一次），是視察隴西、北地二郡，與海無關。

(二)始皇東巡（三次），是視察齊地，每次都圍著山東半島轉。

山東半島是嬴姓的祖庭，方士最多，幻想最多。司馬遷說，秦始皇「東遊海上，行禮祠名山大川及八神，求仙人羨門之屬」（《史記・封禪書》）。八神的祭所叫八主祠。其巡遊路線是循八主祠。

這八個祠，分兩組：

(1)西三祠在內陸：天主祠在臨淄齊故城（在今淄博市臨淄區），祠天齊（在齊故城南牛山下）；地主祠在漢梁父縣（在今新泰市天寶鎮古城村，位於梁父山的南邊），祠泰山（在今泰安市泰山區）和梁父山（即今新泰市後寺村的映佛山）；兵主祠在漢東平陸縣監鄉（在今汶上縣的西南，即春秋闞邑），祠蚩尤（有蚩尤塚，在汶上縣西南的南旺鎮）。

(2)東五祠在海邊：陰主祠在漢曲成（在今萊州市），祠三山；月主祠在漢黃縣（在今龍口市），祠萊山（在今龍口市東南）；陽主祠在漢腄縣（在今煙台市福山區），祠之罘山（在今煙台市芝罘區北的芝罘島上）；日主祠在漢不夜（在今榮成市北），祠成山（即今榮成市東北的成山頭）；四時主祠在漢琅邪（在今膠南市西南），祠琅邪山（在今膠南市西南）。

山東半島，小國林立，齊、魯、莒最大。天主、日主、月主、陰主、陽主五祠，位於齊地；地主和兵主二祠，位於魯地；四時主祠，位於莒地。戰國晚期，三分歸一統，先被齊統一，後被秦統一。齊八主祠和秦八主祠，是利用當地舊祠，按陰陽五行說加以整合，西三祠配三才，東五祠配日月、陰陽、四時。漢代也祭八主祠，漢武帝也四處巡遊。

成山頭

海，讓人想到宇宙無窮、盈虛有數。秦始皇對大海充滿好奇，不但派人入海求仙，還高掛雲帆，親遊海上（他在海上射過鯨魚）。

這些地點，我都調查過。其海邊遺址，多選在海岬（promontory）或陸連島（tombolo）上，內含很豐富。最近，我和山東大學考古文博學院的欒豐實教授和國家博物館的王睿研究員又調查過兩次，收穫很大。

（三）始皇北巡（一次），是視察燕地，主要沿長城一線。

他到過碣石。碣石山有二。一為西碣石，在今河北省的東北角，渤海灣的西北角，是古籍通常說的碣石；[97] 一為東碣石，則在漢樂浪郡遂成縣（在今朝鮮平壤西南），是秦長城的東端。[98] 始皇所遊是前者。

始皇所遊的碣石在哪兒？說法很多，仔

碣石山

細分析，其實只有兩說：

(1)驪成說，出自班固（東漢初人），謂碣石在西漢右北平郡驪成縣的西南，[99]西漢驪成縣，東漢廢，不知並於何縣，舊有二說，一說在今樂亭，一說在今撫寧。撫寧，東漢屬於臨渝縣。現在，驪成遺址已發現，就在撫寧縣城西兩百五十公尺處，[100]可見西漢驪成縣是併入東漢臨渝縣

---

97 《書·禹貢》：「夾右碣石入于河。」《山海經·北山經》也提到「碣石之山」。

98 古人常以面南論左右。《書·禹貢》「夾右碣石入于河」，「夾右碣石」怎麼讀，有不同理解，前人或以「右碣石」連讀，用指東碣石。長城的西端是臨洮，東端是碣石。《史記·蒙恬列傳》說秦長城「起臨洮，至遼東，延袤萬餘里」，遼東還不是最東，它的東端是在樂浪郡。《史記·夏本紀》索隱引《太康地理志》：「樂浪遂城縣有碣石山，長城所起。」「所起」是以東端為起點。樂浪碣石才是最東。《通典》卷一八六以樂浪碣石為左碣石。

99 《漢書·地理志下》於右北平郡驪成縣下注：「大揭石山在縣西南。莽曰揭石。」「大揭石」，《水經注·濡水》作「大碣石」。

100 張建勳〈撫寧驪成遺址發掘獲重要成果〉，《中國文物報》一九九九年一月十三日第一版。

（臨渝縣治在今撫寧縣東榆關鎮）。碣石山是燕山山脈向東延伸的餘脈，大體在今盧龍、昌黎、撫寧三縣交界處，西漢時位於今撫寧西南，後來各縣省併，歸屬不一，明以來歸昌黎縣。學者多已指出，驪成碣石山就是昌黎碣石山。

(2) 絫縣說或臨渝說，出自文穎（東漢末人），謂碣石在西漢遼西郡絫縣或東漢遼西郡臨渝縣。[101]西漢絫縣，在今昌黎南，東漢廢，也併入臨渝縣。東漢臨渝縣，範圍比較大，陸境包括今撫寧、秦皇島和昌黎一帶，海岸則主要在今秦皇島和昌黎。秦皇島市是一九四九年才設立，從前是個島，清乾隆年間才與大陸相連，情況與連雲港市類似。此說是以西漢初元元年（前四八年）渤海灣地震引發的「海溢」為背景，認為碣石山被海淹沒，只露出山頂，成為特立的海上礁石，時隱時現。

這兩種說法，亦可簡稱為陸上說和海上說。陸上說，是以昌黎碣石山為碣石，漢代叫「大碣石」。海上說，則以昌黎、秦皇島一帶的海礁為碣石，前人也叫「小碣石」。

海上說晚出，本來只是漢魏之際的一種傳說。因酈道元主文穎說，影響太大，很多人都遵信不疑。[102]近年，因考古發現而提出的姜女墳說和金山嘴說，就是重拾海上說。

秦皇島一帶的海岸，西起北戴河，東到綏中萬家鎮南，綿延約一百公里。這麼長的海岸線上，一溜排開，大大小小，有許多宮殿遺址，都是始皇北巡的歷史見證（漢武帝北巡，也到過這裡，因其舊址，又有修建）。[103]它有十四個地點，山海關外六個（在遼寧綏中市最西端的萬家鎮南，靠近山海關），山海關內八個（一個在海港區，七個在北戴河區）。這些遺址多選在海岬或岸邊高地上，很多都有海上礁石。[104]如山海關外，石碑地遺址最有名。遺址南，海上有三塊礁石，俗稱「姜女墳」或「望夫石」。有些學者說，這些礁石就是「碣石」和「碣石門」（並有呼為「秦東門」者），岸上的宮殿就是「碣石宮」。其實，這類礁石，不止一處。山海關外有，山海關內也有，沿海有很多

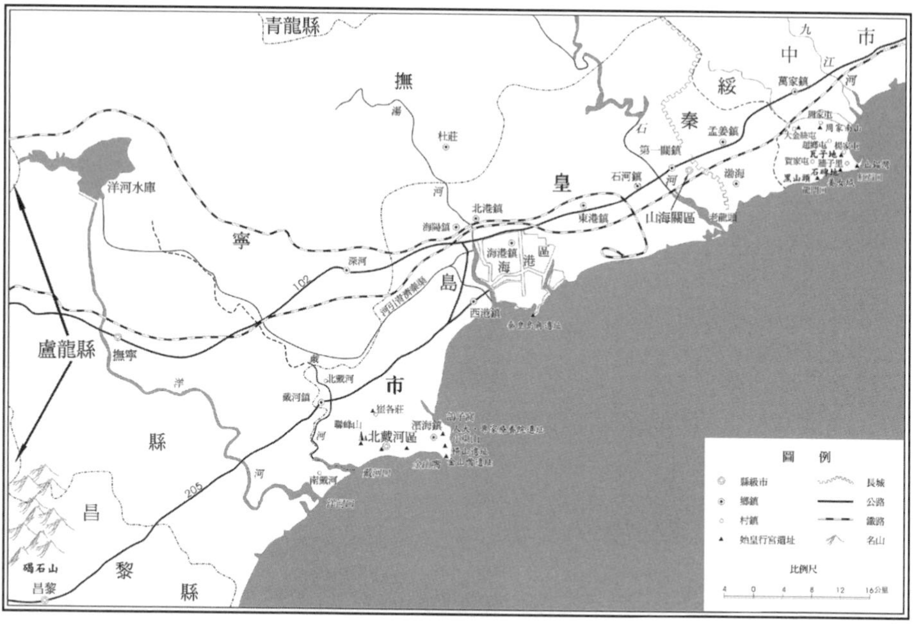

秦皇島—綏中遺址群（馬保春　繪）

101 《漢書．武帝紀》注引文穎說：「碣石在遼西絫縣，絫縣今罷，屬臨榆。此石著海旁。」

102 酈道元主文說，見《水經注》的〈河水五〉、〈濡水〉和〈禹貢山水澤地所在〉，楊守敬守而不改。清代講地理，胡渭《禹貢錐指》名氣很大，同樣主碣石淪海說，《四庫全書總目》卷一二評之，曰「渭必謂文穎所指臨渝為是，《漢地理志》所指驪成為非，終無確驗」。

103 遼寧省文物考古研究所〈遼寧綏中縣「姜女墳」秦漢建築遺址發掘簡報〉，《文物》一九八六年第四期，二五—四〇頁；遼寧省文物考古研究所姜女石工作站〈遼寧綏中縣「姜女石」秦漢建築群址石碑地遺址的勘探與試掘〉，《考古》一九九七年第十期，三六—四六頁；遼寧省文物考古研究所姜女石工作站〈遼寧綏中縣石碑地秦漢宮城遺址一九九三—一九九五年發掘簡報〉，同上，四七—五七頁；遼寧省文物考古研究所姜女石工作站〈遼寧綏中縣「姜女石」秦漢建築群址瓦子地遺址一號窯址〉，同上，五八—六〇頁；河北省文物研究所等〈金山嘴秦代建築遺址發掘報告〉，《文物春秋》一九九二年增刊，二六七—三〇〇頁。

104 這些遺址，早就被發現。一九二四年八月，美國弗利爾美術館的畢士博（Carl Whiting Bishop）已經調查過金山嘴遺址。案：他是根據地質學家 G. B. Barbour 和 E. R. Tegengren 提供的線索。參看賽克勒美術館檔案部收藏的畢氏遺稿 Carl Whiting Bishop Paper Series 1: Manuscript, 2 Volumes, *Archaeological Research in China (1923-1934)*, pp. 197-208。

處。比如北戴河區的金山嘴遺址，附近就有礁石，也有學者說，以地望求證，這才是酈道元所說「遼西臨渝縣南水中」的「碣石山」（《水經注・禹貢山水澤地所在》）。

姜女墳說和金山嘴說，都是海上說。如果說，礁石即碣石，碣石可就多了。但碣石只有一個，是碣石山。海上說，從海岸環境的變化看，不能成立，地點也不合（金山嘴偏北，姜女墳更北），早有學者提出批評。[105]

今年八月八至十日，我到綏中、秦皇島和昌黎做過調查，很多在書本上和地圖上看不清的問題，通過調查，轉為清晰。這裡，講幾點不同意見：

(1) 秦始皇遊碣石，碣石是古代名山，《書・禹貢》、《山海經・北山經》等文獻反覆提到，

姜女墳

石碑地遺址

金山嘴遺址

琅邪刻石

絕不能說沒就沒。學者考察，這一帶，海岸線一直東移，也並無大山淪海的跡象。[106]秦始皇之後，漢武帝、魏武帝、北魏文成帝、北齊文宣帝都曾來遊。曹操來此，詩興大發，有所謂「東臨碣石，以觀滄海」的遺篇（〈步出夏門行〉）。他說的「碣石」是什麼？顯然不是海礁，而是大山。北魏文成帝「登碣石山，觀滄海」（《魏書・高宗紀》），北齊文宣帝「登碣石山，臨滄海」（《北齊書・文宣紀》），他們登的，全都是山，不是礁石。碣石山，距海只有十五公里，登山，完全可以看到海（古代的碣石山比現在離海更近）。

(2) 秦始皇遊碣石，他遊的是碣石山，不是碣石宮。燕昭王築碣石宮（《史記・孟子荀卿列傳》），在當時的薊縣（今北京城的西南隅），與此無關。考古發現的始皇行宮，沒有任何記載，若叫「碣石宮」，不但沒有根據，還易發生混淆。更何況，現已發現的十四個地點（被破壞和未發現者還不止此數），綿延一線，文化內含相似（秦到西漢），是個遺址群，石碑地遺址只是遺址之

[105] 參看譚其驤〈碣石考〉（原載《學習與批判》，一九七六年第二期），收入氏著《長水集》（下），北京：人民出版社，一九八七年，九八—一〇四頁；王育民〈碣石新辨〉，《中華文史論叢》一九八一年第四輯，二三七—二四七頁；劉起釪〈碣石考〉（原載《江海學刊》一九八四年第五期），收入氏著《古史續辨》，北京：中國社會科學出版社，一九九一年，五七四—六〇一頁。

[106] 西漢末年的「海溢」並不是真正的「海侵」。這只是中國海岸線東移這個長程變化中的小插曲。參看陳雍〈渤海西岸漢代遺存年代甄別〉，《考古》二〇〇一年第十一期，六六—七六頁。

一。這一帶海礁很多，不能見個海礁就叫「碣石」，到處都是「碣石宮」。我認為，在沒有文獻依據的情況下，按照慣例，還是以發掘地點命名更好，每個地點以每個地點命名，總體可叫「秦皇島—綏中遺址群」。

(3) 秦始皇「刻碣石門」，司馬遷錄其文（《史記·秦始皇本紀》）。這個「碣石門」，可能類似「秦東門」，只是表示秦帝國海域上的一個門。但它到底刻在什麼地方，不清楚。這裡並不是真正的「秦東門」，真正的「秦東門」在江蘇贛榆縣（詳下節）。

（四）始皇南巡（兩次），是視察楚、吳、越，主要順長江一線。

秦始皇出巡，第二和第五次，都曾南巡。第五次，他從湖北順江而下，「上會稽，祭大禹，望于南海」（《史記·秦始皇本紀》），可見長江口以下的會稽，以當時的概念而言，屬於南海。這是他到過最遠的海岸。句章（今餘姚縣的東南，挨近寧波）在會稽東，就是越國的出海口。

中國大陸海岸線的北段，他幾乎走遍。他走過的地方，漢武帝也走過。很多遺址都是秦漢連用。

秦始皇喜歡宣傳。他走過的地方，嶧山、泰山、之罘山、成山、琅邪臺、碣石門、會稽山，到處都留下了他的刻石，頌揚秦德（當時的「普世價值」）。

這些遺物，立於地面，古今憑弔者多。可惜，風吹日曬浪打，兩千年過去，再硬的石頭也禁不住歷史滄桑，現在只有《泰山刻石》和《琅邪臺刻石》還有殘石保留，《嶧山刻石》和《會稽刻石》有宋代翻刻，其他，全都看不到了。

三、朐界刻石和孔望山遺址

朐縣，即今連雲港市，秦代就有這個縣。琅邪和會稽之間，這個地點最重要。此縣得名於朐山（今連雲港市海州鎮的錦屏山），其東北，今雲臺山一帶，原來是個大島，《山海經．海內東經》叫「郁州」。《水經注．淮水》說朐縣「東北海中有大洲，謂之鬱洲」，就是這個島。島上的山，古人叫郁洲山，現在叫雲臺山（其主峰玉女峰，是江蘇最高的山）。這個島，一直在海中，明代仍如此（見《明史．地理志》和明隆慶《海州志》的《海州總圖》）。清乾隆後，海岸線東移，島、岸才連成一片。

《史記．秦始皇本紀》載，秦始皇三十五年（前二一二年），「于是立石東海上朐界中，以為秦東門」。《漢書．地理志上》也說，「朐，秦始皇立石海上以為東門闕」，都說「立石」是在「海上」。司馬遷說的「朐界中」，當指朐縣的縣境之中。班固只說「朐」。漢代，朐縣北分出贛榆縣（在今江蘇贛榆縣北的鹽倉城）。贛榆是琅邪郡海岸線上最南的縣，朐縣是東海郡海岸線上最北的縣，兩郡的分界線正好在兩縣之間。立石估計在贛榆東面的海州灣中。漢魏之際，崔琰來此，有「倚高艫以周眄兮，觀秦門之將將」的詠歎，就是從海上看秦東門（《水經注．淮水》引崔琰〈述初賦〉）。

《水經注．淮水》提到一塊石碑，「遊水又東北逕贛榆縣北，東側巨海，有《秦始皇碑》在山上，去（海）〔岸〕百五十步，潮水至，加其上三丈，去則三尺。所見東北傾石，長一丈八尺，廣五尺，厚三尺八寸，一行十二字」，[107]也說石在贛榆縣東的海上。今贛榆東，海上有孤島，名叫秦山

[107] 魏晉隋唐時期的地志多提到此碑。如《初學記》卷八引王隱《晉書》就有相同的記載。

島，島上有「秦碑籀跡」（贛榆八景之一），傳說就是崔琰、酈道元見過的秦東門。秦始皇以朐縣（包括贛榆）一帶為秦東門，再合適不過。贛榆在咸陽正東，兩者幾乎在同一緯度上（北緯三十四度至三十五度之間）。[108]

《秦東門刻石》今已不存，但連雲港市東北有個東西連島。島上有兩處新莽刻石，[109]卻保留至今：

(1)蘇馬灣刻石：

東海郡朐與[1]琅邪郡櫃為[2]界：因諸山以南[3]屬朐，水以北屬[4]櫃，西直況其，[5]（朐）與櫃分，高[6]陌為界，東[7]各承無極。[8]始建國四年[9]四月朔乙卯，以[10]使者徐州牧[11]治所書造。[12]

(2)羊窩頭刻石：

東海郡朐與[1]琅邪郡櫃（為）[2]界：朐之（？）界盡（？）□[3]因諸山山□，水以北[4]櫃，西直況（其，朐）[5]與櫃分，高（陌為）[6]界，東各承[7]無極。[8]

蘇馬灣刻石，銘文第一句，「東海郡朐與琅邪郡櫃為界」，我理解，這是講海域劃分而非陸境劃分。櫃在今山東膠州南，與朐縣相距甚遠，不存在劃界問題。劃界是講兩郡海域的劃界。朐縣臨海州灣，是東海郡最北的縣。櫃縣臨膠州灣（琅邪在其南），是琅邪郡最北的縣。兩郡海岸線，它們是各自的起點。

刻石所在的島，是個陸連島，明隆慶本《海州志》的《海州總圖》把它畫在鬱州島的上面，現在叫東西連島。它是朐山到郁洲山一線的山地向大海延伸的終點（好像成山頭）。銘文講劃界，界在哪裡？就在立石之處。它是從這一地點講海界四至：

(1)「因諸山以南屬朐，水以北屬櫃」，這是講南北。我懷疑，「諸山」是鬱州島。「水」是海

蘇馬灣刻石

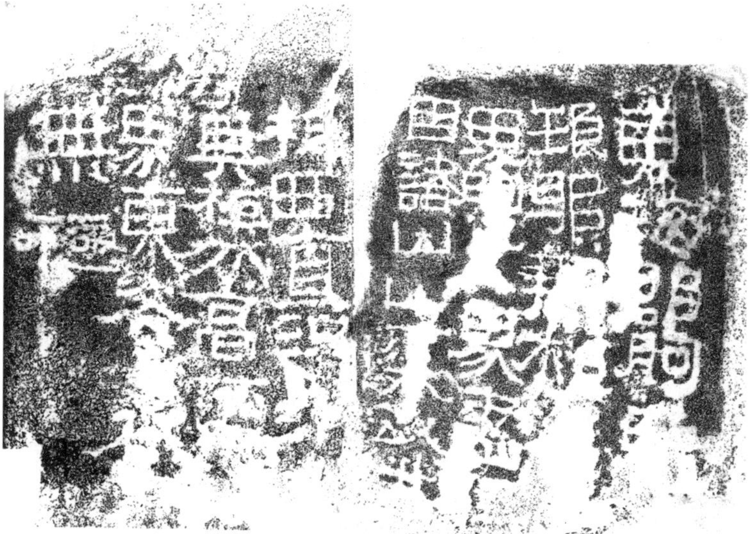

羊窩頭刻石

108 《太平御覽》卷一六四引晉皇甫謐《三輔黃圖》有秦始皇「表河以為秦東門，表汧以為秦西門」說（唐，袁郊《三輔舊事》佚文也有此說）。這種秦東門是就秦之故土而言，不是就秦之「天下」而言。若就秦之「天下」而言，朐縣才是秦東門。

109 連雲港市文管會辦公室等編〈連雲港市連島東海郡琅邪郡界域刻石調查報告〉，《文物》二〇〇一年第八期，二二—三〇頁。

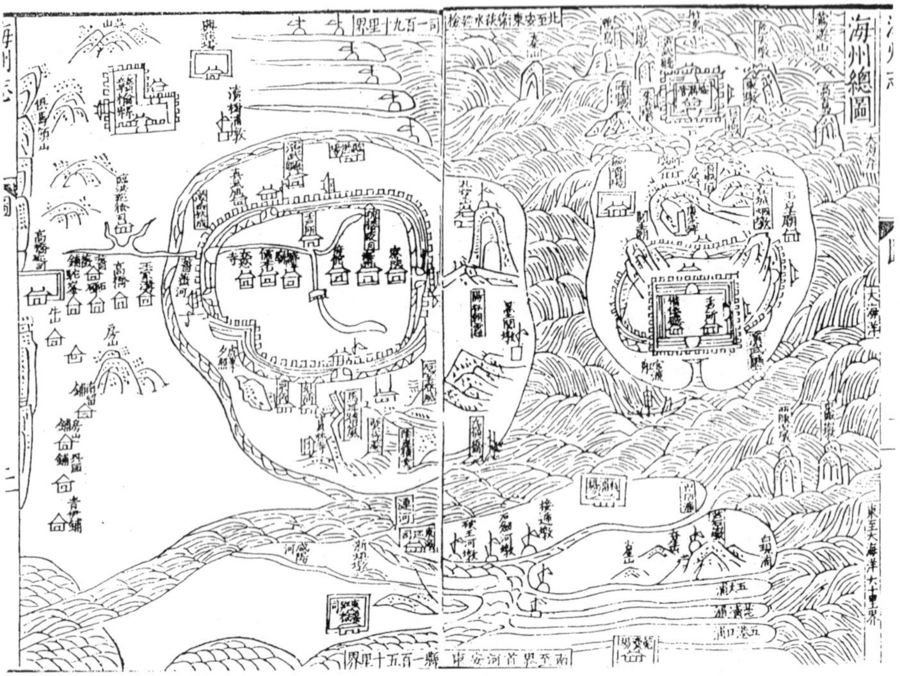

明《海州總圖》

州灣。郁洲島，島上多山，島以北是海州灣。銘文是說，兩郡海域大體以郁洲島和海州灣劃分：郁洲島以南是東海郡的海岸線，歸朐縣管；海州灣以北，是琅邪郡的海岸線，歸櫃縣管。

(2)「西直況其，朐與櫃分，高陌為界，東各承無極」，則是講東西。「況其」即東海郡的祝其縣，祝其在今贛榆縣的西南，正對著上面講的分界線。「高陌」，疑指郁洲島北的「捍海堰」（宋代輿地書經常提到這類堰）。銘文是說，東海郡和琅邪郡，兩個海域一分為二，具體界線是西邊對著祝其的這道堰，東邊沒有界線，兩個海域，東面都是開放的。

此刻石有明確紀年，是「始建國四年」（公元一二年），上距秦始皇立石已近兩百年。書銘者是徐州刺史，名治。當時，琅邪、東海二郡都歸徐州刺史管。

羊窩頭刻石，第三、第四行，不太一樣，但大體相同，[110]估計時間相近。

王莽有四海郡，東海郡和南海郡是秦代就有，漢景帝增北海郡，王莽增西海郡。朐縣是東海郡的第一大港。

古代祭海，有海廟，多在海邊。今廣州南海神廟建於隋，萊州東海神廟建於宋，秦皇島老龍頭

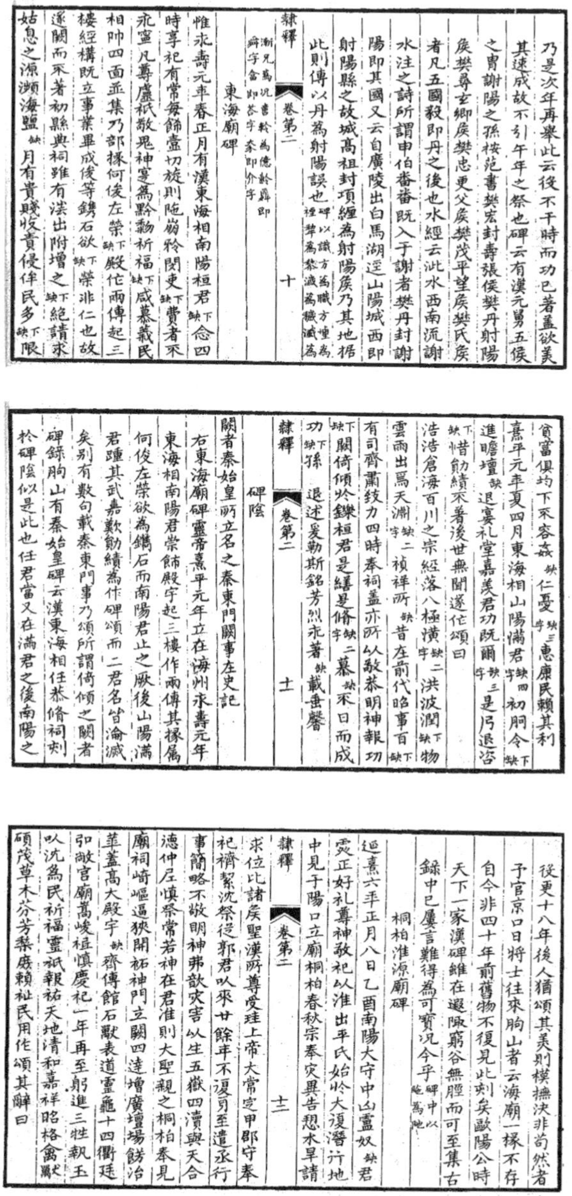

乃是次年再舉此云役不干時而功已著蓋欲美
其速成故不引午年之祭也碑云有漢元舅五侯
之冑謝陽之孫按范書樊宏封壽張侯樊丹射陽
侯樊尋玄鄉侯樊忠更父侯樊茂平望侯樊氏侯
者凡五國殺即丹之後也水經云泚水西南流謝
水注之詩所謂申伯番番既入于謝者樊丹封謝
陽即其國又云自廣陵出白馬湖逕山陽城西即
射陽縣之故城高祖封項纏為射陽侯乃其地據
此則傳以丹為射陽誤也碑以識方為職方埋為裡華為恭滅為滅

隸釋 卷第二 十

漸兄為況書軨為億齡為鼐即舜字畲即荅字秦即介字

東海廟碑

惟永壽元年春正月有漢東海相南陽桓君缺下念四
時享祀有常每飾壼切旋則陁崩聆閔吏缺下費者不
永寧凡尊廬祇散鬼神寔為黔黎祈福缺下咸慕義民
相帥四面並集乃部掾何俊左榮缺下殿佗兩傳起三
樓經構既立事業畢成俊等鐫石欲缺下榮非仁也故
遂闕而不著初縣興祠雖有滋出附增之缺下絕請求
姑息之源瀕海鹽缺月有貴賤收責侵侔民多缺下限

貧富俱均下不容姦缺仁憂缺三字惠康民賴其利
熹平元年夏四月東海相山陽滿君缺四字初眴令缺下
進瞻壇缺退宴礼堂嘉美君功既爾缺三字是另退咨
缺下惜勛績不著後世無聞遂佗頌曰
浩浩倉海百川之宗經落八極潢缺二字洪波潤缺下物
雲雨出焉天淵缺二字禎祥所缺昔在前代昭事百缺下
有司齊肅致力四時奉祠蓋亦所以敬恭明神報功
缺下闕倚傾於鑠桓君是繕是脩缺二字慕缺不日而成
功缺下孫退述爰勒斯銘芳烈永著缺載垂馨

隸釋 卷第二 十一

碑陰

闕者秦始皇所立名之秦東門闕事在史記

右東海廟碑靈帝熹平元年立在海州永壽元年
東海相南陽君崇飾殿宇起三樓作兩傳其掾屬
何俊左榮欲為鐫石而南陽君止之厥後山陽滿
君踵其武嘉歎勛績為作碑頌而二君名皆淪滅
矣别有數句載秦東門事乃頌所謂倚傾之闕者
碑錄朐山有秦始皇碑云漢東海相任恭脩祠刻
於碑陰似是此也任君當又在滿君之後南陽之

從吏十八年後人猶頌其美則模撫決非苟然者
予官京口日將士往來朐山者云海廟一椽不存
自今非四十年前舊物不復見此刻矣歐陽公時
天下一家漢碑雖在遐陬窮谷無脛而可至集古
錄中已屢言難得為可寶況今乎碑中以陁為地

桐柏淮源廟碑

延熹六年正月八日乙酉南陽大守中山盧奴缺君
處正好礼尊神敬祀以淮出平氏始於大復潛行地
中見于陽口立廟桐柏春秋宗奉灾異告愬水旱請

隸釋 卷第二 十二

求位比諸侯聖漢所尊受珪上帝大常定甲郡守奉
祀齋絜沈祭從郭君以來廿餘年不復身至遣丞行
事簡略不敬明神弗歆灾害以生五嶽四瀆與天合
德仲尼慎祭常若神在君準則大聖親之桐柏奉見
廟祠崎嶇逼狹開袥神門立闕四達增廣壇場餝治
華蓋高大殿宇缺齋傳館石獸表道靈龜十四衢廷
弘敞宮廟嵩峻祗慎慶祀一年再至躬進三牲執玉
以沈為民祈福靈祇報祐天地清和嘉祥昭格禽獸
碩茂草木芬芳黎庶賴祉民用作頌其辭曰

《東海廟碑》

[110] 銘文第三行和第四行之間，石頭斷裂，簡報作者說，這中間也許還缺一行，似非。

北海神廟建於明，青海湖西海神廟建於清，年代比較晚。年代較早的海廟，《漢書．地理志》上有「海水祠」，在東萊郡臨朐縣（在今萊州市西北），按當時概念，是北海廟，西漢以後未聞。還有一個海廟是東漢朐縣的東海廟。朐縣東海廟在海州，毀於宋金之際，廟有東漢熹平元年的《東海廟碑》，見於宋代著錄。[111]

石碑座

孔望山遺址群，在連雲港市海州區，可能就與東海廟有關。[112]二〇〇〇年以來，中國歷史博物館（現屬於中國國家博物館）等單位在此做過調查和發掘，報告即將出版。我參加過他們的考察，留下深刻印象。

[111] 廟碑舊在海州，宋洪适《隸釋》卷二錄其文。碑文正面是記東漢永壽元年（一五五年）東海相桓君修廟事和熹平元年（一七二年）東海相滿君刻碑事。碑文末有頌辭，曰「浩浩倉（滄）海，百川之宗……有司齋肅致力，四時奉祠，蓋亦所以敬恭明神，報功」，可見廟是祠海之廟。洪适稱之為《東海廟碑》（朐縣所臨之海，漢代叫東海）。其碑陰「闕者，秦始皇所立之東門闕，事在《史記》」等字，據說是後來的東海相任恭所撰，用以解釋碑文中的「……闕，倚傾於鑠」等字。此碑，宋趙明誠《金石錄》卷十五亦著錄，作《漢東海相桓君海廟碑》，這種叫法是對的。《太平寰宇記》卷二二以此碑為《秦東門刻石》，大謬。誤解的原因就在於背陰所刻。洪适說：「予官京口日，將士往來朐山者云，海廟一椽不存。自今非四十年前舊物，不復見此刻矣。」《隸釋》刻於乾道三年（一一六七年），上推四十年，恰為宋室南渡之時，知此廟毀於宋金之際。

[112] 二〇〇五年，廣州市文物考古研究所發掘了宋代的南海神廟。參看：廣州市文物考古研究所等編《南海神廟古遺址古碼頭》，廣州：廣州出版社，二〇〇六年。

孔望山漢代摩崖造像

孔望山石象

這個遺址群，內含很豐富，包括：

(1)摩崖造像群，在孔望山西南麓，有釋道二教的形象。它的南面，發現一組大型建築，年代為東漢晚期到東晉時期。[113]造像旁的「龍洞石室」，有宋元符二年（一〇九九年）和明成化十年（一四七四年）題刻。宋刻稱此地為「龍興山寺」。

(2)山下，造像群附近，還有石象、石蟾蜍和「饅頭石」。「饅頭石」，調查者推測，就是《東海廟碑》的碑座。

(3)山上，還有「承露盤」和「杯盤」。[114]

這些遺跡，大部份都是東漢的東西，正與東海廟屬於同一時期。

秦皇漢武時代的方士，尋仙訪藥，看重的是燕齊海上，後來，才以入山為主。

上述發現與東海廟是什麼關係，與佛教的海上傳播是什麼關係，耐人尋味。

四、印山大墓

紹興所在的杭州灣在長江口以南，大體位於秦漢的東海和南海之間。如果說，朐縣是東海第一港，它東面的句章就是南海第一港。

紹興，即古代的會稽。秦始皇巡海，最南一站是會稽。

一九九六至一九九八年發掘的印山大墓，就在會稽。[115]

這座大墓，早期被盜，遺物很少，但形制獨特：因山為塚，環水為隍（四正闕如，有道出入），好像一座大船塢。墓穴從山頂開鑿，有長墓道，從地面延伸到墓室。墓室，用木板搭建，有如巨艦的船艙。形狀是兩面坡，斷面呈三角形，外壁貼一百四十層樹皮，裡面放獨木刳製的船棺（船棺葬在中國南方很普遍）。下葬後，用炭灰填墓，用青膏泥封頂，墓上起封土。

這種形制，與當時的各國都不一樣，但與北歐的維京船葬頗多共同點。我考察過這座大墓，並拿這座大墓與維京船葬做過比較，指出這是一種模仿船艦的墓葬。[116]維京船，也有把船艙做成「人字頂」，外貼樹皮的例子。這是為了防水防潮、防寒防暑，設計很合理。

目前，這種「人字頂大墓」，福建和廣東也有發現：

(1)閩越國「人字頂大墓」（牛山一號墓），位於福建武夷山市城村（屬崇安古城），二〇〇一至二〇〇三年發掘。[117]

(2)南越國「人字頂大墓」，位於廣東廣州市農林東路貓兒崗（屬番禺古城），二〇〇四至二〇〇五年發掘。[118]

它們，規模比印山大墓小，年代也晚，都是漢代的墓葬。

印山大墓，發掘者推測，是越王勾踐為其父允常修建的陵墓，古稱「木客大塚」。「木客大塚」的「木客」，可能就是指「人字頂大墓」的木構槨室。

---

113 承發掘者之一王睿先生告，他們的認識，現在有變化，報告是把遺址定為隋唐時期，並且不對遺址性質下判斷。

114 中國國家文物局編《二〇〇一中國重要考古發現》，北京：文物出版社，二〇〇二年，九六—一〇三頁。

115 浙江省文物考古研究所等《印山越王陵》，北京：文物出版社，二〇〇二年。

116 李零〈印山大墓與維京船葬——讀〈印山越王陵〉〉，《中國歷史文物》二〇〇七年三期，五五—六二頁。

117 中國考古學會編《中國考古學年鑑（二〇〇四）》，北京：文物出版社，二〇〇五年，二〇九頁。

118 廣州市文物考古研究所〈廣州市農林東路南越國「人」字頂木槨墓〉，收入廣州市文物考古研究所編《羊城考古發現與研究》（一），北京：文物出版社，二〇〇五年，三五—四七頁。

印山大墓

維京船葬

古代海軍（舟師或水師），吳、越最有名。它們曾動用海軍，北上攻齊。

公元前四八五年，吳國的海軍北上攻齊，被齊國打敗（《左傳》哀公十年）。但公元前四七三年，越滅吳（《左傳》哀公二十二年）。次年（勾踐二十五年），越王勾踐成功登陸，遷都琅邪（《史記・秦始皇本紀》正義引《吳越春秋》）。

越國，造船業很發達，海軍很發達。越王勾踐擁有「戈船（裝載干戈等武器的戰船）三百艘」和「樓船」（甲板起重屋的大型戰艦）若干。當時的造船工場，古人叫「舟室」或「船宮」。越王勾踐說，越人「水行而山處，以船為車，以楫為馬，往若飄風，去則難從」（《越絕書・越絕外傳記地傳》）。海是越人的生命線。

文獻記載，越王勾踐為允常營墓，為文種營墓，都是動用越國的「樓船卒」。前者用了兩千八百人，後者用了兩千人（同上）。

為什麼用海軍營墓？原來，越人的陵墓就是模仿舟船。

五、三越古城

中國南方，與北方國家接壤，長江一線，主要分三區：上游，巴、蜀為一區，當秦國之南；中游，楚國為一區，當晉、周之南；下游，吳、越為一區，當宋、衛、陳、蔡和齊、魯之南。中游最發達。

北緯三十度以南，這些國家的背後，也分三區。雲貴高原是漢代所謂西南夷的居地（有夜郎、滇等國），與巴、蜀關係最密切。湖南一直是楚國的大後方。吳越依託什麼，主要是群舒和百越。

這裡，值得注意的是，越文化的分佈，主要在沿海。中國大陸海岸線的南段，從江浙地區到福建、兩廣，一直延伸到越南，主要是越文化的分佈區。漢代所謂的三個越國：南越王都番禺（今廣東廣州市），東越分兩支：閩越王都東冶（今福建福州市），東海王都東甌（今浙江臺州市），都在沿海。

漢武帝征南越，從湘、贛和雲、貴一帶調兵，派出四路大軍，分進合擊，會師番禺。這四路大軍，都是走水路，借重舟師。其中路之帥為路博德，號「伏波將軍」；東路之帥為楊僕，號「樓船將軍」；西路分兩支，軍帥皆越侯（越人歸漢封的侯），也有「戈船將軍」和「下厲（瀨）將軍」之名。「樓船」是大船，「戈船」是小一點兒的船，正是越地固有的叫法。應劭說：「時欲擊越，非水不至，故作大船。」（《史記·南越列傳》）。

漢武帝征東越，除用樓船、戈船、下厲三師從內河分進合擊，還派橫海將軍韓說從句章浮海，從海上包抄（《史記·東越列傳》），可見也用海軍。

漢武帝征朝鮮，是同樣的例子。左將軍荀彘發遼東兵，從陸路攻，樓船將軍楊僕「從齊浮渤海」，從海上攻（《史記・朝鮮列傳》）。

現在，三越古城都有發現：

(1)番禺古城，在廣州老城區。一九七五至一九七六年發掘「秦漢造船工場遺址」（中山四路）。[119]一九八三年發掘南越王大墓（在象崗）。[120]一九九五至一九九七、二〇〇〇、二〇〇五年發掘南越國的宮苑遺址（在中山四路和兒童公園）。[121]

(2)閩越古城，有新店古城和崇安古城。新店古城即閩越國的都城，東冶城，在福州市新店鎮古城村，一九八四年發現，一九九六至一九九九年發掘（第一至第三次發掘）。[122]崇安古城，在福建武夷山市崇安縣城村，一九五八年發現，一九八〇至一九八四年發掘。[123]

(3)東甌古城，位於浙江溫嶺市大溪鎮，二〇〇二年發掘。二〇〇八年五月六至八日參加「東甌古城學術研討會」，我參觀過這個遺址。[124]

[119] 廣州市文物管理處等〈廣州秦漢造船工場遺址試掘〉，《文物》一九七七年第十期，一—一七頁。

[120] 廣州市文物管理委員會等《西漢南越王墓》，北京：文物出版社，一九九一年。

[121] 南越王宮博物院籌建處等《南越宮苑遺址一九九五、一九九七年考古發掘報告》，北京：文物出版社，二〇〇八年；中國考古學會編《中國考古學年鑑（二〇〇一）》，北京：文物出版社，二〇〇二年，二四〇—二四一頁；中國考古學會編《中國考古學年鑑（二〇〇六）》，北京：文物出版社，二〇〇七年，三二四—三二五頁。

[122] 福建省博物館等〈福建福州市新店古城發掘簡報〉，《考古》二〇〇一年第三期，一三—二五頁。案：這是第一至第三次發掘的發掘簡報。第四至第六次的發掘，可參看：福建博物院等〈福州新店古城遺址第五次發掘報告〉，《福建文博》二〇〇三年第一期，二六—三九頁；福建博物院〈福州新店古城遺址第六次發掘報告〉，《福建文博》二〇〇五年第三期，一—十二頁。

[123] 福建省博物館〈崇安城村漢城探掘簡報〉，《文物》一九八五年第十一期，三七—四七頁；中國考古學會編《中國考古學年鑑（一九九〇）》，北京：文物出版社，一九九一年，二二八—二二九頁；楊琮〈武夷山漢閩越城考古的主要收穫〉，《福建文博》一九九九年第一期，三六—四二頁。

[124] 中國考古學會編《中國考古學年鑒（二〇〇七）》，北京：文物出版社，二〇〇八年，二一九—二二〇頁。

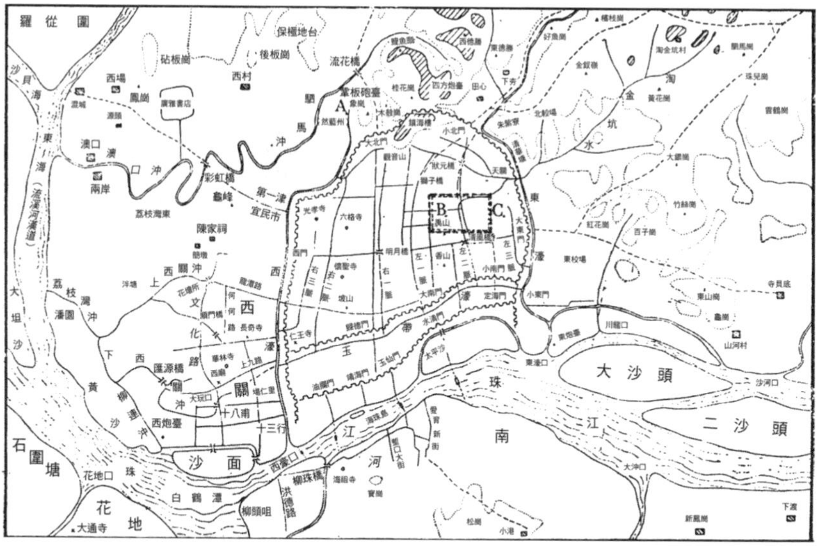
羅從圍
保極地台
砧板崗
後板崗
西村
流花橋
象板砲臺
西場
鳳崗
澳口
兩岸
彩虹橋
第一津
宜民市
陳家祠
西關
西
文
化
路
匯源橋
關
十八甫
十三行
沙面
西濠口
柳珠橋
洪德路
柳頭咀
白鶴潭
花地
大通寺
花地口
石圍塘
黃
沙
大坦沙
荔枝灣
東
濠
大東門
小東門
東校場
大沙頭
二沙頭
珠
江
南
河
金
坑
水
淘
A
B
C

番禺古城

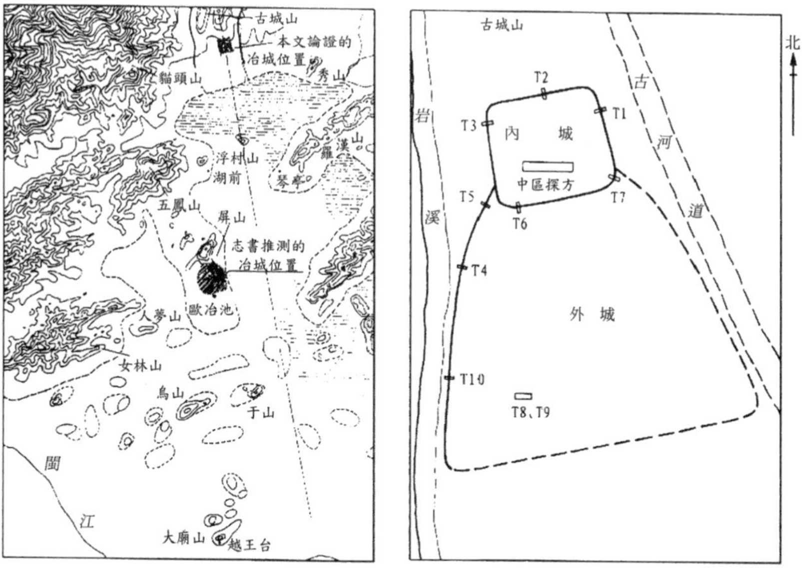
古城山
本文論證的
冶城位置
秀山
貓頭山
浮村山
湖前
羅
漢
山
琴亭
五鳳山
屏山
志書推測的
冶城位置
歐冶池
人蔘山
女林山
烏山
于山
閩
江
大廟山
越王台
古城山
北
T2
T1
T3
內　城
中區探方
T5
T7
T6
T4
外　城
T10
T8、T9
岩
溪
古
河
道

新店古城

崇安古城

大溪古城遺址

六、中山古船

船，有海船，有河船。海船、河船都是船。古代更通用的說法是「舟」。

海軍，西人叫navy，來源是拉丁語的「船」，特別指「船隊」。海上的武裝船隊，可以叫navy，內河的武裝船隊，也可以叫navy。現代漢語的「海軍」是借用日語。其實，中國古書上的「舟師」才更接近navy。它也不分外海和內河。

中國的古船，兩種都有。一九七八年河北平山中山王墓一號墓的船葬坑出土過五艘中山古船，這些船就屬於河船。[125]

中山是滹沱河上的國家。河北，現在的地理景觀和古代不一樣。古代河網密佈，水很多。中山國靈壽古城南面的滹沱河，原來是條大河。

河船，歷年發現比較多，但早期發現相當少。中山古船是現已發現年代最早的

中山國古船遺跡

京師倉遺址

木板船（用木板拼接成船體的船）。

河船，可以載人，可以運貨，尤以漕運最突出。漕運，糧食和食鹽最重要。

古代，倉儲是和漕運配套。如：

(1)一九七九年發掘的京師倉，遺址出土帶「京師倉當」和「華倉」銘文的瓦當，位於陝西華陰市西泉店村，東臨潼關古渡。[126]

(2)一九九八至一九九九年發掘的函谷倉，位於河南新安縣倉頭鄉鹽東村，北靠黃河，西南是函谷關。遺址出土帶「關」字銘文的瓦當，「關」即函谷關。遺址所在有二村，一名「鹽倉東」，一名「鹽倉西」。「鹽東村」就是鹽倉東。倉中所儲，可能主要是食鹽。[127]

[125] 河北省文物研究所編《譽墓——戰國中山國國王之墓》，北京：文物出版社，一九九六年，三二七—三三二頁。

[126] 陝西省考古研究所《西漢京師倉》，北京：文物出版社，一九九〇年。

[127] 洛陽市第二工作隊〈黃河小浪底鹽東村函谷關倉庫建築遺址發掘簡報〉，《文物》二〇〇〇年第十期，十二—二五頁。

京師倉瓦當：銘「京師倉當」

京師倉瓦當：銘「華倉」

函谷倉遺址

函谷倉瓦當：銘「關」

(3)二〇〇四年發掘的陳倉倉，位於陝西鳳翔縣長青鄉孫家南頭村，「汧渭之會」的東側。[128]「汧渭之會」有陳倉城。陳倉可能就是以倉得名。看來，這也是個古老的漕運碼頭。

這些發現，都跟漕運有關。秦地，古有「河為東門，汧為西門」說（皇甫謐說），渭河自西往東流，注入黃河，是秦地橫貫東西的漕運線。上述三倉就是位於這條漕運線上。

中國的大運河也用於漕運，只不過是南北線。

有漕運，就一定有船。

宋以來，和航海有關，有媽祖崇拜。中國沿海，有船就有天后宮。海邊如此，內河也如此，哪怕遠到東北，遠到甘肅，遠到雲南，很多搞航運的地方都有。比如，遼寧桓仁縣的天后宮，我去過。這種天后宮，松花江、烏蘇里江和黑龍江，到處都有。

上文，主要是談海，江河上的船也值得調查。

七、波斯風格的銀豆

中國的金銀器，真正屬於容器，是春秋戰國之際才突然出現，比歐洲和西亞晚。它們和外來文化是什麼關係，值得探討。

金器，有兩個較早的例子，大家都熟悉：紹興三〇六號墓出土的春秋末年的金鉚、曾侯乙墓出土的戰國初年的金盞和金杯。[129]三件金器都是南方的東西。

銀製容器，主要是戰國晚期的東西，出土發現較多，主要是盤、匜，特別是匜。一般比較小。

陳倉倉遺址

[128] 中國國家文物局編《二〇〇四中國重要考古發現》，北京：文物出版社，二〇〇五年，一一四—一一七頁。

[129] 金鉚，見浙江省文物管理委員會等〈紹興三〇六號戰國墓發掘簡報〉，《文物》一九八四年第一期，一〇—二六頁（器形見圖版五，一和二三頁：圖三一）。金盞，見湖北省博物館編《曾侯乙墓》，北京：文物出版社，一九八九年，上冊，三九〇頁（器形見上冊，三九一頁：圖二四二，下冊，彩版一七，圖版一四七，一、二）。金杯，見《曾侯乙墓》，三九〇頁（器形見上冊，三九二頁：圖二四三，二；下冊，彩版一八，一；圖版一四七，三、四）。

西漢齊王墓隨葬坑出土裂瓣紋銀豆

值得注意的是，出土銀器，有一種裂瓣紋（lobed decoration，或稱「凸瓣紋」，或稱「水波紋」）銀豆（或稱銀盒），是地地道道的外來風格，頗受中國上流社會歡迎，這類器物，現在有七個例子，五個是銀的，兩個是仿銀器製造的銅器：

(1) 銅豆一，範鑄，鍍錫，仿銀器製造，一九五六至一九五七年雲南晉寧石寨山滇國墓（十一號墓）出土，三鳥紐。[130]

(2) 銅豆二，工藝相似，也是仿銀器製造，一九五六至一九五七年雲南晉寧石寨山滇國墓（十二號墓）出土，三豹紐。[131]

(3) 銀豆一，一九七九年山東淄博市臨淄區大武鄉窩托村西漢齊王墓的隨葬器物坑出土，三獸紐，有漢代銘文。同出銀器，還有盤三，也有漢代銘文。[132]

(4) 銀豆二，一九八三年廣州象崗南越王墓出土（D2），三紐闕如，但已做好焊接點，有漢代銘文，提到「名曰百冊一」，似乎原來數量很大。[133]

(5) 銀豆三，二〇〇四年山東青州市東高鎮西辛村戰國墓出土，三獸紐。[134]

(6) 銀豆四，二〇〇四年山東青州市東高鎮西辛村戰國墓出土，三獸紐。同出銀器，還有盤二、匜一、殘器一，盤和殘器有戰國銘文。[135]

(7) 銀豆五，一九六六、一九九八年巢湖漢墓北頭山一號墓出土（BM1: 22），三紐闕如，有漢代銘文。同出銀器，還有盤一、匜二、洗一（正確名稱應叫盂），除洗，也有漢代銘文。136這七件器物，五件出於漢墓（三件有漢代銘文），很容易被當成漢代的器物。舶來品經常是奢侈物，往往會被進口方按本地口味模仿和改造。這在文化傳播史上是司空見慣的例子，不足為奇。

它們，大小相近。137一般只有十一至十二公分高，很小，多與漢式的銀盤、銀匜同出，在功用上，可能屬於古人所謂的「弄器」。這些樣品，廣州所出最典型，「出土時盒內尚存一些圓粒狀（直徑三公釐）的藥丸」，看來是作藥盒用。138盒是錘揲而成，作裂瓣紋，與中國的工藝不同，但蓋紐和圈足皆銅製，是由中國工匠後配，用錫焊上去。整個器物，已按中國器形概念中的蓋豆加以改造，屬於「中西合璧」的器物。而且有趣的是，各地所出，都經過類似改造。

130 雲南省博物館編《雲南晉寧石寨山古墓群發掘報告》，北京：文物出版社，一九五九年，六九頁（器形見六九頁：插圖二一，一）。二〇〇九年十一月二十五日，雲南省博物館王永勝先生來信，向我介紹過這兩件銅器的鑄造工藝。

131 雲南省博物館編《雲南晉寧石寨山古墓群發掘報告》，北京：文物出版社，一九五九年，六九頁；中國國家博物館等編《雲南文明之光——滇王國文物精品集》，北京：中國社會科學出版社，二〇〇三年，一九五頁。

132 山東省淄博市博物館〈西漢齊王墓隨葬器物坑〉，《考古學報》一九八五年第二期，二二三—二六六頁（器形見二五八頁：圖二九，五；圖版十四，三）；齊國歷史博物館編《臨淄文物集粹》，濟南：齊魯書社，二〇〇二年，五八頁。

133 廣州市文物管理委員會等《西漢南越王墓》，北京：文物出版社，一九九一年，卷上，二〇九—二一〇頁，器形見二〇八頁：圖一三八；彩版二三，一；圖版一二二，一。

134 中國國家文物局編《二〇〇四中國重要考古發現》，北京：文物出版社，二〇〇五年，七五—七九頁。

135 中國國家文物局編《二〇〇四中國重要考古發現》，北京：文物出版社，二〇〇五年，七五—七九頁。

136 安徽省文物考古研究所編《巢湖漢墓》，北京：文物出版社，二〇〇七年，一〇五—一〇七頁，一〇六頁：圖七六，一，彩版四八，三、四。

137 如：例(2)高十二·五、口徑十四公分，例(4)高十二·一、口徑十三公分，例(7)高十一·四、口徑十一·二公分。

138 《南海神廟古遺址古碼頭》，一五六—一五七頁。

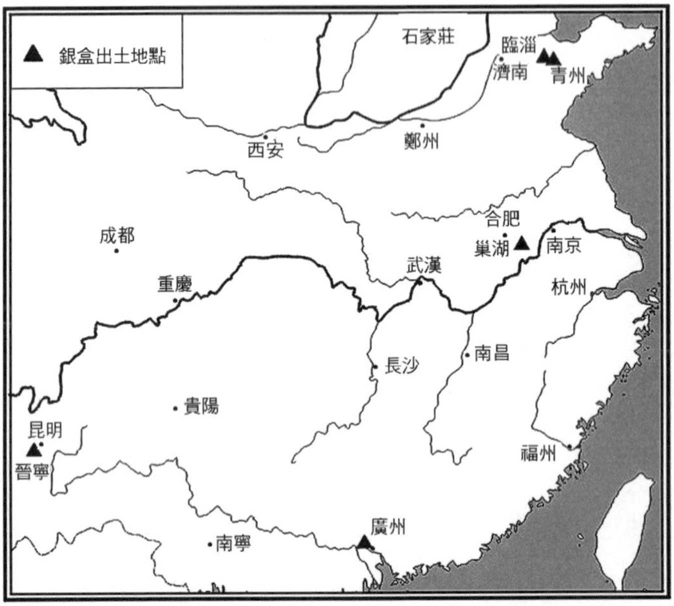

裂瓣紋銀豆和仿銀銅豆出土地點分布圖

南越王墓的報告整理者認為，銀豆是波斯系統的東西。[139]孫機先生也說，這類器物，屬於古伊朗地區的銀「篚罍」（phialae），波斯有，安息也有，從中國墓葬的年代考慮，更可能是與西漢相當的安息帝國的東西。[140]國內學者對此多所討論，多數認為器物是從海路或陸路從西亞或中亞傳入。[141]

現在，由於臨淄西辛戰國墓的發現，我們又有新的認識。這座大墓，是戰國末年的齊國墓，銀豆與銀盤同出，盤上的銘文，我在青州市博物館目驗，毫無疑問，是戰國文字。可見這兩件銀豆的實際年代要早於漢代。

上述銀豆，或許有早有晚，有些還可能是仿製，穩妥起見，似以稱為「被改造的波斯風格的銀豆」更合適。其出土地包括晉寧、廣州、巢湖、臨淄、青州。值得注意的是，這五個地點都是靠海或離海比較近的地方。

我懷疑，這類器物可能與海路傳播有關。

二〇〇九年七月二十七日寫於北京藍旗營寓所，九月七日改定

[139] 有學者說，埃及法老圖坦卡蒙墓和伊朗哈馬丹（Hamadan）出土的銀器早就有這類造型。後者有阿塔薛西斯一世的銘文，相當我國的戰國早期。見《南海神廟古遺址古碼頭》，一五九—一六〇頁。案：前說有誤。

[140] 參看：孫機〈凸瓣紋銀器與水波紋銀器〉，收入氏著《中國聖火》，瀋陽：遼寧教育出版社，一九九六年，一三九—一五五頁。

[141] 趙德雲對有關討論有綜述。參看氏著〈凸瓣紋銀、銅盒三題〉，《文物》二〇〇七年第七期，八一—八八頁。

補記：

最近，在南京博物院看大雲山漢墓（西漢江都王墓）出土文物展，展出文物中又出現一件裂瓣紋銀豆和一件裂瓣紋銀盤。

回顧以往出土的八件裂瓣紋銀豆和銅豆，我的印象是：

(1) 這類器物多出土於沿海或與海岸鄰近的地區。

(2) 這類器物是當時的奢侈品，多出土於規格較高的墓葬。它們除巢湖漢墓是地方高官的墓，其他多是西漢時期的諸侯王墓。

(3) 這類器物，只有滇王墓所出是銅豆。這兩件銅豆，器壁外表皆鍍錫，錫皮脫落的地方露出的底色是銅綠。鍍錫工藝是雲南的傳統。滇王是少數民族的王，降格以求之，只能以銅代銀，但鍍錫是為了仿銀。其標準器物仍是銀器。

(4) 這類器物，最豪華者要屬西辛大墓、南越王墓和大雲山漢墓所出。它們的蓋器都有鎏金的麥穗紋器口（即所謂「金釦」）。其次是齊王墓所出，製作精良，但器口無紋飾，也不鎏金。相反，巢湖所出比較粗糙，器口花紋被簡化，也不鎏金。地位不同，就是不一樣。

(5) 這類器物有基本相同的設計，區別只是在於，有些器物未配器紐（南越王墓、大雲山漢墓、巢湖漢墓所出）或未配器足（大雲山漢墓所出），有些器物沒有鎏金器口（滇王墓、齊王墓和巢湖漢墓所出）。

現在，大陸學者多認為這類器物是從伊朗地區進口，但尼克魯（Lukas Nickel）的看法正好相反。[142]他認為這類器物都是中國製造，理由是：

第一，伊朗的裂瓣紋銀器只有盤、碗，沒有豆或盒，上述銀豆是中國器物。

第二，南越王墓所出，器壁太厚（三公釐），器口呈九十度，沒有錘揲痕，顯然是鑄造。

第三，南越王墓所出，器腹有泡狀氣孔，但器蓋光滑，可見不是腐蝕造成，而是範鑄不精所致。

看來，這批器物還應該做進一步檢測。

目前，我對這個問題的看法是：

(1)尼克魯提出的問題，最關鍵的問題是，伊朗地區是否有類似的器物，這個問題還要做進一步調查。

(2)中國早期的紋飾傳統，其中沒有裂瓣紋。這批銀豆的盒體，和戰國秦漢時期的器物風格完全不同。單從藝術風格看，絕非中國風格。

(3)這批銀豆，器壁上有孔眼，目前只見於南越王墓所出。我們不能單憑某一件器物的外表印象就下結論，說它們全部都是鑄造而成或錘揲而成，我問過南越王宮署遺址博物館的全洪先生。他說，此器有明顯的錘揲痕跡，孔眼是腐蝕所致。器物腐蝕嚴重，照片上看不見破損的另一面。

(4)這批銀豆是從外國進口還是在本地製造，是由外國工匠按中國口味訂做，還是由中國工匠參考外國設計仿製，要做進一步考察。戰國時期，中國已有一定數量的銀盤（一般比較大）、銀匜（一般比較小），它們是鑄造還是錘揲，值得做比較。

總之，器物還要做進一步檢驗。[143]

論文提交法國遠東學院、中國國家博物館考古部中國水下考古隊、中國社會科學院考古研究所聯合舉辦的「船與人」國際學術討論會（北京，二〇〇九年十一月九—十一日；寧波，十一月十二至十三日）。

---

143 Lukas Nickel, "The Nanyue Silver Box", *Arts of Asia*, 42(3), pp. 98-107.

143 李零〈記西辛戰國墓裂瓣紋銀豆——兼談我國出土的類似器物〉，《文物》二〇一四年第九期，五八—六九頁。案：此文對有關發現有全面綜述，但插圖編排有誤，請參看《文物》二〇一四年第十二期九二頁的更正。

國家圖書館出版品預行編目 (CIP) 資料

周行天下 / 李零著. -- 第一版. -- 臺北市：風格司
藝術創作坊, 2017.08
面；　公分
ISBN 978-986-95160-2-0(平裝)

1.人文地理 2.中國

685　　106011599

我們的中國第二卷：

周行天下

作　　者：李　零
責任編輯：苗　龍
出　　版：風格司藝術創作坊
10671台北市大安區安居街 118 巷 17 號
Tel: (02)8732-0530　　Fax: (02)8732-0531
http://www.clio.com.tw
總 經 銷：紅螞蟻圖書有限公司
Tel: (02) 2795-3656　　Fax: (02) 2795-4100
地址：台北市內湖區舊宗路二段121巷19號
http://www.e-redant.com
出版日期：2018 年 7 月　第一版第一刷
定　　價：480 元

Knowledge House & Walnut Tree Publishing

Knowledge House & Walnut Tree Publishing

Knowledge House & Walnut Tree Publishing

Knowledge House & Walnut Tree Publishing